外国语言文学研究论文集

Literature Research Papers
A Collection of Foreign Language and

论"动机减退"概念
论《霍华德庄园》复杂节奏
日本の相撲について
近代スポーツ・体育の誕生
日本の近代戦争と体育・スポーツ
"一带一路"背景下的多元文化共生
日语自他动词的误用分析
浅谈日本服饰的衍变与历史因素的关系
浅析日本饮食文化
从日剧看日本社会文化
从日本地理特征看日本人的国民性
基于语料库otherwise标记性用法探析及习得启示
How to Become a Qualified EFL Teacher
新闻语篇中名物化的功能分析
图式理论在英语阅读理解中的作用及教学启示

袁凤识　聂中华 ◎ 主编

汕头大学出版社

图书在版编目（CIP）数据

外国语言文学研究论文集 / 袁凤识，聂中华主编. -- 汕头：汕头大学出版社，2018.6
　ISBN 978-7-5658-3668-8

　Ⅰ．①外… Ⅱ．①袁… ②聂… Ⅲ．①语言学－国外－文集②外国文学－文学研究－文集 Ⅳ．① H0-53 ② I106-53

中国版本图书馆 CIP 数据核字（2018）第 129146 号

外国语言文学研究论文集　WAIGUO YUYAN WENXUE YANJIU LUNWENJI

主　　编：	袁凤识　聂中华
责任编辑：	宋倩倩
责任技编：	黄东生
封面设计：	黑眼圈工作室
出版发行：	汕头大学出版社
	广东省汕头市大学路 243 号汕头大学校园内　邮政编码：515063
电　　话：	0754-82904613
印　　刷：	天津爱必喜印务有限公司
开　　本：	710mm×1000mm　1/16
印　　张：	14.25
字　　数：	255 千字
版　　次：	2018 年 6 月第 1 版
印　　次：	2018 年 7 月第 1 次印刷
定　　价：	50.00 元

ISBN 978-7-5658-3668-8

版权所有，翻版必究
如发现印装质量问题，请与承印厂联系退换

前　言

北方工业大学外国语言文学一级学科下设日语语言文学、外国语言学及应用语言学、英语语言文学3个二级学科，涉及的研究领域包括语言学、文学、语言与文化、外语教育与教学、翻译理论与实践。现有导师20人、教授9人、副教授12人，学科还聘任了日本大阪大学古川裕教授、美国密西西比大学陈卫星教授、美国东田纳西州立大学Roz Gann教授等兼职教授5名。

近年来科研成果显著，2011—2017年共承担了国家、省、市各类科学研究课题40余项，出版专著和教材54本，在各类学术杂志上发表论文368篇，一批优秀专著、论文和教材获国家、省部级奖励。一级学科与学院中文专业、法律专业相互融合、相互支撑，已形成以法庭同传研究为特色的翻译研究，以文艺批评为特色的中西方文艺理论研究，以中国学生外语习得研究为特色的外语教学理论与实践研究，以句式、隐喻研究为特色的中外语言研究团队。其中文艺理论研究团队和翻译研究团队的学术成果在国内外产生了一定影响，获得了鲁迅文学奖和国家社科基金资助。外语教学理论与实践团队获得了北京市创新团队奖，中外语言研究团队也发表了不少高水平论文，形成了自己的特色。

本学科每年招收10~15名硕士研究生，和国外大学联合培养，设有优厚的奖助学金制度；遵循因材施教、个性化培养的原则，根据每一名学生的特点制定个性化的培养方案，培养德、智、体全面发展，具有坚实的基础理论和系统的专业知识、严谨求实的学风、综合素质较高的、能胜任学校外语教学与研究的研究型人才或综合能力较强的且能胜任外事、旅游、新闻、出版、翻译等行业工作的应用型人才。

此次编辑出版的北方工业大学文法学院《外国语言文学研究论文集》得到了北

方工业大学文法学院领导的大力支持,同时也得到了外国语言文学广大教师、研究生的积极响应。论文集内容涉及语言、文学、社会、文化以及教育等方面,论文作者既有教师,也有研究生。该论文集的出版,既是对我校外国语言文学学科建设和教学改革成果的检阅,也是对我校外国语言文学学科建设和发展的促进。

袁凤识　聂中华

2018 年 4 月

目　　录

论"动机减退"概念 …………………………………… 陈文芳　高　越 001
论《霍华德庄园》复杂节奏 …………………………… 陈瑞红　董爱华 009
The Narrative Strategies and Reconstruction of History in *A Mercy* ……… 高　黎 012
日本の相撲について ……………………………………………… 吴明伟 025
近代スポーツ・体育の誕生 ……………………………………… 吴明伟 043
日本の近代戦争と体育・スポーツ ……………………………… 梁长岁 056
日语形式名词「こと」和「の」的区别 ………………………… 梁长岁 078
浸入式英语教育在日本的探索与实践
　　——荒川洋平相关研究译介与述评 ………………………… 王立峰 087
「三同」から見る日本女性の結婚条件の変化 ………………… 高　靖 100
"一带一路"背景下的多元文化共生 …………………………… 张　爱 105
日语自他动词的误用分析 ………………………………………… 阎利华 112
日本的"东京一极集中"问题与首都功能分散构想 …………… 赵玉婷 117
浅谈日本服饰的衍变与历史因素的关系 ………………………… 宋泽芄 127
浅析日本饮食文化 ………………………………………………… 魏欣然 136
浅析日本人的猫情结 ……………………………………………… 李　娇 144
从日剧看日本社会文化 …………………………………………… 卢　慧 151

从日本地理特征看日本人的国民性 …………………………… 杨　慧 159

双重枷锁下黑人女性的身份重建

　——《宠儿》的后殖民女性主义解读 …………………… 张易潇 165

基于语料库 otherwise 标记性用法探析及习得启示 …………… 张　潇 172

How to develop students' communicative language competence ………… 王明轩 181

图式理论在英语阅读理解中的作用及教学启示 …………… 王丽静 190

Foreign Language Anxiety and Pedagogical Implications for

　Lowering Students' Anxiety ………………………………… 宋　璇 198

How to Become a Qualified EFL Teacher ……………………… 刘　娟 206

新闻语篇中名物化的功能分析 ………………………………… 李　婷 215

论"动机减退"概念

陈文芳　高　越

摘要："动机减退"概念从二语学习动机研究中产生并推动了其发展,前人研究中将动机减退看成是动机研究中的一个部分。但是,作为一个心理学概念,"动机减退"概念本身的内涵和外延都未在前人研究中被明确。尤其是"动机减退"与"动机"及各相关概念之间的关系,在前人研究中呈现出一定的模糊和混乱状态。本文从"动机减退"概念的产生背景出发,结合心理学的相关理论,从概念层面进行梳理与分析,认为:"动机减退"不能被简单地视为"动机"的研究内容之一,与之相反,"动机"只是"动机减退"中的因素之一。本文通过这种视角的转换希望能带来新的研究发现。

关键词:动机减退;动机;心理学概念;二语学习

引　言

著名哲学家及心理学家威廉·詹姆斯认为语言是有"误人能力"的。当我们用"动机 Motivation"表示一类现象时,我们会设想这类现象背后的本质的东西,而这个名词就代表那个本质实物。反之,语言世界中如果没有某个名词,我们就会觉得这个名词所代表的那个东西不存在。"动机减退 demotivation"名词的产生弥补了一种空洞,但"因为它依赖普通语言,就出现一种比空洞还要坏的缺点"(詹姆斯 2013:26)。概念的混乱或界定不清必然会让基于概念的研究处于混乱状态。本文将对"动机减退"概念进行细致分析,以期更好地开展相关研究。

1 "动机减退"定义中的疑问

"动机减退"的定义由二语学习动机研究领域的 Dörnyei(2001:143)最先明确给出,即"动机减退关注一系列外部力量,它们减少或削弱某行为意向或行为的

动机基础"。对此定义，有学者试图将其完善为"由于外部因素的负面影响而直接导致动机的下降或者是由外部因素引起内部因素的负面变化而导致的动机下降"（刘宏刚 2009：185）。此文暂且不讨论哪种定义更合理，但至少说明对于"动机减退"，在界定上还是有问题的。Dörnyei 在 2011 年第二次提到此概念的界定时，书中定义的上下文语境变了，补充了十年的研究发展，但定义依旧未变，是否合适呢？本文将结合该定义所提出的最初研究背景和第二版文献背景来探讨几个问题：

（1）行为意图或行动中的动机基础（motivational basis）是指什么？此问题区分动机与动因、动机基础。

（2）外部力量（external forces）与外在动机（Extrinsic Motivation）有什么不同？此问题区分外力与动机。

（3）动机减退与动机的关系是怎样的？此问题区分动机减退与动机减退行为。

2 "动机减退"概念的产生背景

在讨论以上三个问题之前，我们先看看此概念的产生背景。"动机减退"作为一个特定的词，是随着动机研究中所存在的动机减退现象而出现的，所以很多人会认为"动机减退"的研究是"动机"研究大问题中的一个小问题，实际上该定义的提出者 Dörnyei 的研究就是这样展开的。

Dörnyei（2005：65-93）认为二语动机研究分为三个阶段：社会心理学阶段（The social psychological period，1959—1990）、认知植入阶段（The cognitive-situated period，during the 1990s）和以过程为导向阶段（The process-oriented period, the past five years）。第一阶段认为二语学习涉及新的社会文化行为对自我身份的影响，动机主要与态度、努力和期望有关；第二阶段受认知心理学的影响；关注学习者的能力、潜力、制约因素等，更多地研究语言课堂的各种微观方面，比如教师、教材、学习群体。此阶段出现了动机的细致分类，如内源性动机（Intrinsic Motivation）、外源性动机（Extrinsic Motivation）和去动机（Amotivation）。在第二阶段的研究基础上，产生了第三阶段的研究，即凸显各类动机的动态性和暂时性特点（dynamic character and temporal variation），将学习看成是不同动机过程的连续体，研究侧重于启动性动机（initiating motivation）和持续性动机（sustaining motivation），或者选择动机（choice motivation）、执行动机（executive motivation）、动机回顾（motivational retrospection）。而在第三阶段中，产生一些新问题，其中包括群体动态性（Group Dynamics）、动机减退（Demotivation）、动机的自我调整（Motivational Self-

Regulation）和动机的神经生物学（The Neurobiology of Motivation）。

由此可见，动机减退研究产生于第三阶段动机的动态性和暂时性特点。也就是说，"动机减退"即"动机"的减退，是一种动态的、暂时的心理现象。这种清晰化的表述给我们呈现出"动机减退"与"动机"之间的关系为：前者是后者诸多动态现象的一种，前者从属于后者。接下来我们先考察"动机"的相关理论阐述，讨论本文的第一个问题：行为意图或行动中的动机基础（motivational basis）是指什么？

3 行为意图或行动中的动机基础

在动机研究领域，有两个经常被混用的词：motivation 和 motive，汉语翻译都可以是"动机"，但本文更偏向于区别对待——将前者翻译成"动机"，后者翻译成"动因"。如果用同一汉语"动机"来表达 motivation 和 motive，很容易引起概念的混乱。维基百科中罗列了二者在英语中的各种区别，大体可以概括为：motivation 是一个理论模型，用来解释人类行为；motive 是一种假想概念，用来表达人类具体目的行为中的原因或策略。

本文认为，"动机"对应于"动因"，而各"动因"的总和应该是"动机"的总和。Dörnyei 的处理很好：提出了"动机基础"，即各动机或动因的总和。与这个基础相关的有两个概念：抽象的动机（motivation）和具体的动机（motive）。

至此，我们可以看到如下关系：

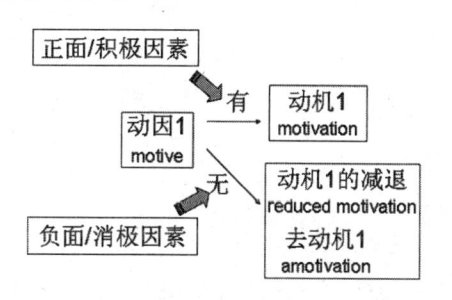

图 1 "动机"的具体和抽象概念

根据动机心理学（卢普 2012），"动机原理和反射原理是人和动物心理活动的基本原理"，而动机原理的神经机制在于"神经细胞离子通道的随机性开关"（卢普 2012：23），疑问动机和指令动机可以很好地操作动机的层级性，这样，决策、学习、创造、语言活动等人类高级的思维活动就可以得到动机解释。

同样在动机心理学领域，勒温和默瑞则是强调"行为是一个特定的人和一种特定的情境之间交互作用的产物"（法尔克·莱因贝格著，王晚蕾译 2012：31）。勒

003

温（Lewin 1946）提出了著名的"V=f (P, U)"行为解释函数，即"行为 V 是由人 P 和环境 U 共同决定的"，为了分析这种交互作用，勒温用到了"效价""冲突"等概念，但还是无法超出描述的层面达到测量、解释的彻底性。默瑞则进一步将人和环境的互动凸显为需求和压力的互动，在细分各种需求和压力的基础上进行分析，由此而产生的"主题统觉测验（TAT）"成为动机心理学中很有名的测量方法。在此基础上，"成就动机"成为很多领域，尤其是学习领域研究的核心。在海克豪森（1972，1975）提出"成就动机的自我评价模型"后，人们转向了动机的影响因素，是一种归因模式，同时也是认知研究。随之而来，自我效能理论、动机取向理论、兴趣理论等都成为了广义认知动机作用模型应用在学习领域。任何一项以科学性为标准的研究都不会放弃对准确测量的追求，所以一些用来测量"动机作用的量"的标准诊断工具也应运而生（法尔克·莱因贝格著，王晚蕾译 2012：188-195）。

至此，我们发现，人和环境的交互作用又退回到人的因素，被定义为"内源性动机"；而与之相对的"外源性动机"则与目标联系起来。这里的问题是，目标也是个人因素，环境因素及其与人的交互作用还是缺失状态的。所以，本文认为，环境因素及其与人的交互作用是动机以外的研究课题，动机是人的方面的问题，动机是行为的第一方面的因素。在我们这种理解下，Dörnyei"动机减退"定义中所提到的"行为意图或行动中的动机基础"便是人的因素——心理状态。

在"动机基础"中，我们所提到的"外源性动机"即外在动机，涉及外在动因或"外部因素"。而"动机减退"研究中主要考察的促使动机基础发生变化的外部力量也涉及"外部因素"。这两种"外部因素"是不一样的，接下来对于二者区分的讨论能让我们更好地厘清"动机减退"的研究细节。

4 外部力量与外在动机的区分

综合以上各种关于"动机"的定义和研究成果，我们发现："动机"与"情绪"密切相关，这两个词都来源于拉丁语 movere，表示"移动"的意思；它还与"需要（need）""内驱力（drive）""诱因（incentive）"相关（Cf. Coon, D 等著，郑刚等译 2013：384-405），与"意志（will）"相关（詹姆斯，2013：204、208、216）。这些都明显说明：动机是人的因素——不管是外源性动机，还是内源性动机。

而在对人类行为的动因解释中，有决定论与自由意志论之争：决定论认为人类的行为是被原因所决定和迫使的，是他因的；而自由意志论则认为人的意志不遵循宇宙间事物的因果关系，是自由而非先定的，是自因的。二者争议的重点在于人类

行为是外物的因素还是人的因素在起决定作用。如果从卢普的神经机制解释来看，决定论与自由意志是不相违背的。本文也认为决定论和自由意志论实际上体现了动因的两个方面：外力与自由意志互为推力，产生外源性动机。外部力量体现了绝对的决定论，内源性动机体现了绝对的自由意志论，而外源性动机则是决定论与自由意志论的重合部分。从外部因素的角度解释，外部力量是外部因素本身，其变化可以是某种外部因素的单一变化，也可以是多种外部因素的组合变化；而外源性动机则是外部因素引起的动因，继而成为动机和动机基础的内容。

回到本文第一节中提到的 Dörnyei 和刘宏刚的不同定义，实际上就是"动机减退"研究过程的不同：Dörnyei 考察的是外部力量对动机基础的影响，外物因素对动机的影响；而刘宏刚的考察则补充了外部力量通过内部因素影响动机的过程。这个补充无形地将"动机减退"研究分成了两类：外物因素对动机的直接影响和间接影响。但是，这种补充到底是否必要呢？这种补充给我们进一步呈现了对待外源性动机的两种不同研究方式：在 Dörnyei 的模式中，外力直接作用于动机（包括外源性动机与内源性动机，二者在同一研究阶段）；而刘宏刚模式中，外力可以直接作用于内源性动机，还可以通过外源性动机作用于内源性动机（外源性动机与内源性动机在不同研究阶段）。

由此可见，从外部力量到动机基础的变化，外源性动机是研究的难点。接下来，我们希望在"动机"与"动机减退"的关系讨论中更清楚地看待外源性动机的问题。

5 "动机减退"与"动机"的关系

首先我们讨论一类现象：当某人做出某种行为选择时，他是有动机的；但当他取消自己的此项选择或者做出相反的行为选择时，是有动机的还是没有动机的呢？设想某人 P 出于动机 M1（例如：想学习）做出选择 C1（例如：学习），然后取消 C1（例如：不学习），我们可以有两种解释：第一，M1 没有了，所以 C1 的也没有了；第二，"取消 C1"是一种进一步的选择 C2（例如：休息或玩游戏），那么就出现了 M2（例如：想休息或想玩游戏）。按照第一种解释，行为的改变是旧动机的消退；而在第二种解释中，行为的改变是新动机的产生。这是对同一现象的不同视角。但问题是：M2 和 M1 是什么关系呢？值得我们注意的是：外显行动上的 C2 与 C1 是相互矛盾的，类似于动机减退行为（或去动机行为）和强动机行为。那么依此，M2 和 M1 就对应着动机的减退（或去动机）和动机。可见，M2 是 M1 的一种状态——缺失的状态，这种缺失的状态是否可以被随意命名为"动机减退"，从而就产生一

个新的名词"动机减退"呢？

如果"动机减退"就是"动机"的减退，那么此"动机"就有其强弱的渐变尺度，可以从强到弱，也可以从弱到强。但心理上的动机总是外显于具体行为的表现，我们可以说一个人学习动机很强的时候，他会花 10 个小时认真主动地学习；而学习动机弱的时候，他只花 1 个小时认真主动地学习。在两种情况下，我们需要弄清楚：这种 1 小时的学习说明了"动机减退"，还是从 10 小时到 1 小时的变化说明了"动机减退"呢？显然是后者更合理。1 小时学习只能说明"弱动机"，相对于 10 小时学习的"强动机"。而如果从 10 小时到 1 小时的变化发生在一个人身上，那么这 1 小时学习本身可以被看成是"动机减弱行为"——相对于 10 小时学习的"动机行为"。所以，"动机减退"解释的是前行为到后行为的变化中涉及的动机心理变化，一定得外显到两个行为。这样的话，上文讨论中的 M2 不能被简单地认为是"动机减退"，而是从 C1 到 C2 的行为变化中，即在判断出"动机减退行为"时，我们才能发现"动机减退"——M1 到 M2 的变化。

在图 1 的基础上，我们可以通过图 2 来进一步说明目前本文的观点："动机减退"实际上是指的"动机基础"的变化，包括动机及其相关动因的整体性变化。外源性动机和内源性动机都有其相对应的动因，都是在外部力量的变化影响下而变化的。

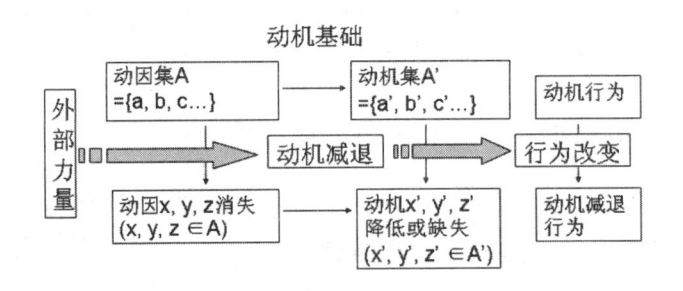

图 2　"动机减退"与"动机"的关系（理想状态）

但是，图 2 只能是理论分析中的理想状态，与人类心理、行为相关的现实情况远不如此简单。以动机基础的动因集 A 为例分析，x, y, z 如果属于同一类动因，它们的消失会引起行为的同类改变并使强度增强；但 x, y, z 如果属于矛盾类动因，它们的消失也许不会引起行为的太大改变。还有可能 x, y, z 消失的同时，会出现 α, β, γ (α, β, γ ∉ A)，而 α, β, γ 的增加使其行为不发生改变，但动机基础部分发生很大的改变。所以，本文认为：外部力量变化，动机基础可能变化，也可能不变化。当心理层面动机减退出现时，同时有可能发生外显的动机减退行为，也有可能在行为

上没有表现。动机减退和动机减退行为是不一样的。在这个关系中，心理层面的动机减退是我们研究的内隐对象，而外部力量和动机减退行为是我们研究的外显对象。这一点，是前人研究有所忽视的，也是后续研究需要重视的一点。

6 "动机减退"概念的最新研究背景

回到"动机减退"的研究背景，本文认为，虽然"动机减退"概念从"动机"研究中被挖掘出来，但"动机减退"研究不应该从"动机"概念入手，而应该把它看成与"动机"并列的而非从属的问题，直接从外显的外部力量改变和动机减退行为入手。

另外，回到二语学习动机研究，它涉及的是语言学习中的动机。按照马斯洛（1987）的需求层次理论，学习活动作为人类行为活动中很重要的一部分，是在生理需要得以满足以后产生的认知需要。语言学习，尤其是二语或外语学习，与语言背后的社会文化关系密切。英语全球化带来语言地位变化，从而影响语言学习者的身份认同感，进一步影响英语学习的动机。英语作为第二语言或者外语所带来的身份认同感和英语作为基本的国际语言交际技能所带来的身份认同感是不一样的，在与社会因素的互动影响下，必然会导致学习动机的变化。这种群体性变化对个体动机行为和动机减退行为的影响能否被视为外部力量恐怕还有待商榷。

结　语

最后，回到引言中James的警示，我们发现，"动机减退"这个新名词的产生依赖已有的词"动机"。由此，便让我们觉得"动机减退"研究必须依附于"动机"研究，这便是一种"很坏的结果"。与其说是在"动机"研究的发展中开拓出了"动机减退"部分，不如说是在"动机"研究的基础上发现了其所在的一个更庞大的系统——"动机减退"。也就是说，"动机减退"是更普遍、更深层次的心理过程，影响着人的行为。"动机减退"中有一个因素是"动机"心理状态——行为主体本人的因素，还有很多其他因素。这样，我们从根本上遵循了勒温的行为解释函数，也不排斥任何动机模型及动机测量方式。只是在这些前人研究成果的基础上，关于"动机减退"，我们还有很多待研究的领域。

参考文献

[1] DÖRNYEI Z, USHIODA E. Teaching and Researching Motivation[M]. Beijing: Foreign Language and Research Press, 2001.

[2] DÖRNYEI Z. The Psychology of the Language Learner: Individual Differences in Second Language Acquisition[M]. London: Lawrence Erlbaum Associates, Inc., Publishers, 2005.

[3] DÖRNYEI Z, USHIODA E. Motivation, Language Identity and the L2 Self [J]. Bristol: Multilingual Matters, 2009.

[4] DÖRNYEI Z. Teaching and Researching Motivation [M]. 2nd Edition. London: Pearson Education Limited, 2011.

[5] COON D, MITTERER O. 心理学导论——思想与行为的认识之路[M].13版.郑钢,等译.中国轻工业出版社,2013.

[6] 法尔克·莱因贝格.动机心理学[M].7版.王晚蕾,译.上海:上海社会科学院出版社,2012.

[7] 刘宏刚.外语教学中的负动机研究:回顾与反思[J].语言学研究,2009(8):182-191.

[8] 卢普.心理的动机原理[M].兰州:光明日报出版社,2012.

[9] 马斯洛.动机与人格[M].3版.许金声,等译.北京:中国人民大学出版社,2012.

[10] 詹姆斯.心理学原理[M].唐钺,译.北京:北京大学出版社,2013.

论《霍华德庄园》复杂节奏

陈瑞红　董爱华

摘要：英国著名作家福斯特是一个在小说创作中非常重视音乐节奏的作家。他的小说《霍华德庄园》在主题发展的复杂节奏上与贝多芬的《第五交响曲》产生了共鸣，使小说具有了音乐的美感。

关键词：霍华德庄园；第五交响曲；节奏

英国作家福斯特被认为是"最有音乐天赋的小说家"[1]，他在1927年出版的《小说面面观》中提出可以从七个方面对小说进行分析，节奏便是其中之一。福斯特认为节奏有简单的节奏和复杂的节奏两种。福斯特把简单节奏与《第五交响曲》的开始节奏"滴滴滴——答"相类比，他认为："我们不但谁都听得出来，而且都能打出拍子来。"[2]因此简单的节奏可被看作是重复加上变化发展。复杂节奏很难领略，只有音乐家才能说明二者在实质上有无不同。在福斯特看来，它就是类似贝多芬《第五交响曲》作为整体所呈现出来的节奏，一种当指挥棒停止所有乐器后犹萦耳不绝的效果。1945年福斯特在论文《来自观众》中进一步解释了复杂节奏，称为"建筑化的情绪，当一部作品通过时间的延伸，突然被作为一个整体理解时才能获得"[3]。这种节奏可以说是阅读过程和阅读结束后小说留给读者的整体效果。尽管福斯特声称很难找到一部小说可以与整首第五交响乐的节奏相提并论，但他写于1910年的《霍华德庄园》可以理解为是他的节奏理论的先期实践。

---

① Arlott J, et al.: *Aspects of E M Forster*, New York Harcourt Brace & World, Inc., 1969: 81.
② 福斯特 E M：《小说面面观》，冯涛译，北京：北京人民出版社2009年版，第149页。
③ Fillion M: *Difficult Rhythm: Music and the Word in E. M. Forster*, University of Illinois Press, New Dehli, 2010: 17.

1 小说人物面临的命运

贝多芬的伟大作品《第五交响曲》因他简短而形象地把音乐刚开始那猛烈的三连音解释为"命运之神在敲门",也被称为《命运交响曲》。贝多芬所说的"命运"不同于人们通常理解的"天命"或"天数",而是指人面临的困难和种种不幸。贝多芬塑造的英雄不是存在于诗歌戏剧的,是与困难做斗争、从黑暗走向光明、争取自由的普通人。福斯特关注的焦点就是处于不同文化冲突、承受着生活压力、心灵不能平衡发展的中产阶级,具体来说,就是代表精神文化生活的施莱格尔一家和代表物质生活的威尔科克斯一家的各自面临极端片面发展的困境。施莱格尔家面临的问题就是脱离现实纯精神文化生活在面对现实问题时苍白无力。玛格丽特本人戏称"我们过着吱吱哇哇乱叫的猴子般的生活"[①]。威尔科克斯家在用物质支撑起来的华丽表面背后是对失去物质享受的恐慌和害怕失去物质财产而导致自私冷漠、缺乏想象力和同情心。查尔斯·威尔科克斯是过分追求物质的一个典型,最后在处理巴斯特事件中简单粗暴,致使自己陷入囹圄。

2 与命运做斗争

两个家庭面临了生存和发展的挑战,就像命运敲响了他们的门。在交响曲的第一乐章,命运敲门令人惊惶的同时也刺激着人们奋起反抗的决心。如同乐曲中的英雄经历了绝望、思考、反省、胜利的精神历程才战胜了苦难,小说中的人物在实现物质与精神的联结过程中经历了内心尖锐的矛盾和情绪对立,饱尝了各种各样的磨难。

福斯特给两个家庭做了一个非常准确的定位:施莱格尔家要做的是"不要看着它阴盛阳衰而无所作为";威尔科克斯家要做的是"看着它充满阳刚而不粗鲁"[②]。福斯特建立"联结"的愿望因为两个家庭之间的巨大分歧而困难重重,其中既有顺从和冲动,又有沉思和犹疑;既有忍耐又有爆发,既有生又有死。《命运交响曲》的第三乐章再掀风云,斗争升级,整个乐章充满了斗争和冲突的情绪。相应的,玛格丽特与亨利的婚姻经历了一系列曲折和冲突以及最后的矛盾激化。激烈的争吵是两人矛盾的大爆发,也是玛格丽特向命运发出的挑战与呐喊。种种变化也迫使亨利

[①] 福斯特 E M:《霍华德庄园》,苏福忠译,上海:人民文学出版社 2000 年版,第 92 页。
[②] 福斯特 E M:《霍华德庄园》,苏福忠译,上海:人民文学出版社 2000 年版,第 51 页。

重新审视旧我做出些改变。濒于破裂的婚姻最终以双方的妥协得以继续。婚姻也使玛格丽特"从夸夸其谈向扎实做事过渡",她从最初的热衷上剧院和参加讨论社会转变成"关起门来过日子"①。已经联结的两个家庭已在霍华德庄园的土地上扎根。

3　斗争胜利后幽灵依然存在

在交响曲的第四乐章,英雄与命运的决战终于以光明的胜利告终,但命运的阴影仍然存在。幽灵般的敲门声贯穿了这部交响曲的始末。福斯特认为贝多芬"把辉煌、英雄主义、青春、生命和死亡的壮丽以及一种非凡欢乐的巨大吼声又带给了听众,让他的第五交响乐就此结束,然而精灵们仍在什么地方。它们能够回来,贝多芬已经勇敢地把话说出了"②。精灵即幽灵,代表的是懦弱和怀疑,是恐慌和空虚,"(精灵)它们路过宇宙,这才注意到这世界不存在什么辉煌或者英雄主义"③。物质与精神的联结是否能在真正意义上实现;人与人、人与社会、人与自然是否能够达到和谐相处,福斯特也没有明确给出答案。因为终极的和谐是理想状态,需要人们不懈地追求。但即使霍华德庄园是福斯特的乌托邦,也证明福斯特对未来没有否定,他对将来是持乐观精神的,是一位有责任心的知识分子对工业发展中的问题提出的一剂良方。物质与精神的矛盾也是永恒的,它贯穿了人的一生。

综上所述,《霍华德庄园》隔着时空与贝多芬的《第五交响曲》产生了思想和节奏上的共鸣。也可以说贝多芬的《第五交响曲》成了《霍华德庄园》故事情节发展和人物命运的背景音乐。在节奏理论的指引下,读者将拥有新的阅读体验和审视作品的新视角。

---

① 福斯特 E M:《霍华德庄园》,苏福忠译,上海:人民文学出版社 2000 年版,第 317 页。
② 福斯特 E M:《霍华德庄园》,苏福忠译,上海:人民文学出版社 2000 年版,第 39 页。
③ 福斯特 E M:《霍华德庄园》,苏福忠译,上海:人民文学出版社 2000 年版,第 38 页。

The Narrative Strategies and Reconstruction of History in *A Mercy*

高 黎

Abstract: From a trans-racial and trans-cultural perspective, Toni Morrison's latest novel *A Mercy* deals with the major historical issues of the colonial North America and their damaging impacts on the people of the colonial society, especially those oppressed by colonialism — the blacks, Indians, indentured, mulattoes — and white colonists themselves. By giving voice to the anti-colonialists, the author successfully subverts the historical narrative of white colonialists and reconstructs the history of this colonial period. In her fictional reconstruction of history, multiple narrative strategies are employed, including post-modernist narrative, feminist narrative and slave narrative. This thesis studies the various narrative strategies Morrison uses in dealing with different historical issues to find about how she reconstructs history.

Key Words: narrative strategies; reconstruction of history; *A Mercy*

Unlike her other novels that focus on excavating the brutality of slavery and its impacts on black Americans and American society, Toni Morrison's latest novel, *A Mercy*, goes back to the colonial days when the Middle Passage, immigration to the New World and conquest of Indian lands were the major themes of the time. Such a broad historical background provides the novel with rich historical elements and enables the author to imagine a historical period that shaped the future character and identity of the people living in America. In *A Mercy*, almost all the major historical issues of the colonial period, such as colonialism, slavery, racial conflicts, religious institution, immigration, social stratification and marriage, are explored in a subtle yet resounding way. But, despite its richness and complexity, this novel is not an epic, neither is it a grand narrative. Instead, it takes a more personal, fragmented approach to reconstruct history, and gives "depth" and "subjective ownership" to history (Nerad 2003: 154).

In fact, Toni Morrison's works are replete with history. From *The Bluest Eye* (1970) to *Beloved* (1987), history and its relationship to society are repeatedly explored. As Toni Morrison stated in her essay "Rootedness: the Ancestor as Foundation":

> "If anything I do, in the way of writing novels (or whatever I write) isn't about the village or the community or about you, then it is not about anything. I am not interested in indulging myself in some private, closed exercise of my imagination that fulfills only the obligation of my personal dreams — which is to say yes, the work must be political."
>
> (Morrison, 1984: 344)

This social-political function that Morrison believes to be innate of her literary texts dominates the orientation of her writing: "To address and explore issues meaningful to the welfare of the whole world community." (McKay, 1999: 3) Thus her novels not only represent history, that is, to reproduce the ideological products or cultural constructs of the historical conditions specific to an era, but reconstruct history through both external events and internal experiences. With such historical consciousness, her writings make history more concrete and intelligible, and have become a platform for readers to reflect on history and its lessons, and to see how their present and future are related to the past.

This thesis will try to explain how history is reconstructed in this novel by examining the various issues presented in the novel as well as the narrative strategies the author employs in the reconstruction process so that apart from gaining an insight in the historical panorama, we can also better appreciate the superb skills of the writer.

1 Colonialism

The most prominent issue of the 17th century North America is colonialism. Since the first English settlement Jamestown was established in 1607, many colonies had developed up and down the east coast of North America. Driven by political, religious or economic reasons, European immigrants flooded into the New World. What ensued are land occupation, war and conflicts with the natives, depopulation of the natives, economic exploitation, enslavement for labor resources and hegemony of western culture. But these dark sides of colonialism are often ignored in mainstream "white and western" historical narratives which constantly, sometimes even without their authors' awareness, confirm and celebrate the power structure of the colonial rule and suppress the counter-voices. As Valerie Babb points out, the early American historical narratives (such as William Bradford's *Of Plymouth Plantation* and John Winthrop's *A Modell of Christian Charity*) created "a mythohistory of American origins ... that cast the North American continent as western European (particularly English) by divine right." and "this myth erased the social plurality of prenational America", hence,

> "leaving instead an oversimplified saga in which Columbus discovered America; the Pilgrims shared Thanksgiving with the Indians; and Ben Franklin found electricity. Lost in this process were the subjective stories of Africans, Native Americans, white European indentured servants, and women of all races and ethnicities who had little economic means or domestic security ."
>
> (Babb)

Obviously, a true picture of colonialism is the key to understand other related and ensuing issues such as the role of religious institutions and slavery. It is in this sense that the articulation of the dissonant and subversive voices is imperative.

In *A Mercy*, the story begins in 1682, the year when Jacob Vaark goes to a tobacco plantation to collect a debt in what would be Maryland and acquires Florens, a slave girl, instead. Over a span of eight years, the story, narrated from the point of view of different narrators, revolves around the interlocking stories of four women on Jacob's farm. As a decisive setting, colonialism is closely related to the destinies of every character of the novel In fact, by the time the story happens, colonial rule had flourished and become a daily reality. Its damaging impacts also penetrated into every field of life. Jacob's journey lifts the curtain of the institution.

Descriptions of the colonial society and life are narrated mainly through the point of view of Jacob Vaark, an agent of The Dutch West India Company trading fur and lumber. By character, Jacob is a decent man who "sneers at wealth dependent on a captured workforce" and prefer "to prove that his own industry could amass the fortune" "without trading his conscience for coin" (28). By birth, he was an orphan who grew up in the poorhouse. He disgusts Papists, and cares nothing about religion. His trade makes it possible for him to travel wide and far to see and hear what is happening in the colonies. In fact, Jacob is both an insider and an outsider of the colonial rule. The symbolic legacy he inherited from an uncle turns him from a broker into a landowner, from a bachelor without a fixed abode to a settled man with a wife and several "slaves". As an individual who has witnessed all the corruptions of the world yet still determines to make his way through hard work and honest living, Jacob Vaark is obviously an ideal narrator whose sense, judgment and credibility can be trusted.

To some extent, Jacob's background and social status exempt him from the religious bigotry, racial prejudice and colonial avarice, which in turn makes his report and perception about colonial world more reliable. On the other hand, Jacob's role as both an insider and an outsider of the colonial rule gives him the advantage to reflect on and evaluate the social institution in a more objective manner. The distance between the remote past and their present audience is also greatly shortened by his "witness" narration. Such a choice of the narrator shows Toni Morrison's deliberation on the reconstructing colonial history through fiction.

Through Jacob's narration, facts of the colonial history are revealed bit by bit. The novel presents two major forms of colonialism, settler colonialism and exploitation colonialism. The former is represented by Jacob, who, like many others, was cheated by the "lies of the Company about the easy profit awaiting all comers" and came to the New World only to find "hardship, adventure" (12) there. First a trader, then after accumulating a small fortune and inheriting a legacy, he settled down to become a landowner and farmer. A self-reliant man, Jacob exemplifies the grand myth of early settlers. But behind such self-sufficient stories are cold facts about usurpation of land and depopulation of the natives who were the original owners of the land. Just as Jacob says, the territories in the early colonies were often "disputed, fought over and regularly renamed" (13) among the natives, the Swedish, the Dutch and the English. No matter who claimed the land, most of the land ownership would finally fall into the hands of either the church, or the Company, or a son or a favorite of the royal family. Along with the taking of the land is the depopulation of the natives to whom the land originally belonged to. The natives are either driven away from their native land by force or wiped out from their native land by diseases they caught from white colonizers. Lina's story is a very truthful reflection of this historical reality. Lina, the Indian slave woman on Jacob's farm, was only a small girl when all her tribe people were killed by smallpox and her village enclosed by white soldiers. This occupation of land is further legalized by the laws of the colonizers despite its illegal and immoral nature. In Jacob's memory, there was a war waged by freedmen, slaves, natives, and indentured against the local gentry half a dozen years ago which ended up with the slaughter of the rebels, the exile of the natives and harsh laws that were like "a hammer wielded in the interests of the gentry's profits." According to Jacob's account, these laws, "By eliminating manumission, gatherings, travel and bearing arms for black people only; by granting license to any white to kill any black for any reason; by compensating owners for a slave's maiming or death, they separated and protected all whites from all others forever." (10) These laws, judging from their purpose and contents, can be regarded as the cornerstone of white supremacy and a crucial step in the institutionalization of slavery.

Jacob's role as a trader reveals another truth of colonialism: economic exploitation. If the trading of fur and lumber, which Jacob takes, is a relatively mild way of economic exploitation, then slave trafficking, slavery and indentured labor are stark, violent economic predation. To white colonists, slave trade is the quickest, safest, and easiest way to get rich as long as their conscience is not troubled. As Downes, the man Jacob meets in an inn points out, in slave trade, there is "No loss of investment. None. Ever. No crop failure. No wiped-out beaver or fox. No war to interfere. Crop plentiful, eternal." "Each and every month five times the investment. For certain." (31) Such temptation is so great that few could resist. Even a morally sound man as Jacob would decide to look into it in the future, let alone those soulless slave traders. In this sense, D'Ortega is a typical example of exploitation colonist. Son of a cattleman, D'Ortega made his living not by herding cattle, but by herding slaves, shipping cargoes of slaves from Angola, Portugal's slave pool, to Brazil, thus making himself immensely rich. On his tobacco plantation, he also keeps a lot of black slaves to support his luxurious, pseudo-aristocratic life style. It is this very access to free labor that made the leisurely life of white colonialists possible. Another form of economic exploitation is the indentured labor of poor whites. Like the slaves, these indentured enjoy no freedom.

They have to exchange their labor for living. Before their term expires, their masters could add a few more years at the excuse of punishment, thus exploit their labor at will. The two lent laborers, Scully and Willard are such examples. Scully was only twelve years old when his father leased him to pay back his diseased mother's debt. His servant condition got even worse after he was betrayed by the Anglican curate, a pederast, and made an indentured laborer on a farm. He has once thought of running away. But realizing the true conditions of indentured, he decides to wait patiently and accumulate enough freedom fee to buy himself free. As for Willard, he was sold to a Virginia planter for seven years when he was fourteen, but three more years were added for infractions — theft and assault. Obviously, in the colonial context, freedom of the oppressed class is nothing compared with the economic profit of colonists.

A mere representation of historical facts tends to fall into the fallacy of positivism. An interpretation of these facts by a reliable narrator provides more insights in understanding these facts. In this sense, Jacob is some kind of a thinker whose observation of the historical facts often goes further to evaluate and criticize them. For example, though he himself a beneficiary of the laws mentioned above, his moral integrity would not allow him to applaud for such laws. Instead, he criticizes these laws as "lawless laws encouraging cruelty in exchange for common cause, if not common virtue" (11). He describes the church and the Priests as menacing and sinister because their conquest of the land is "by sustained violence or sudden disease" (14), and could hardly cloak his disdain for them. Apart from such direct comments, his actions and feelings also reflect his instinctive judgment. Take slavery for example. Though a kind of "slave owner" himself, Jacob never embraces slavery. On the country, he keeps distance from the core of slavery, enslavement. The three slave women on his farm are all taken out of sympathy and treated like human beings. By contrast, D'Ortegas is inhuman, for he treats the black slaves as non-human objects, tools for making money only. Jacob's reactions to the environment, the people, the food and the talk during his visit to D'Ortegas are full of contradictions, which also illustrate his attitude towards slavery. The environment, though beautiful, is intolerably hot; the house, though grandiose, looks rather empty; the D'Ortegas, though rich, are vain and hypocritical; the food, though richly prepared, is tasteless; and the talk with the couple, though polite, is boring and repellent. All these impressions and feelings indicate a refusal of slavery that Jacob puts into words: "I do not trade flesh."

The ignored, unwritten harsh realities of colonial rule observed through Jacob's perception: the church's conspiracy with the Company in conquering the natives and subjugating the blacks; the polarization and social stratification of the whites; the enslavement and exploitation of the slaves and the hypocrisy of the white slaveholders expose the original sins of early colonial period and reveals the root of the problems of colonial society. The reconstructed colonial world, as John Updike describes, "is a new world turning old, and poisoned from the start." (Updike)

2　Slavery

In *A Mercy*, like in all of her other novels, slavery is a key theme. As an integral part of colonialism, slavery co-works with other institutions of colonial society to shackle the slaves both physically and spiritually, bringing unspeakable horrors and hardships to them and at the same time corrupting the white colonists. However, instead of just focusing on exposing the brutality and deprivation of slavery, Toni Morrison also traces the origins of slavery from a trans-racial and trans-cultural perspective. By giving voice to the marginalized groups and reconstructing the experiences and consciousness of the slaves in the early colonial period, Morrison tries to redefine prenational America and remove all racial codes so that American colonial history is no longer a white protestant colonist history, but a history of all races. As Toni Morrison says about the novel in an interview, "I really wanted to get to a place before slavery was equated with race," "Whether they were black or white was less important than what they owned and what their power was." (Boris)

The slaves in the novel are of various skin colors: Florens is a black girl, Lina a native Indian, Sorrow most probably a mulatto, Willard and Scully whites. This design of characters is both an effort to represent the plural ethnicities composing of colonial society and an attempt to obliterate the racial boundaries demarcated by skin color. By having Florens as the central narrator whose voice fills every odd chapter and other characters taking turns to narrate their stories and experiences under the yield of slavery in the even chapters, Toni Morrison showcases each of the individuals' histories to form the chorus of colonial slavery history. Though apparently Florens' narrative serves as the leading thread that runs through the whole novel and connects all the narratives, it does not occupy a dominant place in reconstructing the landscape of slavery. The equal status of the narrators suggests the unique and irreplaceable contribution in making the history of colonial America.

The decentralizing narrative strategy Toni Morrison adopts is a response to the mainstream white phallocentric historical narrative that "undermined interpretive competence, constricted and systematically impoverished the gaze of the viewer, the reader, and ultimately the society." (Ryan 2007: 153) In the novel, apart from the slaves' personal narratives, there are also three other conflicting voices commenting on slavery: those of the compassionate white farmer Jacob, the greedy slave trader D'Ortega and the white stranger Downes whom Jacob met in an inn. Jacob thinks slavery is a degrading business, and would not sell his conscience for it. D'Ortega thinks about slaves in monetary terms and takes slavery as a necessary means to accumulate wealth as well as a religious burden. Downes, who admires the slave traders and slave owners, preaches the profits slavery brings to colonists yet (probably) fails to make a fortune in slave trade. Obviously, none of these voices is able to reflect on and criticize slavery. Therefore they are dismissed as authoritative voices that accord with the readers' moral cognition of the issue.

To deal with slavery that involves all skin colors and produces far-reaching influences is a daunting challenge that traditional linear, realistic and omniscient narrative cannot cope with for either lack of breadth or depth in presenting the real picture of slavery. As usual, Toni Morrison turns to post-modernist narrative strategies such as fragmented narrative, multi-points of view and crisscrossing of time and space.

The core event in the novel is the selling of Florens by her mother to Jacob. Like Sethe in *Beloved* who kills her baby daughter in an attempt to escape from slavery, Florens' mother also sells her to Jacob as a debt payment in order to protect her from the lascivious Portuguese planter D'Ortega and his sons. This apparently horrifying, even immoral choice reflects the dehumanizing nature of slavery. Under the circumstances where slave murder, rape and lynching are ever present in black slave experience, this choice can be justified as a spiritual challenge and rebellion against slavery. However, like Sethe, Florens' mother is misunderstood and her intension misinterpreted. Only through fragmented narratives of different narrators can readers acquire a true understanding of the slave mother and her decision. In the novel, the story of the selling of Florens is repeated three times, by the three persons involved in the event, the victim daughter, the buyer and the seller mother. Their narrations of the event from different perspectives complement each other and move the story to approximate the truth.

The first time, it is Florens who introduces this event when she confesses her love to the blacksmith. Since she was only eight when this event happened, her memory of this event is vague and her judgment unreliable. Her narration of this event, crisscrossed by the events of other time and space, is therefore brief, limited and traumatized. Speaking in the first person point of view, Florens recalls the event that completely changes her life with only a few details.

"I know it is true because I see it forever and ever. Me watching, my mother listening, her baby boy on her hip. Senhor is not paying the whole amount he owes to Sir. Sir saying he will take instead the woman and the girl, not the baby boy and the debt is gone. A minha mãe begs no. Her baby boy is still at her breast. Take the girl, she says, my daughter, she says. Me. Me. Sir agrees and changes the balance due."(7)

If it were not for the emphasis of "I see it forever and ever" and the repetition of "Me. Me." at the end of the recalling, Florens' narration seems almost dispassionate. But a careful reading of this narration reveals the traumatic effects this decision left on Florens. Between her and the baby boy (his brother), her mother chose her to be taken away by Jacob. Florens' explanation for this decision is that "her baby boy is still at her breast". By calling her brother "the baby boy", Florens consciously refuses to accept this choice. The resounding "Me. Me" shows the pains she suffers from her mother's abandonment.

The second time, the clue is picked up by Jacob in his narration of his visit of D'Ortega's tobacco plantation eight years ago. This time, the narration provides more information about the event that to some degree corrects Florens' explanation of this event. The readers know that the mother's decision has nothing to do with the baby boy. When Jacob chooses her on a whim, she whispers to him "Please, Senhor. Not me. Take her. Take my daughter." Jacob reports that in her voice "there is no mistaking its urgency"(27). When Jacob refuses the proposal, the mother "knelt and closed her eyes"(28). Why urgent? The mother's voice and body language shows there must be something serious, something unspeakable behind the mother's request. Yet, the narrator stops here, and the readers have to find clues from other narrations to piece up the picture and get the answer.

By the third time the event is mentioned, the story has already moved to the end. Florens is thwarted in her pursuit of love and becomes wild with anger. Jacob is dead from smallpox, leaving the slaves on the farm unprotected, At such moment of crisis, the slave mother's narration offers ultimate redemption and self-possession through loss. This time, the suspended mystery is finally solved, along with the revelation of the harrowing experience of the slave mother. The readers get to know that the nameless slave mother wants Jacob to take her daughter away because Florens has caught the eyes of lascivious D'Ortega. Her own nightmare experience tells her that "There is no protection. To be female in this place is to be an open wound that cannot heal. Even if scars form, the festering is ever below."(163) When Jacob appears, the slave mother sees "there is no animal in his heart" (163) and "he see you as a human child, not pieces of eight" (166). So she makes a bet. "There is no protection, but there is a difference." To her kneeling before Jacob, she explains that she hopes there is a miracle, and it turns out to be a mercy.

The suspense caused by the limited narration of the narrators creates momentum for the novel. At the same time, the limited perception of each narrator invites the readers to actively participate in the reconstruction process. Their self-correction and reflection on the problem finally lead them to see the true nature of slavery.

Slavery, to Jacob, is a repellent business; to D'Ortega, an exploitation machine; to Downes, a great temptation; to the slaves, the hell. Again, Toni Morrison employs "the contrapuntal narratives… to produce a medley of conflicting and complimentary voices to reveal individual and community meaning making." (Wang 2010: 159) In this novel, both the slave owners and the slaves talk about slavery. Though they hold different positions, their description of the practice of slave traders and slave owners show how slavery happens, and operates, and what the horror of slavery is. According to Downes and the slave mother, slaves are first sold in Africa by Africans. Downes believes that "Africans are as interested in selling slaves to the Dutch as an English planter is in buying them"(31) because slaves can reproduce and therefore make slave trade extremely profitable. The slave mother also testifies in her narrative that she was abducted from her house in Angola, and transported to Barbados through the Middle Passage, then purchased by D'Ortega. Almost in all the processes of slave trade, slaves undergo extreme physical violence and spiritual persecution. The slave mother is raped by different men, and many others either commit suicide or are killed during the passage. D'Ortega speaks of slaves as either heads or cargo or scoundrels. To the death of slaves on the phantom ship, he shows no sympathy. His only pity is his financial loss. Human feelings seem to be unknown to him. When he hears that the whole cargo of slaves died of ship fever, he orders the corpses to be thrown into the sea. Later when he is fined by the colonial government, he orders the corpses to be fished out and carted to low-land, leaving them to seaweeds or alligators. The conditions of slaves on his plantation are no better. As Jacob observes, there are scars, wounds and even brands on their body, and they are shock-proof. Ironically, the D'Ortegas pride themselves on "the gravity, the unique responsibility, this untamed world offered them; its unbreakable connection to God's work and the difficulties they endured on His behalf. Caring for ill or recalcitrant labor was enough, they said, for canonization."(18) The hypocrisy of the colonists only further reveals the atrocity and horror of slavery.

  Slavery not only destroys the slaves physically, but also enslaves them spiritually. In *A Mercy*, the theme of "enslavement" is discussed in the narrative of Florens. As the only narrator who narrates the story in a first person point of view, her internal focalization helps the readers understand her feelings and psychological activities. The confessions she makes, which is a tradition of slave narrative, further exposes her inner activities. Though a slave, Florens never seriously thinks about the meaning of enslavement. Under the protection of her slave mother, Jacob, the mistress and Lina, she knows little about the bitterness of slavery. When her love is refused by the blacksmith, she asks him why. The blacksmith tells her that her head is empty and her body wild, and she is a slave by choice (141). Though apparently what the blacksmiths says is against our knowledge of Florens' life, it reveals the truth of many slaves' life. This is also a sharp warning against the danger of enslavement, which in Floren's case, is the result of her mother's abandonment of her. The strong sense of insecurity casts a shadow in her life and drives her to seek companionship and attachment while during the process she loses herself. By contrast, the nameless African blacksmith exemplifies a free, independent individual. Living in the colonial world as a free man, the blacksmiths keeps his integrity and dignity wherever he goes and never bows to the rules that degrade him. So he looks at the eyes of the whites when speaking to them and stands equally with them. His behavior, which is normal to himself, shocks

Scully, who never dreams of being treated equally by those superior to him in social status. In fact, he has internalized the class consciousness instilled to him by the slave owners. This internalization of the slavery institution turns out to be the biggest obstacle to the freedom of the blacks. As the slave mother points out at the end of the novel, "to be given dominion over another is a hard thing; to wrest dominion over another is a wrong thing; to give dominion of yourself to another is a wicked thing." (167) The slave mother, who suffers from slavery, has a clear understanding of the plight she and her daughter are faced with. Though there isn't much to do to fight against the permeating influences of slavery, she still tries her best to make a difference. This unyielding spirit manifests a valuable quality of in pursuing freedom: self-dominion. Metaphorically, both the blacksmith and the slave mother are nameless, which, in the colonial context, is a defiance of the hegemony of the slave holders. In the rhetoric of language politics, naming is a rite of the hegemonic culture. That's why Sorrow, after gaining rebirth in the birth of her child, changes her name to Complete. She wants to walk out of the shadow of slavery and embrace her new life. The namelessness of the slave mother and the blacksmith again proves the importance of self-dominion in getting rid of the bondage of slavery.

Besides self-dominion, there are other aspects of slave life that can help slaves to be spiritually free. In the novel, Lina is a very special character. Though her miserable childhood has left her in the disposition of slave owners, her self-redemption never fails. To fight against the devastating effects of slavery,

> "she decided to fortify herself by piecing together scraps of what her mother had taught her before dying in agony. Relying on memory and her own resources, she cobbled together neglected rites, merged Europe medicine with native, scripture with lore, and recalled or invented the hidden meaning of things. Found, in other words, a way to be in the world."(48)

Her resourcefulness makes her an indispensable member of Jacob's farm. She teaches Jacob how to farm, helps him run the farm, and when Rebekka, Jacob's post bride, comes to the farm, she immediately becomes her close friend and companion. Together, they invent various methods to tame the land. When Florens is brought to the farm, Lina takes care of her like a mother does to her daughter. Even when the farm is plunged into crisis due to the premature death of Jacob and the sickness of Rebekka, Lina still manages to keep the farm in order while attending Rebekka day and night. According to Scully, her loyalty is not a submission but a sign of her own self-worth (151). This assertion of self-worth, faith and love help her gain spiritual freedom despite the bondage of slavery.

Conclusion

In the metaphorical ending of the novel, the slave mother hopes for a miracle. When Jacob answers her prayer, she realizes that "it is not a miracle bestowed by God, but a mercy offered by a human." (167) This mercy, understood in the context of colonialism and slavery, implies that the pains, sufferings, hardships and infamies caused by human brutality and greed should be alleviated and even gotten rid of by the human good. In a broader sense, this mercy is also a redemption of all those victimized and corrupted by colonialism and slavery. It reveals Toni Morrison's historical outlook that the cultural and social system is made by all races working together and they have an equal claim to it.

References

[1] NERAD J C. History [A]// BEAULIEU E A. The Toni Morrison Encyclopedia. Westport: Greenwood Press, 2003.

[2] Morrison T. Rootedness: the Ancestor as Foundation [A]// EVANS M. BlackWomen Writers (1950-1980): A Critical Evaluation. New York: Anchor/Doubleday, 1984.

[3] NELLIE Y. Introduction [A]// ANDREWS W L, MCKAY N Y. Toni Morrison's Beloved: A Case Book. Oxford, New York: Oxford University Press, 1999.

[4] BABB V. E Pluribus Unum? The American Origins Narrative in Toni Morrison's A Mercy[OL]. http://muse.jhu.edu/journals/melus/summary/v036/36.2.babb.html, assessed 01/12/2018.

[5] Judylyns R. Language and Narrative Technique in Toni Morrison's Novels[A]// TALLY J. The Cambridge Companion to Toni Morrison. Cambridge: Cambridge University Press, 1988.

[6] WANG L L. Identity-Building in Toni Morrison's Trilogy: Beloved, Jazz and Paradise[M]. Xiamen: Xiamen University Press, 2010.

[7] Morrison T. A Mercy[M]. New York: Alfred A. Knopf, 2008.

日本の相撲について

呉明偉

　要旨：記紀神話の力比べ、神事との関わり、時代を下るにつれ、武芸大会へと変貌し、寺社祭礼への奉納、武士のお抱えとしての力士の存在、武士の娯楽を経て、営利勧進相撲へと発展する江戸時代。明治初期に危機を迎えた大相撲は、後期には国粋的風潮に乗って復活した。国技館の建設後、日本の国技と見なされるようになった。相撲節会と神事相撲に故実を求め、「伝統創出」を施し、社会的地位・興行的価値の向上を果たすことに成功した。精神主義的な風潮が強かった昭和前期に国策・武道として相撲が奨励された。戦後武道の禁止の際も、大相撲は例外であった。「相撲はスポーツである」と主張し、「融通無碍」の性質をもって大相撲は存続した。特にテレビの普及、大衆的な人気を持つようになった。今では日本伝統文化の象徴としての大相撲は、本場所や地方場所は必ずNHKで生中継される。外国人出身力士の活躍、そして彼らの国際性が大相撲に新たな魅力をもたらしてきた。

　キーワード：相撲節会；勧進相撲；国技館；大相撲；国際化

はじめに

　ちょんまげ姿に古くからの衣装、土俵入り、番付表、化粧廻し、相撲の取組で、江戸時代と変わらぬ姿を、すぐそこで見ることができる大相撲。土俵と呼ばれるリングの上で、まわし１枚の男たちが鍛えた肉体をぶつけ合う。体が地面につくか、土俵の外に出たほうが負けという実にシンプルなルールの大**相撲**は日本の**国技**として海外でも広く知られている。殴る蹴るという打撃ではなく、真っ向から体をぶつけ力比べをしたり、時には素早い切り替えしで相手を翻弄する取り組みは常

に真剣勝負だ。大相撲は長い歴史の中で次第にルール化され、洗練され、様式化されてきた。数々の仕来りが生きている大相撲は単なるスポーツを越えた日本の伝統文化という面もあり、現在では「はだかの大使」として海外でも公演を行っている。

　この大相撲の纏った「文化・伝統」が、300年存続できた要因の一つである。すっかり日本のイメージとしても定着した相撲はどのようにして生まれ、広がっていったのだろうか。古代に遡ると、相撲は「天下泰平・五穀豊穣」を祈って神に奉納する神事相撲がその源流にあった。奈良・平安時代には相撲節会になり、天皇の前で相撲を取る天覧相撲が行った。武士の世となると、身体鍛錬の武家相撲になり、将軍の観戦する上覧相撲もしばしば開催されていた。室町の末期から江戸時代に入ると、勧進相撲という形で相撲が行われるようになった。江戸時代になり、神事としての「奉納相撲」や社寺の勧進のための「勧進相撲」を生業とする人々が増えると、相撲は大衆娯楽を兼ねた興行・競技へと発展していった。相撲興行が江戸・大阪・京都でそれぞれ隆盛し、近代に至ってそれらが段階的に合一された結果、今日の大相撲が成立した。ところが、そんな相撲も明治期に入って「野蛮な文化」として滅亡の危機があった。社会奉仕活動、そして根気強い活動によって存続した。「国技」として生まれ変わる。宗教的な性格が薄れていくのではなく、逆に濃くなってくるわけだ。現在の大相撲の形式は、神事相撲を直接に受け継いだものではないということだ。神事的性格があまり強くない勧進相撲がまずあって、後から現在見られるような宗教的要素を次々と取り入れてきたのである。「相撲無用論」「相撲禁止論」から「伝統文化として相撲」へと急転するが、相撲も明治「天皇」制下での近代化推進のための「伝統」として発明されていく。協会の財団法人化と天皇賜杯の認可が、大相撲を厳粛化していく、その文化性を転化していく第一の契機なった。

　戦後の昭和期に「栃若時代」「柏鵬時代」などを迎え、平成前期には"若貴ブーム"で盛り上がなど、相撲人気は時代の変化や雰囲気と共に浮沈を繰り返してきた。平成後半に入り、外国人出身力士が大活躍、日本出身力士が勝てない時代が続いている。相撲界のウィンブルドン現象が長く続いている中、外国人力士を「敵」とみなし、完全に排外主義が野放しの状態になっている。しかし、今や個性のある外国人力士がいなくなれば、相撲の魅力が半減しかねない状況ですらある。

1　相撲のはじまり

　相撲は人間の闘争本能の発露である力比べや取っ組み合いから発生した伝統あるスポーツである。相撲に類する格闘技は、古来世界各地で行われていたことが、色々な発掘品や遺品で明らかである。相撲は日本では歴史とともに古いスポーツである、人々はこうした競技を観戦したり、参加したりして、剛の者が競う様を楽しんできた。古墳時代の埴輪や須恵器の出土品に相撲が行われていた様子が描かれている事から知ることができる、神話・伝説としては『古事記』に建御雷神と建御名方神の力比べにより国譲りが行われたとの記述があり、『日本書紀』に見える垂仁天皇の代の当麻蹶速と野見宿禰が対戦したという伝説は相撲の初めとして有名である。

　民俗学上すでに弥生時代の稲作文化を持つ農民の間に、五穀豊穣の吉凶を神に占う農耕儀礼として相撲が広く行われていたことが明らかにされているが、このように相撲は、ただ単に力比べのスポーツや娯楽ではなく、本質的には、農業生産の吉凶を占い、神々の神意を伺う神事として普及し発展してきた。『日本書紀』に相撲が史実として初めて記録されたのは、642年古代朝鮮国の百済の使者をもてなすために、宮廷の健児に相撲をとらせたという記述である。

　719年に朝廷内で「抜出司(後に相撲司)」という官職が任命されている。毎年7月に行われる「相撲節会」が彼らの最も大切な仕事で、その準備のため日本全国から優秀な力士を選抜して集めてくる。言わば相撲のスカウト役に当たるが、日本全国を部領使という役人が東西に分かれて回って歩いて、大力の人、巨漢、或いは相撲の名人を選んで京都に連れてくる。これを東方と西方の二つのグループに分けて、東組と西組で七月七日に宮中で相撲を取ってその年の豊凶を占う儀式である。これは村々の神社で行われていた豊作祈願の行事を、全国家的なものに大きく中央朝廷で吸い上げて、京都の天皇の御前で行わせるという形である。従って、これは非常に宗教的な行事であると同時に、古代国家の全国支配を象徴する大きな宮廷の行事である。この場合相撲は、宗教的であると同時に、現世的な政治権力の支配と結び付いた大きな役割を果たしている。

　726年、この年は雨が降らず日照りのため農民が凶作に苦しんだ。聖武天皇は伊勢大廟のほか21社に勅使を派遣して神の加護を祈ったところ、その翌年は全国的

に豊作をみたので、お礼として各社の神前で相撲をとらせて奉納したことが、公式の神事相撲の始まりと記されている。そして正式な記録に残された最古の相撲行事は、734年7月7日には聖武天皇が日本書紀にある当麻蹶速と野見宿禰の話にちなんで七夕祭りの余興として相撲を観覧したことが『続日本紀』に見られる。その後、天皇による相撲の観戦は「相撲節会」と呼び宮中行事として平安時代後期まで続く。

　また奈良時代の朝廷の歴史書では南九州の、現在で言うと鹿児島県、宮崎県辺りに住んでいた人々を隼人と呼んでいる。最も辺境の地域で、奈良の朝廷が支配しようとしている最前線に当たる地域の人々だが、その人々を奈良の都に連れて来て、天皇の前で隼人の代表者に相撲を取らせたことが記されている。全国の中でも当時の国家が支配しようとしている最前線の地域の人々を中央に連れて来て相撲を取らせるということに支配者の側では大変意義を認めていたのではないだろうか。これはやはり古代における現世的な支配と相撲との密接な繋がりを連想させるのである。

　奈良末期から催された余興相撲が端緒になって、平安時代に入ると天覧相撲はますます盛大になり、905年に相撲節会は宮中の重要な儀式である三度節（射礼・騎射・相撲）の一つに定められた。こうして、太古の頃から各地の農民の間で年中行事化していた神占いの神事相撲が相撲節会という大規模な国家的年占いに発展した。相撲節会は天皇が宮廷において相撲をご覧になり、相撲に付随した舞楽を演技させ、貴族、大臣と宴を開く相撲大会の儀式で、「召合」といった。召合は1日だけの催しではあったが、大会に関係する者はおよそ三百数十人、美々しく行列を練り、紫宸殿の庭に参入した。相撲節会は規模の盛衰、時には天災事変のため中止することもあったが、約300年間、三度節の一つとして毎年のように催されていた。王朝が衰微した高倉天皇の1174年を最後に廃絶しまったが、この長い年月にわたる王朝相撲の繁栄は、日本文化史上に大きな意味をもち、またこの間に、実技においても今日の相撲とほぼ同一の洗練された内容が形成された。

2　武家時代の相撲

2.1　鎌倉時代から江戸時代まで

　社会を支配する実権は武士階層が握り、鎌倉は新たに政治の中心地となった。

武士の生活は質素であったが、実際上の必要と美を競う気持ちから、刀剣、弓矢、甲冑などの武具には工夫が凝らされた。無教養で文化水準の低い武士たちが、天皇・貴族によって長年洗練された京文化に触れることによって、武術全般（馬術）を美しく魅せる芸術文化として徐徐に昇華させていった。武家政権が続く中、武士は、貴族文化に対抗すべく、馬上三物（流鏑馬、笠懸、犬追物）を始めとした各種武術に励み、競技として洗練されていったのである。幕府は剛健な武士の気風の維持に努める一方、貴族文化を積極的に摂取していた。

　史書『吾妻鏡』に頼朝の相撲好きは有名だった、1189年源頼朝が開催した鶴岡八幡宮での上覧相撲は、相撲だけでなく、流鏑馬、古式競馬も併催された。その後、幕府は夏に鎌倉の鶴岡八幡宮でかつての相撲節会と同じように、しばしば神事を兼ねた上覧相撲を催したことが詳しく記されている。室町時代には足利将軍の上覧相撲も諸国大名の相撲見物もよく行われた。戦国時代には相撲は戦場における武術の一つとして鍛錬され、技術的長い伝統を持ち、独特の発展を遂げた。相撲好きな織田信長が天下統一の後、全国から力士を集め、近江の安土城などで上覧相撲を開催したことが『信長公記』に詳しい。信長は、相撲大会で活躍した力士たちには、太刀を与え、家臣に取り立てた上、相撲奉行に任命した。また、信長の重臣たちも、それぞれ自慢の力士たちを相撲大会に出場させているので、織田家では上下をあげて相撲を振興していたようである。この頃になると、豊臣秀吉をはじめとし、相撲人を抱えるのはよく見られるようになっていた。大名にとって相撲は見物するもので、そのために優秀な相撲人を召抱え、育てた。活力溢れる武家文化は貴族文化を吸収して豊かさを増していった。

　一方、日本の芸能では、古くは貴族や有力な寺社が、宮廷における遊宴や祭礼に、入場料を取らずに舞楽や延年などを見物させた記録もあるが、鎌倉時代の末頃になると、寺社の建立や修復、また公共の寄金を得る名目で「勧進興行」と称して、入場料を取って芸能を見物させる興行形式が広く行われた。室町時代から盛んになった田楽、曲舞、猿楽、傀儡子などの興行には、勧進という形態が数多く見られる。相撲も、武士が嗜んだ武術の一つで合、戦での組討ちを想定しての武術が、観客から見物料を徴収して見せる勧進興行となったのは、遅くとも15世紀前半、世は室町時代である。寺社の建立や修復を請け負う「勧進聖」が資金調達のために、相撲の技量に長けた相撲人（相撲取り）を集め、見物料を取って競技を見せたのが始まりと言われている。

2.2　江戸時代の大相撲

　そして江戸時代に入ると、寺社建立修繕の資金集めとして「勧進相撲」が行われ、これが職業としての「大相撲」の始まりとされている。時の権力者である徳川将軍も、度々上覧相撲を開催していた。勧進相撲というのは、色々な神社・仏閣の再建・新築のための費用を集めるという名目で、相撲の興行師が力士を集めて京都、大阪或いは江戸といった大都会で相撲の興行をするシステムである。江戸時代の芸能がすべて京坂で熟して江戸へ下ってきたように、相撲も江戸後期になって、その中心勢力は次第に幕府のある江戸に移った。この江戸の勧進相撲の本拠が両国の旧国技館のあった場所。このことからも分かるように、実は明治以来の日本相撲協会は、江戸時代の勧進相撲の発展した形なのだ。旧国技館があったのは回向院というお寺の境内地だった。この回向院は非常に珍しいお寺で、明暦の大火の時多くの市民が難に遇って、大勢亡くなった。その大勢の罹災者をまとめて埋葬したのが両国の回向院である。回向院は諸宗山無縁寺と名乗っているが、どの宗派に属する人でも、無縁の人を受け入れてお弔いしてくれるということで、諸宗山無縁寺なのだ。これは将軍の命令で作られ、どの宗派からも独立した形で多くの犠牲者を弔うというお寺だったので、財政的な基盤がない。従って、この回向院の財政基盤を作るために相撲を勧進するという理由だと、幕府としても許可せざるを得ないということであったようだ。そういうことで江戸両国の回向院で、専ら相撲の興行が行われる。そこで明治 41 年、その場所に国技館が建てられたというわけである。

　江戸の勧進相撲が回向院という色々な宗派から独立した非常に特別なお寺の境内、一種の治外法権的な意味を持つ場所で、ずっと興行されてきたということ。この点をもう少し敷衍すると、相撲はまたある意味で現世的な権力から独立した性格を持っていたことになり、第一点の宗教的な性格を、また別の意味で表現していることになるだろう。

　現在の日本の相撲の特色はやはり丸い土俵の中で勝負を争うということである。これは決してそんな古いものではない。土俵というのは大体江戸時代の勧進相撲の発達とともに発達したものだ。かつては土俵はなくて、周りに人間が大勢取り囲んでいた。この見物人の群れの中に相手を押し出すだけで勝負がついていたらしいのだが、江戸時代の初めくらいから土俵が作られるようになった。この土俵

が米の俵であるというところにも、相撲が元々米の豊作を祈る宗教的な行事だという性格が反映しているわけだが、なぜ土俵というものが作られるようになったのだろうか。

　色々な理由が考えられるが、第一には勧進相撲の興行師の立場からすると、勝負の争われる場と見物席をはっきり区画して、席をなるべくたくさん作って見物人を入れたい、こういう要請は当然あるだろう。それと同時に、これはやはり見物人が非常に重要視されてきたということでもあるが、特に江戸の方で土俵が発達したという事情を考えてみると、見物人として登場する当時の江戸の住人たちが、江戸っ子は大変気が短いとよく言うが、従来のような土俵のない相撲でいつまで経っても勝負がつかないというのに耐えられないで、早く勝負をつけろというような要求もあったのではないだろうか。江戸時代はこのような意味で相撲が現在に見るような、一種のゲームとして大きく変わってきた曲がり角であったのである。こういう変化の原因としてもう一つの事情が考えられる。相撲というのは特に武士たちが、力を鍛錬するスポーツとして奨励されたものだが、それだけに勝敗をめぐってしばしば色々なトラブルを起こす。それは当然喧嘩になり、さらに肉弾相打ち、血の雨が降るという事態が、江戸時代の勧進相撲の初期には日常茶飯事であった。幕府はそれを恐れて、勧進相撲を一時期非常に厳しく規制していたくらい。そういう肉弾戦を予防するためには、ルール作りが必要であるが、土俵の出現はそのルール作りの一つとして捉えることができる。

　相撲は非常に早い時期から、実戦的な闘技でも、信仰心をともなう孤独な修行の道でもなく、観客の存在を前提とした鑑賞にたえる技芸として成立し、洗練されてきたのである。相撲はそのときどきの社会情勢によって人びとの支持を求めてさまざまに装飾をかえてきた。江戸中期から発達した勧進相撲は、江戸後期の100年間に職業相撲として完備した組織の元に隆盛を続けた。江戸時代のモテ男の職業と言えば「力士」が挙げられるほどの人気っぷりだった。今日の大相撲は、この江戸勧進相撲の継承であるということができる。相撲は歌舞伎と並んで一般庶民の娯楽として大きな要素をなすようになった。江戸時代の大相撲は相撲節会と神事相撲に故実を求め、あるいは全くの創作により「伝統創出」を施した。その結果、社会的地位・興行的価値の向上を果たすことに成功した。この大相撲の纏った「文化・伝統」が、300年存続できた要因の一つである。

3 明治時代から敗戦までの大相撲

3.1 明治時代の危機と復活

　明治政府は急激な近代化が推し進められていき、相撲は思いがけず大きな危機に見舞われることとなる。幕藩体制の崩壊により力士は大名の保護から離れ、職を失ってしまった。これまでの人気が一転、相撲存続の危機が訪れる。それまで日本人が楽しんできた相撲を
「裸にまわし、ちょんまげ」という古風なスタイルを「蛮風」として、明治政府は「相撲は野蛮な裸踊り」「恥ずかしい後進的な娯楽」と決め付け、東京都で制定された「裸体禁止令」によって、東京の力士は罰金と鞭打ちの刑に処されてしまう。この時「相撲禁止論」も浮上するが、その危機を救ったのが、明治天皇と伊藤博文だった。彼らの尽力で天覧相撲がしばしば催され、また社会奉仕活動、そして根気強い活動によって次第に回復の兆しが見え始めた。

　相撲界は危機からの脱却や生き残るために、1889年に東京大角力協会の設立を筆頭に組織や競技制度を整備していった。1890年5月場所には、横綱という表記が番付初めて登場した。1897年に大阪大角力協会も発足した。そして、1904年1月場所に常陸山・二代目梅ヶ谷が横綱へ同時昇進したことは、相撲の大衆的人気を確立する歴史的エポックであった。両者は毎場所のように好勝負を展開し、「梅・常陸」と並び称されるスターとなった。特に常陸山は、土俵の上での活躍にとどまらず、1907年8月から1908年3月まで部屋の若手力士らと洋行し、アメリカ・カナダからヨーロッパ・ロシアを歴訪するという大胆な行動をとった。相撲の国際的な認知度を高めることに貢献したといわれている。

　時代も少しずつ相撲に味方をし始める。特に、甲午戦争と日露戦争の勝利によって一気に盛り上がったナショナリズムは、極端な西洋化への反省を促し、伝統的文化の見直しの機運も高めた。一度は政府によって消滅させられかけた相撲という文化が、明治後期に至ってようやく、かつて同様の安定を取り戻すこととなったのである。

　1909年に大相撲の常設興行館を建設した時、相撲界が国技館と名付けて以来、相撲を国技とする言説は広く浸透・定着していった、言わば自称である。国技館の完成により、協会経営も幾分の安定を見せるようになった。しかしながら、

1917年にこの初代の国技館は失火によって全焼し、1920年に再建された二代目国技館も関東大震災で失われ、再建三代目の国技館は東京大空襲で被災、戦後軍部に接収されて一般売却となり、それに代わって建設された蔵前国技館を経て、1985年に両国に戻った現在の国技館は五代目にあたる。

　度重なる国技館の再建や、不況の煽りなどで、協会は慢性的な経営難に陥っていた。東西両組織の実力差などから合併問題は当初難航していたが、1925年に摂政宮殿下（後の昭和天皇）から下賜された金一封によって優勝摂政杯（後の天皇杯）を作成した東京大角力協会がその栄光を共有するという大義名分をもって大阪角力協会に迫り、ついに両陣営合併の運びとなった。次いで、同年12月に財団法人大日本相撲協会は文部省の認可を受けて成立した。少しずつではあるが、経営の建て直しとともに、体制の整備が行われていった。

　明治以降の相撲の歴史は、各種制度の確立やメディアの発達と並行して、力量とカリスマ性を兼ね備えたスター力士が生れてくる歴史でもあった。特に戦時下で精神主義的な風潮が強かった昭和十年代、また国策・武道として相撲が奨励され、テレビ放送が普及した昭和三十年代以降といった時代には、名力士たちのキャラクターや行動にも、それぞれの時代の空気が反映され、大相撲はかつてない人気を博した。例えば有名な「不世出の大横綱」と称されるラジオ時代の69連勝を成し遂げた双葉山は、絶大な人気を呼んだ。この69連勝の記録は、今日に至るも破られていない。1957年から日本相撲協会理事長を務め、協会員への給料制・定年制導入や部屋別総当り制導入などの改革を行った。

3.2　大相撲の「伝統創出」

　日本におけるいわゆる伝統スポーツの大相撲は、実は近代において創られた。土俵がつくられ、仕切線が引かれ、仕切の制限時間が設けられ、さらには、ルールが明文化されるという近代の「合理化」と一致する現象が見られると言う。また力士の対戦成績や勝率、あるいは体重などの「数量化」が進んで取り入れられるようになった。そして、横綱をつくり、優勝制度をとることによって、「記録の追及」ということが行われるようになり、近代化が進められていったと言う。しかし、「世俗化」に関してはすんなりと近代化しなかったと言う。力士が土俵に上がる時には、土俵に塩を撒くわけだが、これは神が、言わば来賓として現れる、宗教的な神聖な場を清めるためである。また横綱の土俵入りとして、しめ縄を腰

に巻いた横綱が堂々としこを踏んで土俵に上がるわけだが、しこを踏むとは神が悪霊等を追い払うという、日本古来の宗教的な儀式でもある。相撲は、相手と正対し、蹲踞の姿勢をとる。その際、力士が自分の体の正面の両手の手のひらを合わせるかのように身体の前で一度拍手して、簡単な手もみの仕草をする。これは塵浄水といい、草の露の水滴で手を洗う仕草を引きずっている。ここから、角力がアジアの稲作文化とも関連していることが分かる。さらに、左右の手は体の側面に移動されると、左側も右側も上向きの手のひらを下に返す。相撲の表記は、素舞から由来したという説も存在するが、両手には何も持っていないことを誇示する動作なのである。相手と闘うのであるが、刀の類は持たないのが相撲である。その後、力士は、四股を踏む。これには地の神（カミ）を鎮めるかのような邪気払いの意味がある。そうして、立ち合いを迎え、相撲をとるのである。様々な儀式や儀礼があり、独特の神事的なスタイルがあり、ちっとも世俗化されていないように見える。

　土俵にかかっている屋根は、1931 年に農家の入母屋作りから、神社の神明作りに変わった。行司の服装が神主らしく見える素襖と烏帽子になったのは一九〇九年からである。それまでは、袴で土俵に上がっていた。また、力士の服装にしても、国技館ができてから「明治四二年」羽織、袴で場所入りし、大銀杏のまげを結うようになった。さらに、横綱による一人土俵入りや弓取り式といった宗教的儀礼が行われるようになったのも、明治になってからであると言う。相撲のスタイルの変遷には逆世俗化の傾向が見られるのである。

　このように、相撲は興行相撲があって、それに後から宗教的な要素を取り入れていったということになる。近代化は宗教と分離することで成立してきたにもかかわらず、逆に宗教的な色彩を取り入れることによって、いかにも相撲が伝統文化であるかのように「見せかけ」てきたというわけである。これはつまり、伝統の発明ということになる。

　現在、大相撲を開催している公益財団法人日本相撲協会の定款には、「この法人は、太古より五穀豊穣を祈り執り行われた神事（祭事）を起源とし、我が国固有の国技である相撲道の伝統と秩序を維持し継承発展させるために、本場所及び巡業の開催、これを担う人材の育成、相撲道の指導・普及、相撲記録の保存及び活用、国際親善を行うと共に、これらに必要な施設を維持、管理運営し、もって相撲文化の振興と国民の心身の向上に寄与することを目的とする。」とされている。

この相撲の定義にはいろいろ異論もあるが、少なくとも日本の国技相撲は、今や国民的、あるいは国際的コンセンサスを得ているだろう。

4　敗戦後の大相撲

　相撲界は戦中にその精神性、武道の精神を強調して生き残り、しかし戦争の影響は大相撲にも大きく及び、力士を始め多くの協会員が戦地に赴き、勤労奉仕をし、空襲で被害を受けた。敗戦直後、柔道・剣道などの「武道」がGHQにより禁止された際、相撲は禁止対象から外された。相撲に対してGHQがそれほど危険性を感じなかったこともあるだろうが、「武道」から一転してそのスポーツ性や娯楽性を強調して生き残ってきた。その転換はあったものの、後の動乱期を存続できたのは、大相撲自身の力によるものであろう。1953年5月場所からNHKによるテレビ中継が始まったこともあり、日本社会の戦後復興とともに活気を取り戻していく。特に栃錦・初代若乃花の両横綱に人気が集まり、栃若ブームが起こる。そこで、年間の場所数も増え、現在の6場所開催が定着する。

　世相は高度経済成長期に差し掛かる頃、柏鵬時代に入る。子供や女性、広い層に好まれた大鵬を指して「巨人・大鵬・卵焼き」、相撲通を自認する男性に好まれる柏戸を指して「大洋・柏戸・水割り」、という流行語も生れるほど大歓迎され、伝説となった。「憎らしいほど強い」と形容され、史上最年少横綱昇進を果たした北の湖、外国人力士のパイオニア、アメリカのハワイ出身、外国人力士として史上初優勝を成し遂げた高見山など、多くのスターが登場した昭和時代。最後の大横綱はウルフと呼ばれ、史上初の1000勝を達成、絶大な人気を誇る国民的大スター千代の富士だった。

　平成前半の相撲と言えば、何と言っても若乃花・貴乃花兄弟力士の若貴ブームである。名高い相撲一家からの生まれで、史上初の兄弟横綱、昔の相撲ファンも呼び戻し、新しい相撲ファンを一気に増えた。そして、それまで少なかった女性ファンも増えるきっかけとなり、若貴フィーバーによって、空前の大相撲ブームを巻き起こした。伝統文化と言われる大相撲の人気は安定している。テレビで放映されると同時に大相撲は新しい時代を迎えた栃若時代に始まり、柏鵬時代、北の湖、千代の富士、若貴時代に至るまで、常に話題をふりまき、ここに至って、人気も最高潮に達している。もちろん、観戦のチケットを手に入れるのは至難の業となるほど、興行としては大成功を収めているスポーツ、それが大相撲である

といっても過言ではない。その時代を超えた人気の背景、あるいは安定したシステムの中にいったい何が潜んでいるのだろうか。

1957年に国会で財団法人としての相撲協会の在り方が問題とされた。これにより「力士・行司・年寄の月給制」導入、地方巡業の協会一括管理などの改革が行われた。国家の介入を以って、明治以来の労働闘争が完結された。今日の力士の給与システムは、月給や賞金を日本相撲協会から受け取るサラリーマンのようなシステムになっている。月給は地位によって決められ、実力順に序列化されている。全体で700人以上いる力士の中で月給が支給されるのは十両までの70人、上位10%の力士だけしか給与が支給されない厳しい世界と言える。ところが、いわゆる「タニマチ」、後援者からの資金援助も大きな収入源となっている。このタニマチには、力士つきのタニマチと部屋つきのタニマチがある。幕内力士になるとほとんどが地元の後援会がつく。特に、しこ名に地域名がついている力士は、村興しになると地元の後援会が熱心である。また、大学出身では、そのOB会が後援会となる場合が多い。しかし、やはり、人気力士にはそれだけ多くの後援者がつく。当時の人気力士貴乃花には約90名が、若乃花には100名近い後援者がついている。それも各業界の代表から議員、学者、外国人と幅広い部屋つきの後援会も各業種に幅広くわたっている。

これらはいわゆるご贔屓衆であって、単なるファンとは区別される。ご贔屓衆はパトロンであり、その特徴としては「金は出すけど口は出さない」という「パトロンシップ」である。資金を出す代わりに、企業のコマーシャルをしてほしいといったギブアンドテイクのいわゆる「スポンサーシップ」とは違う。つまり、基本的には文化を育てるという考え方がなければならない。現代スポーツで、資金援助となると必ず企業の「勘定」が出てくる。これからの文化としてのスポーツは、その文化を育てるという企業の「感情」が必要なのである。その意味において、大相撲の企業との関わり方は、これからのスポーツと資金の関係について、多くの示唆を与えることになるだろう。

5　大相撲の国際化

若貴兄弟を中心とする二子山勢と小錦、曙、武蔵丸といったハワイ勢の対決を軸に相撲人気が沸騰した。小錦らを発掘し育ててきたのは外国人力士の先駆者、一世を風靡した関脇高見山である。その後の外国人力士時代の基礎を築き、特に

ハワイ勢の活躍の道を開いて、日本の大相撲の国際化に大きく貢献した。また、初めて外国人大関となった小錦は、外国人力士の評価を高める上で大きく役立っただけでなく、横綱にはなれなかったが、その存在感・人気は横綱クラスで、人格者として角界の人気・地位をも向上させたと高く評価されている。1993年に曙は外国人力士初の横綱昇進を果たし、1999年、同じハワイ出身の武蔵丸も横綱に昇進した。2000年代に入り、曙、武蔵丸、若貴兄弟らが引退後、相撲の勢力図が変わる。朝青龍や白鵬をはじめとするモンゴル出身の力士の活躍が目立つ。日本人はハワイ出身のアメリカ人力士が角界で席巻すると「黒船来航」、モンゴル出身力士が角界で席巻すると「蒙古襲来」と呼ばれた。2008年初場所の時点ではともにモンゴル出身の朝青龍と白鵬が東西横綱を務めた。"モンゴル全盛時代"に突入した。さらに、2014年になると大相撲史上初めて三人のモンゴル出身力士が横綱に在位することになった。2000年半ば以降になると、ブルガリヤ出身の琴欧州やエストニア出身の把瑠都ら欧州勢も角界隆盛の一翼を担ってきたが、外国人力士の中でモンゴル出身の力士は別格に強く、強いインパクトを残している。モンゴルでは、モンゴル相撲が盛んであるため、日本の大相撲の激しいぶつかりあいに抵抗感がうまれにくく、だからモンゴル文化が大相撲に参入しやすいのである。2015年1月の大相撲初場所で横綱・白鵬が全勝優勝し、33回目の優勝を果たした。これは昭和の大横綱・大鵬の史上最多優勝（32回）を超え、44年ぶりに日本の相撲史の記録を塗り替えるものだった。今や前人未到の40度優勝が達成し、まさに「1強時代」の到来である。

　外国人力士が自ら日本の大相撲に来たことがはじまりではなく、日本人が外国人力士を日本の大相撲にスカウトしたことが、外国人力士誕生のきっかけだ。当時、過酷な大相撲では新弟子が不足しており、なかなか実力のある弟子を持つことができなかった相撲部屋は、一刻も早く関取を自分の相撲部屋から輩出したかったという事情があった。なぜなら、相撲部屋から関取が輩出すれば、名も上がり相撲部屋のステータスが上がるからだ。つまり、各相撲部屋が名を上げたいという背景から、外国人力士は生れたのだ。その後、大相撲で活躍する外国人力士の姿を見て、自ら大相撲へ参入する外国人力士も次第に現れるようになった。その中に、大相撲の力士の高い報酬に魅力を感じて、日本の大相撲への参入を決意する人もいるだろう。

　300年を越す歴史がある、ルール化され近代化していった大相撲は、日本人だけ

の力士でその歴史を作られてきた。今や国境を越えたグローバル化の時代になり、日本のスポーツ界には各国からやってきたアスリートたちが企業や大学・高校でも活躍している。大相撲も例外ではない。現在の外国人力士の出身地としては、モンゴル、アメリカ、アルゼンチン、イギリス、トンガ、エジプト、パラクアイ、エストニア、ハンガリー、カザフスタン、カナダ、ブラジル、ロシア、中国、韓国などがあって、世界中から力士が集まっている。現在、力士総数約650人のうち約5％を占める外国出身力士が占めている。2018年初場所番付で見れば、関取衆は約27％の19人を占め、3人に1人は外国人力士の時代になっている。増えすぎる外国人出身力士の数を抑えるため、92年から各部屋2人まで、全体で40人以内の規定だった。しかし、小錦、曙、武蔵丸が活躍したことをきっかけに2002年に40人枠が撤廃され、1部屋1人に変更された。その後、モンゴル出身力士の台頭により、2010年2月に外国人力士ではなく、"外国出身力士"に変更された。

　外国人力士を巡る賛否の声が相撲界で飛び交っている。一つは外国人力士が強くなりすぎてしまったこと。2006年の大関栃東の優勝から10年間、日本人出身力士の優勝はなかった。2016年の初場所でようやく大関琴奨菊が優勝を果たし、「日本出身力士、10年ぶりの優勝」として、ニュースや新聞で大々的に取り上げられ、日本中が喜びに湧き上がった。官房長官が記者会見で感想を問われ、「国民の皆様も待ちに待った優勝だと思う。」と述べられる出来事であった。「日本出身力士」との表現は、日本国籍を取得していたモンゴル出身の旭天鵬がこの間に優勝したからである。国技と呼ばれる競技だけに日本人という点が話題になる。日本の国技である相撲のトップである横綱は日本出身力士であるべきだとの意見もあるが、日本出身の力士が勝てない時代が20年以上続き、多くの外国人力士が大相撲を盛り上げてきたのも事実である。長く続いた大相撲界のウインブルドン現象（門戸を開放した結果、外来勢が優勢になり、地元勢が消沈または淘汰されること）にやっと変化が生れることになった。

　2017年大相撲初場所で初優勝した大関稀勢の里の横綱昇進が、1月23日に確定した。本来、横綱昇進には2場所連続の優勝が条件だ。今回の初場所で稀勢の里は2人のモンゴル人横綱の休場が幸運だったと言われているが、2回連続の優勝を待たずに横綱昇進を果たした。初場所千秋楽に安倍晋三首相の代理で内閣総理大臣杯を稀勢の里に手渡した萩生田光一官房副長官は25日午前の会見で、「日本人力士の誕生は、多くの国民が待ち望んでいたこと」と述べられていた。

日本の相撲について

　相撲界に19年ぶりとなる日本出身横綱が誕生した。「日本人横綱」でなく、「日本出身横綱」と表記するのはなぜか？66代横綱若乃花が昇進したのは19年前の1998年。67代横綱武蔵丸はその1年後に昇進した。武蔵丸は米国のハワイ出身だが、1996年に日本国籍を取得。横綱に昇進した時はすでに日本人だった。武蔵丸以降は朝青龍、白鵬、日馬富士、鶴竜と44代続けてモンゴル出身の横綱が誕生し、4人ともモンゴル国籍のままだ。つまり稀勢の里は若乃花以来19年ぶりの日本出身横綱であり、武蔵丸以来18年ぶりの日本人横綱ということになる。今回の稀勢の里の昇進は日本人力士だからこそ、いつも相撲に関心のなかった層も巻き込んでの大きな話題になった。話題沸騰で、注目の理由は昇進の速さも大きい。初土俵わずか15年で異例の早さで横綱昇進であった。次の大阪府春場所で、負傷を押して強行出場した新横綱の稀勢の里は逆転で2場所連続2度目の優勝を果たした。横綱の辛いところは常に優勝が求められる。琴奨菊や稀勢の里らの奮闘により、日本人力士も注目を集めているが、それでもやはり、外国出身力士の活躍が目立つ。2018年1月の初場所でジョージア出身の平幕栃ノ心が初優勝を飾った。欧州出身では08年夏場所の琴欧州、12年初場所の把瑠都に次いで3人目である。

　もう一つは、一部の外国人力士が日本の国技である大相撲で重視すべき「礼儀や振舞」を疎かにしているということだ。2017年10月の日馬富士暴行事件は、現在進行形で続いている。平成も後半となると、不祥事が多く報告されるようになった。八百長、賭博、大麻、そして2007年6月には、時津風部屋力士暴行死事件が発覚した。暴力は指導の一環で、仕方がないという体質がまだ相撲界に残っていると言われている。日本が誇る伝統的な国技として大相撲だが、外国人力士に対する目が厳しくなっていく現状を考えると、今後どうなっていくのだろうか。

　稀勢の里ら日本人力士へのファンの期待が高まるのは当然だが、中でも観客らが必要以上に日本人力士に肩入れすることだ。懸念しているのは、外国出身力士を「敵」と見なし、モンゴル勢を始めとする外国出身力士への心無いヤジや罵声である。問題なのはファンやメディアにも差別の自覚は一切なく、無意識だから怖いのだ。あるいはそのような人たちの暴力的な言葉に対して、一般社会が多少眉を顰めつつも、無関心な態度を取り続けていることだ。特にスポーツなどの非日常的局面では不作為的差別から積極的差別への転換が起き易く、日本人が日本人を応援しても誰も疑問を抱かない。果たしてこのままにしておいていいのか。かなり前から大相撲は完全にウインブルドン現象になり、優勝が、横綱が外国人

力士に独占されて、日本人力士が活躍できなくなっている。しかし、もうすでに外国人抜きでは大相撲は成り立たなくなっている。考えてみると競争により活性化したからこそ、現在の大相撲があるのだ。外国人力士がいなかったら沈滞し活気がなくなっているのだろう。

　土俵の上では平等なのが相撲の良いところだ。相撲が日本社会の差別をリードしてよいわけがない。"国技"だからというのは、外国人差別を正当化する理由にはならない。もちろん、角界が差別の温床となることを好まない人たちも少なくない。熱心な相撲ファンは国籍に関係なく力士を応援している。土俵に登場する外国人力士の多彩な顔ぶれは、開かれた大相撲を国際的にピーアールする上で決してマイナスではない。普及の点から見れば歓迎すべきことでもあるのではないか。だから逆に枠を広げて相撲界がウインブルドン現象を積極的に容認するという道もあるのではないかと思われる。

終わりに

　相撲の歴史を古代までさかのぼりながら簡単にまとめてきたが、さまざまな問題を乗り越えて来ての現在の大相撲があるのだと感じる。大相撲とは別に、相撲を職業としない土地相撲、草相撲、祭礼相撲、学生相撲、少年相撲などをいうアマチュア相撲もある。体育を目的としたスポーツとして行われるようになったのは明治中期からで、講道館の嘉納治五郎が提唱した。アマチュア相撲の勃興は相撲を学生の体育運動に取り入れる傾向を盛んにし、各県下の中学校まで相撲部をつくり、県大会を毎年行う一方、修学旅行を兼ねて、東京、大阪などへ遠征し、都会地の学生相撲大会へ出場するのが慣例になった。1924年の第1回明治神宮体育大会には、各地の青年団、実業団、教員、社会人などが県代表の選手として出場したが、これは地方における土地相撲から、アマチュア相撲に目を向けさせる契機となった。やがて1933年には全日本学生相撲連盟が組織され、大学、中学、小学校に至るまで相撲部が設けられた。戦時中は、小学校の学童相撲が体育の正科になるなど、国策に沿った処置がとられた。戦後は、いち早く1946年に日本相撲連盟が結成され、日本体育協会の傘下に入った。日本相撲連盟は各都道府県に支部を置き、全国的組織のもとに、小中学生の少年相撲、高校・大学の学生相撲、青年・実業団・教員の社会人相撲などの普及指導にあたり、アマチュア相撲の競技法、審判法などの競技規則を定めて、大会の運営を行っている。

しかし、大相撲界の不祥事が続いたことで、相撲ファンが離れるきっかけになった。さらに、決定的な要素があり、それは「日本人力士」の低迷だ。優勝が、横綱が外国人力士に独占されて、日本人力士が活躍できなくなっている。それで、力士予備軍とも言うべきアマチュア相撲の競技人口が元々少ないうえに、年々減る一方だという事情がある。時津風部屋力士暴行死事件が発覚した2007年、相撲入門希望者ゼロ事件が起きたのもおかしい現象ではなさそうである。統計によると、2003年には高等学校213校に1351人の相撲部員がいたが、2015年には172校970人へと減少している。2008年1月の日本中央教育審議会答申において、「武道については、その学習を通じて我が国固有の伝統と文化に、より一層触れることができるよう指導のあり方を改善」することと示されたことを受け、中学校学習指導要領が改訂された。相撲は2012年度から義務教育における必修科目「武道」の一つとして、柔道、剣道と共に中学校で教えられる科目に択ばれた。しかし、指導者や設備不足のために導入する学校数は多くないと報告されている。こうなると、日本国内における相撲の実技経験者減少傾向については、負の連鎖が続く状況にもみえる。

　日本人の相撲人口不足に加え、日本の若者が厳しい相撲の修業に魅力を感じなくている。日本のプロスポーツが多様化し、サッカーや野球に若者の人気を奪われている。また、太ることと裸になることが嫌われる二大理由とよく言われている。結局そういう状況が積み重なると、相撲入門希望者が減ることになるのだろう。

　一方、「相撲は日本の伝統文化」「国技」でありながら、長年日本人力士の優勝がなく、「番付」においても上位は外国人力士に独占され、完全にウインブルドン現象になり、従って、外国出身力士の増加に抵抗感を抱いている日本人も少なくない。今や快く感じていない空気が占めているのである。外国人力士は相撲の本質を理解しないまま、横綱になったことがもたらしたのは相撲の伝統様式が壊されかけている事態だと言われている。また外国出身力士もその状況は感じ取っている。寧ろダイレクトに肌で伝わっているだろう。頑張って地位を上げたところで敵役に見られるし、「お行儀が悪い」「品格がない」とイチャモンをつけられる。

　しかし外国人力士のパワーとスピードが、そして彼らの国際性が相撲に新たな魅力をもたらしてきた。現在の大相撲を支えるには、ウィンブルドン同様に外国

人力士の存在がなくてはならなかっただろう。相撲界は生き残りや地位向上のために、時々の社会情勢に合わせ様々な工夫をして生き延びてきた。その大きな一つが自ら国技館と名付けた施設であり、また近時の国際化である。

参考资料

[1]『大相撲八十年史：財団法人日本相撲協会設立』　東京　日本相撲協会　2005 年

[2]『大相撲』財団法人日本相撲協会・特別編集 日本相撲協会企画・編集小学館　1996 年

[3]『大相撲の事典』高橋義孝監修　三省堂　1985 年

[4]『相撲の歴史』　新田一郎　講談社　2010 年

[5]『相撲どすこい読本』野崎誓司「タニマチという生き方」　宝島社　1992 年

[6]『スポーツの社会学』亀山佳明編　世界思想社　1990 年

[7]『変容する現代社会とスポーツ』　日本スポーツ社会学会編　世界思想社　1998 年

[8]『国土交通政策研究所報』第 60 号 2016 年「国技の未来」総括主任研究官加藤秀生

[9] https://www.nikkansports.com　日刊スポーツ　2017 年 2 月 1 日　2018 年 2 月 23 日

[10] https://mainichi.jp　毎日新聞　2018 年 1 月 27 日

[11] http://www.hochi.co.jp　スポーツ報知　2018 年 1 月 16 日

[12] https://nettv.gov-online.go.jp/prg/prg14849.html

[13] http://www.sumo.or.jp/IrohaKnowledge/sumo_history/

[14] http://www.sumo.or.jp/ResultRikishiData/search/

[15] http://u-note.me/note/47504301#link0

[16] https://spaia.jp/column/sumo/1603

[17] ブリタニカ国際大百科事典　小項目事典

[18] 百科事典マイペディア

[19] 日本文化いろは事典

[20] 世界大百科事典第二版

[21] デジタル大辞泉プラス

[22] 日本大百科全書

近代スポーツ・体育の誕生

呉明伟

　要旨：イギリスは近代スポーツ発祥の地であり、現代スポーツの、また近代オリンピックの思想、哲学の故郷でもあったと言えよう。しかし、近代スポーツの国際的な普及が批判、抵抗されていたことがあった。クーベルタンのイギリス的な教育観に基づく教育改革案がフランスの愛国者に拒絶され、オリンピック復興は、この行詰った状況の打開策だった。ナショナリズムを背景に苦境にあったドイツに国民意識が目覚め、国民運動の組織者ヤーンがドイツ独自の身体運動文化トゥルネンを創始した。スポーツの歴史は、その伝播や受容の歴史である一方で、それに対する抵抗の歴史であったといえる。

　キーワード：イギリス；近代スポーツ；オリンピック；ドイツ；近代体育；はじめに

　ヨーロッパにおいて貴族の暇潰し、ひけらかしであった身体的活動が、現在行われているスポーツへと発展したのが産業革命期のイギリスである。十九世紀はスポーツ史に革命を起こした世紀といえよう。ピエール・ド・クーベルタン男爵は祖国フランスを争いのない秩序だった人間社会へと変革するために青少年の教育システムを改革しようと考えた。しかし、イギリス的な教育観に基づくクーベルタンの行動に対して、反イギリス的愛国主義の立場からの抵抗が起こり、この行詰った展開の打開策を練っていた時に浮かんだのが、オリンピックの復興だった。近代のスポーツが歩んできた歴史を振り返ってみる時、その中におけるイギリス人の演じた役割がいかに大きいかが分かるが、特にその中でも「イギリス人のスポーツにおけるアマチュア思想」が全世界のスポーツ界に及ぼした影響を知ることも興味深いことである。一方同じ時代に、トゥルネンと呼ばれる体操の父といわれるフリードリ

ヒ・ルートヴィヒ・ヤーンによって創始した、器械体操や徒手体操を中心とするドイツ体操がヨーロッパ大陸に広がった。十九世紀後半に「体操科」としてドイツが世界で初めて学校教育に体育科目を導入した。次第に世界各地に体操を中核とした近代体育を広めることとなった。イギリスが近代スポーツの母国とするならば、ドイツは近代体育の母国と見ることができるといえよう。

1　近代スポーツの発祥

　イギリスにおいては十八世紀の中頃からいわゆる「産業革命」が始まり、それまでの「農業中心」の経済構造から「工業中心」の社会へと変質し、イギリスは「世界の工場」と呼ばれて資本主義体制へ移行した。その上彼らは強力な海軍力を利用して全世界に膨大な植民地を経営し、「七つの海を支配し、日没する時のない大英帝国」を築き上げ、世界中から移入する有り余る富の蓄積を得て、繁栄の絶頂を迎えていた。イギリスが、世界に先駆けて産業革命に突入することができた先行者利得がどのくらい大きかったかというと、その後、第一次大戦が終結する一九一八年までの一五〇年近くにわたって、世界唯一の超大国でいたのである。

　産業革命、帝国主義といった社会背景に呼応して、十九世紀に入ると、イギリスの支配階層ジェントリマンが、それまで土着化され一地域に根ざして行われていたスポーツ的な活動の一部、いわゆる「民族ゲーム」にルールを作ってレジャー・スポーツとし、組織化、合理化されていった。次第にそれを「競技会」として成り立つように形式づけた。さらにそれを運営するための「組織」を作り、ついに体系づけられた「近代スポーツ」の形態にまで育て上げたのである。これがイギリスのサッカーであり、ラグビーであり、ゴルフ、陸上競技、水上競技、クリケット、ボート、ホッケー、テニス、ローン・ボウリング、ビリヤード、乗馬ポロ、スカッシュ・ラケット等である。これらの新しい「スポーツ」が次第に世界に紹介されて普及し、今日の隆盛となった。イギリスが「近代スポーツ発祥の地」と呼ばれる所以である。

　イギリス独特のエリート教育のための学校であるパブリックスクールは、オックスフォード大学、ケンブリッジ大学に入るための予備教育校として位置付けられ発展してきた。パブリックスクールの教育の目的は、ジェントルマンを養成することにあった。十九世紀中期からパブリックスクールでは、「アスレティシズム」と呼ばれた教育理念が色濃いものとなっていた。「アスレティシズム」とはクリ

ケット、ラグビー、フットボールなどの「集団型運動競技」を人格陶冶のための教育手段として重視し、それらを実践することによって、男らしさ、勇気、忍耐力、自己犠牲やフェアプレイの精神などが養成できるとする考え方を意味するものである。明日の大英帝国を支える若き勇士の育成に必要不可欠な教育手段として考えられるようになったのである。運動競技を教育の手段として認めるのであれば、学校側として、それを正当化する教育思想が必要であった。運動競技を教育手段とする有力な精神的動機は、古代ギリシア以来のリベラルアーツ教育から来たものであるが、健全な肉体を鍛え上げることにより健全な精神と身体を保持することが可能となり、教育にとっては大変良いことであると考えられた。この身体壮健をよしとする新しい教育思想は、教育界に限らず社会全体に広まっていた。「健全な精神は健全な身体にやどる」という標語はこの時代急激に広がりを見せていた。すなわち理想的ジェントルマン像となったものと考えられるのである。当時こうして作られたスポーツを行うのは富裕階級のいわゆる「ゼントルマン」に限られ、従って当時のスポーツは「ゼントルマン・スポーツ」と呼ばれ、これらのスポーツを行うことは、特権階級の身分を表わす「ステータス・シンボル」であり、同時にまた「ステータス・アイデンティティ」でもあったのである。そしてその思想が時の経つにつれて、彼らの身分保証のための手段としての「アマチュア・コード」に発展した。

　一方、在来の特権階級に対していわゆる「大衆」の勢力が増大してきたことを反映して、イギリスのスポーツにも著しい意識変革が起きてきた。従来、ジェントルマンのみのレジャーであったスポーツが大衆化し、一般民衆が自由にスポーツを行うようになった、そうなると大衆プレーヤーの中には優秀なプレーヤーが続々と現れてきた。もともと彼らは若くして強靭な体力を持っているため、各種スポーツの技術水準は著しく向上し、従来の特権階級のいわゆる「旦那衆芸」とは格段の違いを見せるようになった。それらの優秀なプレーヤーたちをスポーツ・クラブが金を出して抱えるようになると、スポーツの技術水準はさらに向上し、スポーツがますます面白くなる。そうなるとスポーツが「見るスポーツ」として大衆の興味を呼び、ひいてはこれが「企業の対象」となり、新しい分野への投資を目論む産業資本家は、プレーヤーに対してますます高給を支払うようになった。こうしてプロ・プレーヤーの数が増えてきて、入場料をとって見せる「プロフェッショナル・スポーツ」が成り立つようになった。

封建意識の強い伝統的・特権的な少数の支配階層は、スポーツを「特権階級」だけのレジャー・スポーツとして排他的差別をした。とくに下層階級の連中がこれに参入することを極度に拒んだのである。スポーツマンとはもともとジェントルマンと呼ばれる、この国の少数の支配階層のことであり、だから彼らは同時に、伝統的な為政者＝ステーツマンでもあった。すなわち、本来「スポーツマンであること」と「ステーツマンであること」とは、いわば一つのコインの両面であった。ジェントルマンは政治や経済はもとより、スポーツ（余暇）の世界においても、それに相応しい技量や能力、作法や振舞を示すものだと考えられたし、同時に特定の倫理・規範を持っていることが期待された。いうならば、裕福階級の「特権」と「権力」をスポーツにおいても維持するため「自分たちの仲間」と「仲間以外の連中」、とくに身分の低いものを区別する手段として、彼らに言わせれば支配階級に相応しい彼らなりの「道徳」、実際には下層階級との一線を画そうとする「差別基準」―コードを作った。そして、この中心思想をなすものが、後に「アマチュアリズム」と呼ばれるようになったのである。
　彼らによると
　①スポーツは「余技」「道楽」である（英語でavocationという語を使っている）。
　②スポーツすることは楽しみのための「気晴らし」であり、スポーツをすることによって得られる「喜び」だけが目的である。
　③従って「本業」（英語でvocationという語を使っている）を持たないものはスポーツを行う資格はない。
　④スポーツすることによって物質的報酬を望むべきではない。
　⑤スポーツする場合、英国伝統の「騎士道精神―Knighthood」の中心をなす「奉仕」「忠節」「勇気」「忍耐」「決断」「男らしさ」「犠牲的精神」「名誉を重んずる気概」「弱者への労わり」「フェアプレー」などを尊重することをその本領とすべきだ、としていた。
　そして実際問題としてはこの「コード」の適用はかなり厳しく、仮に定職を持っていてもその職種が日給労働者、肉体労働者、機関工や職人、或いは本業ではあっても例えば居酒屋の経営者や従業員はプレーに参加することを拒否されたのである。
　ただし、これらの「コード」は初期においては不文律であって、いうなれば貴族の仲間同士の申し合わせだったが、一八六六年にイギリスの「陸上連盟」が第

一回「全英陸上選手権大会」を開催するについて、それへ参加を希望する競技者に対する「参加資格基準」を成文化したのがイギリスにおける「アマチュア・ルール」の始まりである。と、鈴木良徳氏はその名著『アマチュアリズム二〇〇年』の中で報告している。その規定の全文は次のようなものであった。

> 「かつて賞金目当てにプロフェッショナルといっしょに、あるいはこれに対抗して競技した者。生活費を得るために、競技のいかんを問わず練習を教えたり、それを仕事と したり、手伝いをしたことのある者、手先の訓練を必要とする職業（trade）あるいは 雇用者としての機械工（mechanic）、職工（artisan）あるいは労働者。これらはアマチュアとは認めない」

当時のイギリスにおける「競技」の基本的理念として、「プロフェショナル」の存在を排する風潮が形成されていた、その極端な表現を見ると「プロフェッショナルはスポーツを金銭化し、伝統を汚染する悪風であり、道徳的堕落である」と批判されていた。一方、「アマチュアリズム」の形成が打ち出された背景には、身分階級的に選ばれた人々を中心に楽しまれる趣味・嗜好の一つというイギリス独特の「（身体運動）文化思想」が存在していたのである。この段階の「アマチュア思想」を「特権階級のためのアマチュアリズム」と呼ばれているのである。

面白いのは、文学、芸術、音楽、美術を含めた、その他の芸能の世界においては、スポーツよりもはるかに長い、金銭的対価を受け取る歴史を持っているが、このアマチュアという概念がないことである。スポーツも含めた全ての芸能は、余暇が可能にすることだが、スポーツ以外の芸能は、労働者階級が集団で接近する世界ではなかったことと、労働者のアドバンテージ（労働によって鍛えられた肉体的・身体的な優位性）を活かすことができなかったからだというのが定説である。

2 教育者クーベルタンとオリンピック

スポーツとアマチュアリズムの係わり合い、とくに「オリンピックとアマチュアリズム」の関係を歴史的に探ろうとすれば、話は当然、古代ギリシャへ戻らなければならない。当時においては、今日的な意味における「アマチュア競技者」の概念はなく、いうなれば参加者すべてがアマチュアであったと言えよう。注目すべきは、当時すでに「オリンピック大会への参加資格基準」が厳密に定められ

ていたことはよく知られている。これを具体的に言えば、大会に参加できるものは、
　（1）ギリシアの市民で男性であること。
　（2）ギリシアの市民権を持つ者で、従って女性あるいは異国人や奴隷は如何に優れた競技者であっても大会に参加することを許されなかった。
　（3）市民であっても犯罪を犯した記録のある者は大会に参加できない。
　（4）試合前、規定に従ってオリンピックの合宿所で1ヶ月の訓練を受けた者。
　（5）競技はすべて全裸で行われるなどであった。
などである。

近代オリンピックの創始者ピエール・ド・クーベルタン男爵は古代ギリシア哲学に源を持つ「精神主義者」あるいは「理想主義者」だったので、近代オリンピックを復活させるにあたってもギリシア哲学を中心とする「オリンピックの哲学」をその基調としたい考えを持っていたに違いない。そのクーベルタンはまた、若き時代に当時スポーツの最先進国であった英国に渡り、当時の「英国のスポーツ哲学」、その中心をなしていた「英国流のアマチュアリズム」を勉強し、その影響を強く受けていた。

従って最初の「オリンピック参加規定」を定めるに際してクーベルタンの考えとしては、ギリシアの「オリンピックの哲学」と「英国流のアマチュアリズム」の二つを結びつけたものをオリンピック・ムーブメントの「中心理念」として確立したいと念願したであろうことも、容易に想像できるのである。

しかし、「今日的意味」における「スポーツのアマチュアリズム」を論ずる場合、「イギリス人のアマチュア思想」から出発して差し支えないと思うのである。労働者階級を排除するために導入された、プロとアマというスポーツ界独自の区分は、その後、「アマチュア・スポーツこそ純粋で、清いものである。なぜならば、アマは、スポーツそれ自体のために、自らの責任の下、励むのだから」「プロは卑しい」というイデオロギーに昇華していったのである。

オリンピックの復興者。人々のクーベルタン評価は、オリンピックを考える上での大前提となっている。実は、クーベルタンの生涯全体を俯瞰してきた研究者たちは、彼をオリンピックの復興者としてではなく教育改革者として評価し、彼の教育学の中にオリンピックを位置づけている。

クーベルタン男爵（1863—1937年）が物心ついた頃の十九世紀半ばのフランス社会の状況は、それまで相次いだ革命と戦争の影響を受けて、国は衰亡の危機に

瀬し、民衆は飢えと貧困に喘いだ生活を強いられていた。そのため、フランスの青少年の肉体と道徳心は著しく低下していた。このような悲惨な社会状態を見ながら育ったクーベルタンは、当初は祖国フランスを再建するためには、まず第一にフランスの青少年の「肉体と精神」の健全な育成を図らなければならないとの使命感を覚えたのである。

　彼は一八六三年一月一日、古典的な作風で知られた画家である父と慈悲の心の篤い母からなる貴族の家系の三男としてパリに生れた。当時の貴族の息子の多くがそうであったように士官学校に学び、ゆくゆくは軍人か官僚、あるいは政治家になることを期待されていたが、クーベルタンは父シャルルが切実に入学を願い通っていた法律学校を一年で退学。その道は彼を満足させるものではなかった。自分を見失っていた時期に手にしたフランスの哲学者イポリット・テーヌの著作、イギリスの教育について記された『イギリスの・ノート』とパブリック・スクールの生活が作者自身の体験から描かれたヒューズ『トム・ブラウンの学校生活』によって、次に進む道を彼に切り開くこととなった。スポーツと教育を自らの生き方と定めた。普仏戦争の敗戦を引きずり沈滞ムードが蔓延していた、フランスの状況を打開するには教育を改革するしかないと考えるに至ったのである。

　一八八三年、青少年教育への思いが高まった二十歳のクーベルタンは、イギリスへ渡る。イートン、ハロー校など名門パブリック・スクールの実際に触れた。そこには間違いなく『トム・ブラウンの学校生活』の世界が広がっていた。実はこの時熱心な愛国主義者であった彼は、大のイギリス嫌いだったそうだ。しかし彼は、イギリスの学生たちが積極的に、かつ紳士的にスポーツに取組む姿を見て感銘を受け、たちまちイギリス贔屓になってしまった。そして、「服従を旨として知識を詰め込むことに偏っていたフランスの教育では、このような青少年は育たない。即刻、スポーツを取り入れた教育改革を推進する必要がある」と確信したのである。人の成長には肉体と精神との融合が必要と考えた。クーベルタンはイギリスの教育におけるスポーツの重要性に共鳴し、その理念を母国に移入しようと志した。

　イギリスから帰国後、祖国フランスを争いのない秩序だった人間社会へと変革するために青少年の教育システムを改革しようと考えた。「社会を変革するためには教育の中へスポーツを持込まねばならない」という、当時のフランスにおいては大胆かつ新鮮な主張だった。幾度かのイギリス訪問を経て、フランス・スポ

ーツ連盟を結成。一八八九年にはフランス教育省から近代スポーツ普及の研究を命じられた。スポーツ先進国となっていたアメリカをも訪問。世界各国に学校でのスポーツ教育に関する質問状を送るなど、意識的に交流を広げていった。この時期に出版した『イギリスの教育』、『フランスにおけるイギリスの教育』、『大西洋の彼方の大学』はその視察報告書である。

しかし、イギリス的な教育観に基づくクーベルタンの行動に対して、反イギリス的愛国主義の立場からの抵抗が起こり、彼のスポーツによる中等教育改革の企ては厳しい展開を見せ始めた。そして、この行詰った展開の打開策を練っていた時に浮かんだのが、オリンピックの復興だった。

中世の初期、イタリアを中心に欧州大陸に起こった「ルネッサンス」の影響は当然、孤立した島国であった英国にも波及した。特に古代ギリシアの文化に対する研究は英国の歴史学者や考古学者の間にも強い関心を呼び、現地における発掘調査に参与する学者も多かった。その結果、英国国内おいても古代オリンピック大会の故事に関する研究発表等も行われたので、一般英国人の間にも「古代オリンピック大会」に興味を持つものが現れてきた。また、一八二九年にはフランス発掘隊がオリンピア聖域の中心部発掘した。そして、ドイツ考古学者ハインリッヒ・シュリーマンの指導をうけた発掘団は粘り強い作業を続け、一八八一年までに主要な古代オリンピア遺跡の発掘を終えた。オリンピア遺跡への関心が高まっていた時代背景、古代ギリシアに関する深い教養、社会科学的なものの見方、スポーツの教育的な役割への注目、当時のヨーロッパでは古代への夢が語られていた。こうした空気の中で、クーベルタンは肉体と精神との融合の理想として古代ギリシアで行われていた「オリンピックの復活」への意志を固めていくのである。ただし彼が思い描いたのは、単にフランスの青少年のためのみならず、一国の国民だけが参加する競技会ではなく、クーベルタンの考え方は漸次拡がって、広く世界の若人を対象とする「オリンピック・ムーブメント」に昇華していったのである。

以下の引用のように、クーベルタンは国際主義に基づく他国の理解が世界平和につながるという考えを、近代オリンピックの創設時に示した。

「他人・他国への無知は人々に憎しみを抱かせ、誤解を積み重ねさせます。さらには、様々な出来事を、戦争という野蛮な進路に情け容赦なく向かわせてしまいます。しかし、このような無知は、オリンピックで若者たちが出会うことによって徐々に消えていくでしょう。彼たちは、互いに

関わり合いながら生きているということを認識するようになるのです。」

「スポーツを通して心身を向上させ、さらには文化・国籍など様々な差異を超え、友情、連帯感、フェアプレーの精神をもって理解し合うことで、平和でよりよい世界の実現に貢献する」という、クーベルタンが提唱したオリンピックのあるべき姿（オリンピズム）は、欧米諸国が覇権を争う帝国主義の時代にあって、実に画期的なものだったのである。

3　近代体育の誕生

十九世紀以降、スポーツはイギリスの植民地拡大と深く関わって伝播していくと共に、イギリスの影響を受けた人々が自国に導入するなどして世界各地に普及していった。一八三六年にハンブルクでボートクラブが設立されたことを端緒として、スポーツはイギリスからドイツへと伝播し、ドイツに様々なスポーツクラブが創られ、競技会が催されていく。一八八〇年代から一九〇〇年代にかけて様々なスポーツ種目の統轄団体が設立されたのである。

一方ナポレオン戦争の結果によって、名実ともに神聖ローマ帝国を消滅させた。『ナポレオン法典』などを通じてヨーロッパに自由主義と国民意識の種をまいた、とりわけドイツ国内にナショナリズムの高揚が生れた。中・北欧諸国では、国家への忠誠心や民族意識を高めることや、国民や民族の体力増進の強化を目的として、身体運動を通して行われる教育「近代体育」が創始されるようになった。

身体よりも精神を重んじる中世キリスト教社会のもと、身体運動は不毛の時代だった。近世になると、ドイツで体操は光を浴び始める。貴族や君主の青少年に向けて騎士学校や貴族アカデミーなどで、乗馬、剣術、球技などが教えられ、身体運動が教育の一つとして重要だと捉えられるようになっていく。一七七四年にドイツの教育者ヨハン・ベルンハルト・バゼドウが「汎愛学院」を開設し、世界で初めて体育という教科を学校の授業に導入したのである。一七九三年には近代体育の創始者と呼ばれるドイツの汎愛教育家グーツムーツは『青少年の体育』という本を発刊、この本は学問的に高く評価され、体育の歴史や思想を学ぶためのバイブルともされている。彼は当時の子ども達の虚弱な身体状況を身体鍛錬によって改善する体育教育の必要性を説き、特にギリシャ的な体育指導を行った。ドイツ体操の父といわれるフリードリヒ・ルートヴィヒ・ヤーンは、ナポレオン戦争に敗れた祖国の青少年の身体と精神を鍛錬するために、一八一一年、ベルリン

郊外のハーゼンハイデの森に体操器具を備えた運動場を作り、数種類のランニングコースと鞍馬、木馬、鉄棒、平行棒、飛躍具などの器具を用意した。機械を使用して行う運動は、紀元前二〇〇〇年頃の古代ギリシア時代にも戦技訓練として行われていたが、機械運動として教育的な目的をもって実施されるようになったのは十九世紀初めヤーンによって始まったのである。ヤーンこそが体操競技の創始者である。

　ヤーンは、身体の自然美と多面的な発達を意図し、各器具について種々の運動形式を考え、美的効果とともに高度な身体支配能力を要求し、さらに競技的性格を与えた。その体操場に集まってきた青少年たちが、それらの機械を使って、様々な運動の出来栄えを競い合うようになったことが、体操競技の芽生えと考えられている。この体操がクラブ体操として普及し、競技化されていった。体操祭の形で、他の競技と共に行われていた。このようにして体操競技は、ドイツ体操を基としてヨーロッパ各国に普及発展していった。一八八一年に国際体操連盟（FIG）が創立され、一八九六年の第一回オリンピック・アテネ大会から「体操」として、正式種目となった。一九〇三年には第一回世界選手権大会が開催され、次第に世界の各国・地域に伝播していった。

　ヤーンによって創始した器械体操や徒手体操を中心とするドイツ独自の身体運動文化はトゥルネンと呼ばれる。トゥルネンは、身体活動だけでなく、国民意識や民族意識の涵養をも目的としており、ヤーンは精神や身体の鍛錬を通じてナポレオンの支配からドイツ民族を解放し、ドイツを統一するためにトゥルネンを創始したのであった。一八六八年にトゥルネンの統轄団体であるドイツトゥルネン連盟（DT）が結成され、この団体は、身体運動を行う団体としてはドイツで最大規模となっていったのである。つまり、身体が顕著にナショナリズムの対象と捉えられたともいえる。それを学校教育にも取り入れようと、十九世紀後半に「体操科」としてドイツが世界で初めて体育科目を導入した。体操を中核とした近代体育を広めることとなった。

　ナショナリズムを背景としてヨーロッパ各地で展開された体操運動の指導者は、体操とスポーツは相反するものであるとみなし、スポーツを当初は拒絶した。とりわけスポーツの伝播・普及に対して最も抵抗したのは、ドイツでトゥルネンを行う者たち（トゥルナー）であったとされている。空虚な異国の有閑階級の贅沢な遊びであり、想像力に乏しく思想も持たないものとして批判的な見解を持って

いたようである。トゥルナーは次のようにスポーツとトゥルネンの差異を指摘し、スポーツを批判していた。①平均的成績を目指して多面的に行われるトゥルネンと最高成績を目指して一面的に行われるスポーツ；②健康の維持・増進を謳うトゥルネンとスポーツにおける身体の酷使；③愛国心や国民意識の涵養を目指すトゥルネンと異国のものであるスポーツ；④国民の共有財産としてのトゥルネンとスポーツの閉鎖性；⑤トゥルネンにおける共同体意識や全体への奉仕の意識とスポーツにおける個人主義；⑥愛国心や国民意識の涵養を目指すトゥルネンとスポーツの国際性。

一八八〇年代から一九〇〇年代にかけてトゥルナーが行ったスポーツ批判、DTとスポーツ連盟の対立は、一般に「トゥルネン＝スポーツ抗争」といわれている。イギリスが近代スポーツの母国とするならば、ドイツは近代体育の母国と見ることができる。

また、ドイツと同じ時代にスウェーデンではベール・ヘンリック・リングが「スウェーデン体操」を体系づけた。北方戦争敗戦後の国力回復を図るため、健康な国民の育成を意図して新たな体操体系を組織したものである。言ってみれば、北方戦争がスウェーデン式体操を生む結果となった。古代「医学の祖」と称されているギリシアのヒポクラテスやヒポクラテスに次ぐ古代世界を代表するローマの医学者・哲学者ガレノスの精神を受継ぎ、生理学・解剖学に基づいた運動の合理性・科学性を強調し、教育体操、医療体操、兵式体操、美的体操の四部門に分けられる。特に教育体操、医療体操に特色があり、世界約四十国以上で導入、実践された。ドイツ体操と共に近代の世界体操界をリードした。

「デンマークの体育・体操の父」と呼ばれたフランツ・ナハテガルによって「デンマーク体操」が創始された。ナハテガルはドイツの汎愛教育者グーツムーツの著書『青年のための体操』に啓発されて、国民の身体福祉に貢献する体育活動を実践した。一七九九年コペンハーゲンの市民にむけ体育クラブを開き、続いて体育学校を開設した。このナハテガルの教育を受けたニールス・ブックは、機敏性や規律性を養う体操を基礎とし、さらにベール・ヘンリック・リングが創始したスウェーデン体操も参考にしながら、形よりも動きそのものを大切にした体操を考案し「基本体操」と名付けた。すなわち、最初はドイツ体操に出発し、途中からスウェーデン体操の影響を受け、それぞれの長所を取り入れ欠点を補充した優れた民衆体操である。姿勢矯正、発育促進を底として、柔軟性、巧緻性、筋力の

養成を目標とした徒手体操が中心である。

　さらにイギリスのパブリックスクールと同様、ドイツやその周辺諸国においても、道徳的な意義と結びついて体育訓練の必要性が強調されてきた。身体訓練の道徳的な意義として、「健康的で美しい身体に高貴な魂が宿る」と当時のドイツを中心とする西欧社会では強調されていた。男性の「男らしさ」の獲得に身体の「美しさ」が結びつけられていた。

　こうした体操による身体の規律・訓練化は、国民国家にとって「ナショナル・アイデンティティ」を生む絶好の道具であった。ドイツのトゥルネン、そして軍事的な要素を持ったスウェーデン体操を導入した日本などの国々は、ナショナルなアイデンティティを体操という「身体文化」によって獲得しようとしたのである。世界の近代的な学校体育はこれを元に形成され発足した。

終わりに

　近代スポーツの伝播は、世界各地にそれが受容され、各地域独自の身体運動の文化がやがてスポーツと見なされるようになるといった単純な様相ではなかった。受容されていく過程では、各地域独自の身体運動の文化とスポーツとの摩擦も生じたのである。その伝播・普及に対して最も抵抗したのは、ドイツでトゥルネンを行う者たちであったとされている。しかし、近代体育の父と呼ばれるグーツムーツは、『青少年の体育』という本の中で、古代オリンピックについて詳述すると共に、オリンピックの復興を唱えている。またトゥルネンを始めたヤーンも、「ギリシアを訪れ、古代の競技場で体育祭を開きたい」と述べている。つまり、当時のヨーロッパでは文学作品やキリスト教聖書、考古学、スポーツイベント、体育といった多様な文化を通して、古代オリンピックは、当時の教養のある人々に広く知られていた存在だった。

　パブリックスクールをモデルにしたスポーツによる教育改革運動をフランス国内で実現しようと試みた時期に、反イギリス的立場の人々に抵抗され、その難局を乗り切るために思いついたのが「古代オリンピックの近代における復活」だった。それまでにクーベルタンが吸収してきた様々な世界と、教育改革によって人間社会を変革していこうという人生の目標とが結び合わさった瞬間だった。当初は自国の教育改革のためにスポーツを取り入れる必要性を感じていたクーベルタンだったが、次第に国際競技化の構想を膨らませていき、オリンピックを始めようと

した根本動機はスポーツを通じて人間を変革することになった。

　古代オリンピックはギリシア人によるギリシア人のためのオリンピックであった。しかし、近代オリンピックは世界中にオリンピズムの理念を広めることを目指して行われている。その特徴としては、まず「平和の祭典」であることが挙げられる。クーベルタンは「スポーツを通じて平和な世界の実現に寄与する」ことをオリンピックの目的に掲げた。また「勝敗だけでなく、ルールを遵守し正々堂々と全力を尽くす」という「フェアプレーの精神」がオリンピックでは重視される。この理想は今も変わらず受継がれ、彼は「近代オリンピックの父」と呼ばれている所以である。

参考資料

　[1]『スポーツの歴史と文化　スポーツ史を学ぶ』新井博・榊原浩晃編著　道和書院　2012年

　[2]『オリンピックとアマチュアリズム』清川正二　ベースボール・マガジン社　1986年

　[3]『スポーツの経済学―2020年に向けてのビジネス戦略を考える―　』小林至　2015年　PHP研究所

　[4]『近代ヨーロッパの探究4：エリート教育』橋本伸也ほか著　ミネルヴァ書房　2001年

　[5]『スポーツと近代教育：フランス体育思想史』下　清水重勇　紫峰図書　1999年

　[6]『十九世紀のオリンピア競技祭』真田久　明和出版　2011年

　[7]『スポーツと帝国：近代スポーツと文化帝国主義』谷川稔ほか（訳）昭和堂　1997年

　[8]『遊戯する身体：スポーツ美・批評の諸問題』樋口聡　不昧堂出版　1994年

　[9]『男のイメージ：男性性の想像と近代社会』細谷実ほか（訳）作品社　2005年

　[10]『スポーツとは何か』玉木正之　講談社現代新書　1999年

　[11]『体育・スポーツ史の世界：大地と人と歴史との対話』楠戸一彦先生退職記念論集刊行会編　渓水者　2012年

　[12]『オリンピックと近代：評伝クーベルタン』ジョン・J・マカルーン著、柴田元幸・菅原克也訳　平凡社　1988年

　[13] ブリタニカ国際大百科事典

　[14] 世界大百科事典

　[15] 日本大百科全書

　[16] https://www.joc.or.jp/olympism/coubertin/

　[17] https://kotobank.jp/word/%E4%BD%93%E6%93%8D%E7%AB%B6%E6%8A%80-91570

　[18] http://www.tamagawa.jp/introduction/enkaku/history/detail_12329.html

日本の近代戦争と体育・スポーツ

梁长岁

要旨：現在、日本で考えられている体育は、19 世紀にイギリス発祥の近代スポーツと、同じく十九世紀にドイツや北欧諸国を中心に創始された体操が日本の学校に定着していくという流れが両者統合されることによって誕生した。学校の教科目として「体操科」が、学校の課外活動として「近代スポーツ」が導入された。「富国強兵」のスローガンのもと、明治時代から第二次世界大戦が敗戦するまでの長きに渡り、日本の学校教育における「体育科教育」は、「軍事教育」の基礎となるべく、「国のために役立つ国民育成」の一手段として、実践されてきたわけである。この事実を考え合わせると、最初からすでに近代日本体育・スポーツの最大の悲劇が起こり始めていたと言えるのではないだろうか。

キーワード：近代 ; 戦争 ; 体育 ; スポーツ ; 武道

はじめに

17 世紀から中国風の美術工芸品はヨーロッパ人のエキゾチシズムを満たすものとして、家具、陶器、壁紙などに中国的装飾を取り入れるのが大流行した。上層社会とりわけ王室において大いに中国趣味を興した。中でも、フランスとイギリスで「中国狂」が輩出した。18 世紀末に中国から輸入した茶はすでにイギリス人の生活を変えるほどに定着し、インドと中国から輸入されていた綿布は、イギリス人のファッションを変えた。この綿布を自国で生産しようということで、産業革命を主導する綿工業が 18 世紀後半にイギリスに勃興する。19 世紀の初頭に「世界の工場」といわれた圧倒的な工業力と海軍力を背景に、イギリス一国が世界を支配するいわゆる「パックス・ブリタニカ」という「栄光ある孤立」を誇った「一

国覇権主義」の世界秩序が形成されたのである。

　日本の開国にアメリカが主導権を握っていたのは、当時、クリミア戦争の最中であり、イギリス、フランス、ロシアには東アジア進出の余裕がなく、フランスがインドシナ出兵など戦いが続いていた。さらに、イギリスはインドと中国の二大国に対する処置に手一杯であった。1856年10月、中国と第二次アヘン戦争となり、58年6月の英中天津条約に基づき、アヘン輸出の「合法化」を得る。インドでは、57年にインド独立戦争が起こり、イギリスはこれを鎮圧し直接支配を開始する。イギリスの全体の方針としては、インド、中国を最も重視し、日本には、それほどの価値を置いていなかったといえる。つまり当時の列強国は日本を植民地化する余力もなく、日本にまで手が回らない事情にあった。また日本の植民地化に大きな魅力を感じていなかったともいわれ、列強国にとって、日本よりも魅力的な中国市場が存在していたからである。

　イギリス人の関心は古くから中国に向けられており、日本に対する関心は薄かった。商品市場としても、文化的にも中国を重視した。陶器が中国から入ったのをはじめ、すでにアヘン戦争から15年ほどたった1855年に、科挙をモデルにした文官登用試験がイギリスに導入されたほどである。また、マルコ・ポーロの『東方見聞録』にヨーロッパ諸国が刺激され、中国の富や文化に対する高い関心を持ち続けていた。17世紀から在中国のプロテスタント宣教師たちが、中国人にキリスト教に興味を抱かせ、布教の自由と安全の獲得、西欧科学の卓越性を示すために、中国語を学び、天文、地理、科学技術などの漢訳を進めた。これによって中国人に特有の性格や境遇についての諸観念をかえさせ、中国人との間にある障壁を打ち破り、西洋の文明化の影響力を強めていくことになるだと思われていた。しかし、キリスト教会を破壊し、教徒や外交官を襲って殺傷した義和団の反帝国主義運動によって、宣教師たちが三百年にも及ぶキリスト教と西洋文明普及の努力が無残な敗北になったことの証明ではないだろうか。

　アヘン戦争後、中国から日本にもたらされた漢訳西学書が世界情勢とともに欧米の新知識の重要な供給源となった。万国図すなわち世界についての地理的情報や世界歴史としての万国史、そして国際法としての万国法、さらに英華辞書などによって訳語を提供したことによって、日本における世界認識と学知の受容はその礎石が据えられた。特に世界のあらゆる諸国は主権国家として平等の権利を持つという多元的・相対的な万国公法の"理念"は、中国と諸国家の対称性と相対

性を謳うことによって宗藩・朝貢体制からの離脱と自立化を促した。しかし、中華体制にとって代わったはずの主権国家体系が、その"理念"どおりに万国の平等を保障したわけでは、おちろんなかった。現に中国、日本、朝鮮はともどもに不平等条約をおしつけられている。あくまでイギリスやフランスなどを頂点とする欧米文明を中華とする新たなもう一つの華夷世界秩序が形成されていたのである。そもそも、その万国法をもって推進される帝国主義的拡張こそが文明を仮装した野蛮である以上、日本にとって欧米のもう一つの中華意識をもって、華夷観によって構成された東アジア世界秩序を取り換えることに、何を意味したのであろうか。

1　幕末欧米スポーツ・体育の日本への紹介と移入

1.1　日本の開国

　近代、欧米は日本にとって二つの顔を持って立ち現れた。一つは壮麗な文明を携える師としての顔、もう一つは容赦ない刃を揮う侵奪者としての顔をもって。19世紀の西洋列強が巨大な海軍を持ち、世界の到る所に植民地作りを精を出している。イギリスはインドを支配下に治め、アヘン戦争で中国を屈服させたことが幕府の上層部に伝わり、いずれ日本にも及ぶと察知していた。アメリカは当時、中国を中心としたアジアとの貿易・海運に関心を持ち、太平洋を渡る蒸気船の補給基地として日本に目をつけたわけである。またヨーロッパのアジア戦略に対抗するためにも、日本の開国は是が非でも実現させたいものになった。

　古代以来の日本の模範国、超大国中国が西洋諸国によっていとも簡単に屈服させられてしまった。日本も一歩間違えれば領土を割かれ、賠償金を支払い、国辱を受けることになる。この未曾有の危機に直面し、幕府は清朝と同じ運命に見舞われることを恐れていた。1853年ペリー艦隊が浦賀にやってきた、日本に開国をせまる。ペリー艦隊を見れば、強大な軍事力を持つ欧米列強を拒絶できるものではないことは、一目瞭然である。ペリー艦隊が江戸湾に進入し、砲弾を撃ち込めば、江戸の町は壊滅する。翌年、アメリカをはじめ列強に幕府から「和親条約」を奪い取り、開国を実現させた。尊攘派の武士たちが強い怒りと屈辱感を感じていたのだ。

　開国後は駐日総領事タウンゼント・ハリスは下田に赴任すると、幕府に通商条

約の締結を求めた。もしも拒否するのであれば、非常手段を行使する、つまり戦争をするぞと恫喝した。露骨な軍事的圧力のもとに、1858年4月大老井伊直弼が天皇の勅許を得ないまま「日米修好通商条約」に調印してしまった。幕府が勅許なしの条約調印を行ったことで、尊皇攘夷論が全国に広がった。「尊皇攘夷」という言葉の出典は中国の朱子学である。初期の水戸学の尊皇攘夷思想は尊王、敬幕、忠藩、攘夷という論理で構成され、「倒幕」など夢にも考えてなかった。幕末に「敬幕」は「倒幕」に変わった。

尊皇攘夷の急先鋒であった長州、薩摩藩が下関戦争、薩英戦争で大敗を喫し、両藩は攘夷が不可能なことを悟り、倒幕が終了した途端に開国するといった詐欺まがいの動きをする。攘夷は手段にすぎなく、幕府を倒すための口実になったのである。日本が植民地化を免れたことは開国によって攘夷が成功したといえるが、西欧列強との間に数々の不平等条約を結ぶことを強いられ、それによって生じた西欧に対する劣等感がその後の日本政治の心理的な基礎になっている。

1.2　外国人による西洋スポーツ・体育の紹介

イギリスは「日没する時のない大英帝国」を築き上げ、当時それら植民地に出向したり、移民したイギリス人は、植民地においても母国の生活様式と慣習を保持し続けた。そのイギリス人は「植民地においてイギリス人が3人集まると競馬場を作り、スポーツ・クラブを作った」と言われ、娯楽の少なかった植民地における生活に、本国でなじんでいたスポーツを採り入れて無聊を慰めていたのである。そしてそのクラブ設立の中心人物は、言うまでもなく大英帝国の栄光を担う人物を養成するためのパブリックスクール出身の、いわゆる「ジェントルマン」たちであった。彼らにとってスポーツとは、一方では国内を統治し、他方では次々と勢力を拡大しつつあった植民地を支配する指導者の旺盛な行動力と教養を示すものであった。

開国後の幕末において、すでにスポーツが日本でも特にイギリス人によって実施されたことが明らかにされている。一八六三年に長崎外国人居留地で行われたレガッタ競技(ボート)が日本におけるイギリス・スポーツの始まりである。競技の様子は、日本初の英字新聞「ナガサキ・シッピングリスト・アンド・アドヴァータイザー」で報道されていた。長崎の外国人居留地では、レガッタ以外にボウリングやビリヤード、バドミントンなども紹介されていた。レガッタは長崎に

おける著名な行事となり、明治期に入っても継続して実施される。当時の居留地では母国と同様な様々なスポーツが行われており、競馬・陸上競技・漕艇・クリケット・野球・自転車・射撃などがあった。横浜ではイギリス・スポーツの花形である競馬が実施された。通称横浜レースと呼ばれた競馬は、見るスポーツとして紳士や淑女が競馬を観戦する優雅な社交の一端を覗かせていた。同時期に活発化した陸上競技、その数年後に建造されたボートハウスなど様々な施設が作られ、各種の競技が行われていた。それ以外に、イギリス・スポーツとしてのクリケット、テニス、ラグビーや、アメリカから移入されたベースボールなど、多様なスポーツが居留地の外国人によって行われていた。

このように欧米のスポーツは、来日した外国人によってもたらされた。幕末に起きた生麦事件（薩摩藩士がイギリス人を殺傷した事件）後、日本国内での外国人の防衛のために駐屯することになった英仏軍も余暇にスポーツに興じた。軍隊を通じての日本へのスポーツの移入は、日本のスポーツの歴史の重要な出来事である。

西洋の体操が日本に伝えられたのは江戸末期で、武士階級の軍事訓練の一環として導入されている。欧米列強国の軍事的圧力と、薩摩藩や長州藩など西国雄藩の動きに危機感を募らせていた幕府は、一八六七年にフランスの軍事教官団を日本に招き、幕府兵士の育成・強化に当たらせた。ところが、幕府兵士たちは基礎的身体能力が欠けていて、最新の軍事訓練に適応することができず、まずは基礎体力の養成に力を注がねばならなかった。フランス人教官たちが、自らが本国の軍隊で経験した徒手、器械体操を教えたところ、短期間のうちに、成果が上がり、後に和歌山藩や静岡藩などのいくつかの藩でもこのフランス式伝習が導入されている。このように、幕末から明治初期にかけて、軍事訓練の基礎として、あるいは藩学校の教育の一部として、ヨーロッパに起源を持つ身体訓練法が導入された。

2 明治時代の戦争とスポーツ・体育

2.1 岩倉使節団と富国強兵

明治4年、不平等条約の改正と新しい日本のあり方を探るために、岩倉具視を全権大使とする使節団がアメリカ、イギリスをはじめとする14カ国の視察に出発した。アメリカでは、副使の大久保利通と伊藤博文は条約改正の交渉のために必

要とのことで、わざわざ4か月間もかけて、天皇の委任状を取りに帰国までして持参したのだが、実はアメリカ側は不平等条約を改正する気持ちなど全くなく、全権使節団はあっさりと断られた。アメリカだけでなく、どの国でも、まるで相手にされなかったのである。使節団は米欧諸国で政治、産業、軍事などあらゆる分野の制度・文物を詳細に見聞し、日本との格差をまざまざと見せ付けられた。ドイツの晩餐会で、ビスマルクは、使節団が目から鱗が落ちる思いをさせられた演説をぶった。「……いわゆる公法というのは、列強が権利を保全する不変の道とはいうものの、大国が利を争う場合、もし自国に利ありとみれば公法に固執するけれども、いったん不利となれば、一転、兵威をもってするのである。だから、公法は常にこれを守らなければならないというものではないのだ」（『米欧回覧実記』）。独立を維持するために何よりも断固、富国強兵・殖産興業を最優先に進めようと決意する。

　当時の万国公法の平等理念はあくまでも主権国家と承認されて初めて意義を持つものである。そして明治日本は主権国家として承認されるために、政治、経済、文化とあらゆる面でひたすら欧米化し、精神も理論も全て欧米崇拝、追随した。天皇自ら服色制の変更から始まる生活全般の変革を率先垂範したのである。その、恥も外聞もない姿勢こそが全てに不安な新国家建設のエネルギーとなったのである。

　甲午戦争に至るまでの日本の東アジア外交の主眼は、伝統的に維持されてきた宗藩関係に基づく国際秩序を解体し、中国に代わって日本が主導権を握ることに置かれた。ついに1894年に日本が強引に策謀をめぐらせて戦争に持込み、また「文明と野蛮の戦争」「開化と保守の戦争」と表現して戦争を煽り、そして正当化していた。

　甲午戦争後、露独仏は武力を背景に共同通牒を突きつけて、遼東半島を中国に返還するように勧告した、いわゆる「三国干渉」である。その後、欧米列強は日本の進路に立ちはだかる敵国として見られ、これらの諸国と対峙していくために、「国家と結婚せよ、国家と情死せよ」と煽り立てなければならなかった。日本の思想界にはナショナリズムの気運が高まり、ロシアに対する好戦的な世論が次第に力を持つようになっていく。特に戦勝気分に酔い痴れていた日本国民にとって、三国干渉の衝撃は強烈なものであった。更なる「強国」を目指して政府が打ち出した軍備増強政策を支持し、高くなった税金にも我慢して、官吏の給与を一割カ

ットして国家財政にまわし、政府の「富国強兵」政策に協力することになる。そして義和団事件が起こり、日本は西洋列強の国際部隊に加わったことによって、文明国としてやっと認知され始めた。

　日露戦争直後に岡倉天心は次のように書かれている「西洋人は、日本が平和でおだやかな文芸にふけっていたとき野蛮国とみなしていたものである。しかし、日本が満州の戦場で大殺戮を犯しはじめて以来、文明国と呼んでいる」（岡倉天心『茶の本』1906年　隈元謙次郎ほか編『岡倉天心全集』平凡社、第一巻、267頁）。山室信一氏が次のように指摘している「確かに、この戦勝によって日本はいわばアジアの中で欧米に比肩できる唯一の国としての自負を得、その国力に対しては欧米やアジアの各民族から一目置かれる存在となっていた。しかし、それは天心によればアジア文明に育まれてきた日本にとっては自己喪失によって獲得されたものであり、西洋文明のもつ文明と野蛮の双面性に振り回されているにすぎなかった。そして、それによって文明の名の下でアジアに敵対する存在にすらなっている」。日本がアジアでもなく、無論ヨーロッパでもなく全てを喪失して、何者でもない何かへ転じてしまった。また、アジアに屈辱を与える存在へと転化してしまった。だが、この勝利によって、初めて文明国として認められ、不平等条約の改正ができたのである。

2.2　日本の体育・スポーツの開国

2.2.1　お雇い外国人教師によるスポーツの導入

　お雇い外国人は新日本の創造者であるといわれるほど、日本の近代化に際し多大の貢献をした。イギリス人は鉄道、電信、鉱山、灯台と海軍教育、フランス人は横須賀造船所における造船、陸軍教育、ドイツ人は教育、特に医学教育、アメリカ人は教育と開拓といった多方面にわたる分野で寄与するところ大きかったのである。母国から遠い日本に来たお雇外国人たちは、自国の文化や習慣を保とうとした。その中の娯楽の一つがスポーツである。

　イギリス発祥の近代スポーツは、植民地拡大と深く関わって世界の各国・地域に伝播、普及していく。十九世紀にエリートの教育機関であるパブリックスクールで、スポーツによって心身ともに強健な人間が創られるとする教育イデオロギー、アスレティシズムと呼ばれる思想があらわれた。アスレティシズムは運動競技を礼賛・推奨し、とりわけ集団スポーツを人格陶冶のための教育手段として重

視し、勇気、忍耐、フェアプレー、スポーツマンシップ、集団への忠誠心などを養うものとする考え方である。十九世紀中頃及び後半から、「自由で自主的な身体活動」として学校の課外でのクラブ活動から多くは始まっている。日本においても欧米のスポーツを盛んに受容してきた。明治政府に招かれた「外国人教師」たちが日本に近代スポーツをもたらした時、その受入先は地域社会ではなく学校であり、中心は大学だった。日本も近代スポーツが学校の課外活動から普及してきた。高等教育機関で誕生した運動部活動はその後、中等教育機関にも広まっていった、戦前になると生徒にとって馴染み深い文化的慣習として学校に定着していった。

　数多くいたお雇い外国人教師のなかで注目すべきは、フレデリック・ウィリアム・ストレンジである。イギリス南西部デヴォンシャー州出身で、オックスフォード大学を卒業後1875年3月に来日した当時20歳の青年である。体操教師でもなく普通の英語教師であったストレンジは、のちに大学予備門、第一高等中学校となる東京英語学校に勤めた。重要な教師としての招聘ではなく、優秀な若者として数か月お試し雇用があったのちに正式に雇用された人だった。そのため給料も外国人教師としては低かった。彼はスポーツ好きであったらしく、横浜の外国人居留地でのスポーツクラブに積極的に参加している。前述の通り、当時の居留地では母国と同様な様々なスポーツが行われており、競馬・陸上競技・漕艇・クリケット・野球・自転車・射撃などがあった。

　ストレンジは漕艇、陸上競技などの近代スポーツの精神的な面を含めて、東京大学や同予備門の学生にはじめて本格的に教えた。また学校でボートレース、陸上競技会の開催も実現した。さらに日本で初めての課外スポーツ組織である「帝国大学運動会」の結成に尽力した。このように学生と教師とを巻き込んだスポーツ活動を行ったストレンジこそ、東京大学における組織的なスポーツ行事を始めた最初の人物と言えるだろう。

　明治初期、近代スポーツの伝播や移入に重要な役割を演じたのは全国の公立学校の先導者たる存在であった現在の東京大学である。その前身である明治政府の工部省所管の工部大学校では、学生の日課表の中に「体操」の時間を設けていたことが判明している。体操の内容として、徒競走、ウォーキング、障害走、幅跳び、走り高跳び、棒高跳び、ハンマー投げ、石投げ、フットボールのドロップキック、三段跳び、水泳などがあげられる。また遊戯として、フットボール、シンテイ、

ラウンダース、輪投げ、馬飛び、陣取り遊び、ベースボール、クリケット、ローンテニス、ローンボウリング（芝生上でのボウリング）、ファイブス（イギリスの伝統的遊戯）、ゴルフなどがあり、実に多彩であった。

東京大学のもう一つの前身である開成学校は、日本へのスポーツの伝播に重要な役割を果たした。英語教師ウィルソンは、ベースボールを日本に紹介した。その数年後、開拓使仮学校（札幌農学校）において、ベーツにおってベースボールが紹介された。ベースボールの翻訳語は、野球が盛んであった東京大学の出身者によって「野球」として訳出され、やがて定着した。後ほど紹介するように、野球は特に日本人好みのスポーツとして明治後期に著しい展開をみせ、日本の社会に根づいていく。東京大学や同予備門のスポーツが開始されると、横浜外人クラブ員の東大・帝大運動会への出場、東大・帝大生の外人クラブの競技会への相互の参加が行われ、交流が盛んになっていった。特に一八九六年に第一高等学校が横浜外国人チームに勝利し、野球人気が全国的に高まる。

お雇い外国人教師の教育を受けた学生たち、また欧米に留学していった日本人も、こうした外国人たちのスポーツ観やそれに関する慣習を参考にしようとしたことは容易に想像できる。つまりスポーツはそれを独立したものとして学ぼうとし日本に紹介されたのではなく、いわば教養の一部として学ばれていったといえる。社会制度から衣食住などの日常生活全般において、当時の人々の関心の的となった。西洋人の生活様式に見られるスポーツ（運動・娯楽）的要素を含んだ、乗馬・舞踏・海水浴などは、当時の日本人の眼には先進文明と映っただろう。しかし先進文明と映り関心を示したものの、一般人が実践するにはほど遠いものがあった。これらの先進文明は、主として進歩的有産階級や上級学校で受け入れられることとなる。開成校のベースボールをはじめ、工学寮のフットボール、ホッケー、札幌農学校のアイス・スケートなどである。お雇い外国人教師やその教育を受けた学生、また留学経験のある日本人は、近代スポーツを日本に定着させる基盤形成の役割を果たしたといえる。しかし当時は、より迅速に西洋なみの近代国家の建設を目指していたが為に、文物制度の導入に重きを置いていたようである。従って，西洋人の生活様式の中身（文化的側面）まで手が届かずに、日本人の日常生活（一般社会）の開明までには至らなかったのが実際のようである。

2.2.2　学校教育による体育的基盤の形成

　一方、ドイツや北欧諸国では、国家への忠誠心や民族意識を高めることや、国民の体力増進の強化を目的として、近代体育が創始されるようになった。例えば、器械体操や徒手体操を中心とするドイツ独自の身体運動文化であるトゥルネンは、十九世紀初頭に教育者ヤーンが創始した。トゥルネンは、身体活動だけでなく、国民意識や民族意識の涵養をも目的としていた。それを学校教育にも取り入れようと、十九世紀後半に「体操科」としてドイツが世界で初めて体育科目を導入した。この「体操科」は世界にも広がり、日本の体育教育に大きな影響を与えてきた。

　1868年に明治政府が樹立されてから1945年の太平洋戦争の終結に至るまで、日本の重要な政策の一つは「富国強兵」であった。明治政府は「国民皆兵」の考え方のもとに常備軍の編成を目指し、1873年に徴兵令を公布する。満二十歳になった男子は、身分の区別なく徴兵検査を受け、3年間の兵役に就いた。

　明治5年の学制発布に始まる日本の近代教育は欧米の教育制度を手本としていて、体育においても欧米の運動文化の導入がなされた。小学校教科目として体操が公式に示されたのは、「学制」の下等小学教科に「体術（翌年からは「体操」）」が掲載されたことが初めてである。学制期の小学校における「体操」教育の目的は、「三育（知育・徳育・体育）」思想から健康教育的な性格を持つ普通体操として発展しており、軍事訓練としては位置付いていなかったと従来より指摘されている。

　1878年文部省が体操教員の養成を目的とする西洋式体操の教育機関体操伝習所を設立し、日本に制度的に体操が移入されたのは、G.E.リーランドが体操伝習所の教員として招かれたこの1878年とされている。これは、ドイツのシュピースに端を発し、アメリカを経由してきた体操で、日本では後に普通体操と呼ばれるようになったものである。

　1883年に徴兵制が改正され、中学校以上の官公立学校の歩兵操錬科の卒業証書を持っている者に対して軍隊での兵役期間の短縮を認めたことから、文部省は歩兵操錬科の内容を規定する必要に迫られることになり、体操をめぐる文部省と陸軍省との関係が始まる。

　日本の学校体育が、兵式体操重視のもとに、兵式・普通体操の二本立てとなるのは、1886年の学校令の公布以後である。兵式体操の普及・強化にもっとも影響力を発揮したのが森有礼であった。1885年に森有礼が文部大臣に就任すると、規

律や命令に従順で友情に厚く、権威的に振舞える人間を学校で育てることを目的として、教科として「体操」を学校教育の中に導入した。教育は個人のためではなく国家のためにするのであり、体育は国民を天皇制国家を支える「臣民」にまで教育する重要な手段であるというのが、森の考え方であった。

ここに、日本の体育を方向づけた一つの出発点が見出せる。体育は国家の興隆という見地、すなわち富国強兵の路線に役立つ人間をつくるところにし、主眼が置かれていった。その後、1895 年は甲午戦争の勝利により、国際社会における地位を高めるとともに、三国干渉などの事情も加わって、体育は国民道徳、富強意識高揚のための手段として頂点に達する。この富強意識は次にくる日露戦争に受継がれていった。日露戦争終結後、政府は各地の青年集団を支配体制下に置こうとしていた。対象とされたのは義務教育修了後に中学校や師範学校に進学しなかった者たちで、この年齢層の青年たちにも国家主義的な教育を注入する機会が必要であった。

1915 年、内務大臣と文部大臣の連名で訓令「青年団体の指導発達に関する件」が発せられた。陸軍大臣の名前はないものの、この訓令への陸軍省の影響力は大きく、青年の思想善導を図りたい内務省、徴兵前軍事教育を実施したい陸軍省、学校卒業後の青年教育の場として活用したい文部省の思惑が入り交じっていた。こうして、地域で自主的に発展してきた若者集団への国家統制が始まる。「青年団」という名称が全国的に広がり、青年団は修養機関と性格づけられた。

この訓令に対して多くの青年団関係者から強い批判の声が上がったが、青年団への政府の影響力は強まり、結果的には、各地の青年団では修身や教練的なものが重視され、剣道、柔道、弓術などの武道が実施された。野球やテニスなどのスポーツも普及し盛んになっていったが、軍隊を退役した在郷軍人や小学校教員の指導のもとに小学校でなされることが多く、陸軍式の体操も行われていた。青年団の体育活動は軍国主義の影響下にあり、青年たちは国防と生産を担う存在として期待された。

2.2.3 武道の正課採用

1882 年学習院教師になった嘉納治五郎は、「嘉納塾」を開き、近代的人間形成の理想「精力善用自他共栄」の実現へ向けて歩みだした。そして 1889 年には「講道館」と改称して「體育」と「修心」を主たる目的とする「柔道」を説いた。また、

勝負についても副次的な価値しか認めず、武術の勝負ではなく競技としての勝負を説いたのである。旧時代の形態を新時代の精神で陶冶し、柔術（技）から脱皮した柔道（精神）に近代性をもたせたのである。ここに嘉納治五郎の考える「教育としての柔道の価値」を見出すことができるのである。以降、講道館柔道は中等以上の学校を中心に全国的に普及していくこととなる。

　日本は甲午戦争と日露戦争を経験した。とりわけ、銃や大砲といった火力兵器の不足を、銃剣突撃をして敵と至近距離で戦う白兵戦で補った日露戦争は、学校体育への在来武術採用論を刺激した。1895年、日本古来の各種の武芸を保護奨励し、国民の士気を養成することを目的に、京都に大日本武徳会が設立されている。武家社会に存在していた「在来武術」の中で、「柔術」として扱われていたものを、「柔道」として確立し「武術再興」ではなく、新時代に即した「柔道」への脱皮をはかり、在来武術に「近代武道」のあり方を示したのは、嘉納治五郎であった。この「柔術」から「柔道」への流れを受け、他の多くの武術が「武道」の二文字を使用するようになってきたのである。

　だが、武道の学校体育への採用については、撃剣（剣道）界からの政府への活発な働きかけがあった。しかし、正課としてはなかなか採用されず、日露戦争中の1905年の第21議会でも、武道正課案は否決されている。文部省が体操伝習所に剣術及び柔術の教育上の効果を調査するように命じたのは、1883年である。答申では、身体の発達、持久力、護身力、気力などを養うことができるとしながら、身体の調和的発達を妨げること、危険を伴うこと、闘争心を誘発し勝負にとらわれやすいこと、心身の発達に応じた指導が困難であるなどの理由で、正課の体育授業への導入は不可とした。そして、この答申が文部省の武道に対する方針となり、その後も変わっていなかった。しかし、剣道関係者の熱心な努力が実って、1906年の第22議会で、撃剣・柔術またはそれを体操化した運動を、中学校の体操科で採用する案が可決された。ただ、文部省は実地調査を行った上で全国中・師範学校校長会に諮問するなど、慎重な姿勢を崩さなかった。この期においては、尚武的、国粋主義的体育論の気勢が大いに上がり、その背景と圧力により、1911年になってようやく中学校施行規則を改正し、武道は正式に中学校の体操科の教材として採用されることになった。翌年には師範学校でも採用されている。武道は体育の正課として正式に位置づけられていくことになる。

　この時期を身体運動文化の視点から考えてみると、早くより欧米諸国において

実践されていた体育・スポーツを、より速く導入する方向性の足掛かりを築いた時代である。と共に、封建社会における「武芸思想」や「武士道精神」を引きずり、現代に至る日本体育・スポーツに「精神主義、根性主義、経験主義」を根付かせる発端となった時期でもあるのあるのではないだろうか。正しく、日本の体育・スポーツの開国の時であったのであろう。

3 戦前の軍国主義と体育・スポーツ

3.1 「生徒の反逆」

17世紀以来、欧米諸国は侵略戦争を重ねて戦争に勝ち、負けた国々を植民地にする、その歴史を繰り返してきたのである。ペリー来航による開国から明治維新を経て、日本は徹底した西欧の模倣によって近代化を進めるコースを辿り、西洋から見れば西洋文明を忠実に学ぶ「生徒」のようにも見えただろう。逆に言えば、西洋諸国は日本の「教師」であり、近代化を始めたアジアの小国日本を自らの保護下で育てている子供のようにも認識していただろう。明治の政治家たちも、国家として何がしかのことを行う時に、必ず事前に欧米の国々に謙虚に相談し、了承を取り付けている。日本も侵略国になり、連戦連勝でいた。しかし、こういう関係は永続するとは限らない。日本と西洋諸国との関係で、日露戦争から転換が起こり始めた。

甲午戦争後のいわゆる「三国干渉」で戦勝気分に酔い痴れていた日本国民にとって衝撃は強烈なものであった。特にロシアに対する好戦的な世論が次第に力を持つようになっていく。梁啓超が看破したように、富国強兵を目指して出発したはずの日本は「貧国強兵」であることによって結局は国民を犠牲にしている。日露戦争の圧倒的勝利を信じた国民は当然敗戦国ロシアから賠償金が支払われることと思っていた。軍事費を捻出するために国民に苦渋を強いた上での戦いだったのでポーツマス講和会議ではロシアの賠償金がもらえないと分かった時、多くの犠牲を捧げた国民の感情は怒りで爆発した。各地で反対運動が起こり、「日比谷焼き討ち事件」もその一つである。

また、第一次大戦の参戦の過程で、大隈重信首相はドイツを中国から追い出すことを「三国干渉の復讐」と考えていた。日本国民は必死に働いて軍事費を稼ぎ、日本の外交はいかにしてヨーロッパ諸国の日本に対する好感度を高めるかに智恵

を絞った。1919年1月18日、パリ講和会議が始まる。日本はイギリス・アメリカ・フランス・イタリアに並ぶ五大国の一員として会議に参加したが、「サイレント・パートナー」と揶揄されたほどその存在感は薄かった。日本政府は国際連盟規約に人種差別撤廃を盛り込むことを提案したが、この案は反対され流されることになる。この時の無念さは『昭和天皇独白録』の冒頭にも、大東亜戦争の遠因として、「日本の主張した人種平等案は列国の容認する処とならず、黄白の差別感は依然残存し」と書かれている。

「破局の20世紀」の発端となった第一次大戦後、戦勝国は国際連盟を創設され、脱帝国主義の外交のやり方を模索し始めた。国際連盟が発足当時、日本はアジアで唯一の列強であったため、常任理事国になった。1931年の満州事件で連盟が派遣したリットン調査団調査報告書の満州国を不承認としたことに日本は反発して、1933年に国際連盟脱退することとなった。当時の世論が連盟脱退を礼賛し、民衆もこれを熱狂的に支持した。満州事変以後、日本政府は欧米の国々への配慮も相談する謙虚さも失って独走していく。結局「鬼畜米英」などを相手に戦い、無惨な敗戦を迎えたのだった。

新聞が戦争を礼賛し始めた最初は日露戦争で、日露戦争はメディアの戦争と呼ばれる。しかし、マスメディアの責任は最初から対外強硬論を助長する報道をし、事実を報道することを怠っていたことである。第一次大戦以降の世界体制は日本に不利なものとして理解され、朝野激しい怒りを覚えていた。西欧への追随主義によってしても西欧世界に仲間入りすることを認められないことが分かった時、日本人の心の中には西欧に対する憎悪感が生じ、"マスメディアの帝国主義化"も鮮明になっていく。

「大東亜共栄圏」と「八紘一宇」という標語が流行語となるほどつかわれていて、世界から孤立されたことの厳しい現実も分からないまま、マスメディアは無責任に軍部支持の世論を煽っていた。そして熱狂した国民に政府が動かされていった。「私はかつて東条の用賀の家で、東条の娘光枝を取材したことがある。畳の部屋で行李一杯の手紙やはがきを見せられた。日本国中から寄せられた一般国民からの郵便物だった。内容は二つに大別された。「米英撃滅」「鬼畜米英を倒せ」「猶予は亡国、即時立て」といった戦争を強く促す内容と、「何をぐずぐずしている」「弱虫東条」「意気地なしはやめろ」といった「何をぐずぐずしている」東条批判である。東条が首相になってから開戦までの50日あまりに3000通以上来たということだ。」

（『日本の戦争』田原総一郎486頁）また戦後、天皇はマッカーサーに以下のように語っていた「私の国民は私が非常に好きである。私を好いているからこそ、もし私が戦争に反対したり、平和の努力をやったりしたならば、国民は私を精神病院か何かにいれて、戦争が終わるまで、そこに押し込めておいたにちがいない。また、国民が私を愛していなかったらならば、彼らは簡単に私の首をちょんぎったでしょう」（『日本の戦争』田原総一郎485頁）。軍と新聞と民衆が一体となって勝つ展望のない戦争に突入していった。

確かにメディアの責任は大きい。しかしメディアは聴衆の意向を汲み取り、聴衆が見たい、聞きたい情報を提供する宿命にある。だから国民が大喜びで戦争を求めたのだ。

これも今まで、日本で近代戦争を総括できなかった大きな理由の一つである。戦争に熱狂した民衆も戦争の元凶であり加害者でもあり。しかし、そういう加害者たちが自分は被害者だと思い込んでいるのである。昔から変わらない日本の国民性として、ムードに流され易いというのがある。太平洋戦争で一番好戦的だったのはマスコミであり一般市民であった。政治家は容易にはこれに逆らうことができない。結果的には負けるに決まった太平洋戦争に踏み切ってしまったのである。

面白いことに1946年に、昭和天皇がこの戦争の敗因は何かという問題に触れた時、孫子の兵法を知らなかったことをその理由の第一に挙げている。

3.2 学校体育の戦時体制化と国家主義の強化

3.2.1 体育の戦時体制化

1925年に「陸軍現役将校学校配属令」が公布され、中学校以上のすべての学校で、陸軍の現役将校が教練を担当することになった。

第一次世界大戦後、政府は内外の世論や大戦の戦後処理のために開催されたワシントン会議の決定によって、軍備を縮小せざるを得なかった。このような状況下で、陸軍は軍の近代化、機械化を果たすための財源を確保する目的で、約九万人の常備軍を削減したが、国防力の低下を避けるために、徴兵前の若者たちに対する軍事教育を強化することを計画した。常備軍削減で余った現役将校を学校（大学、専門学校、高等学校、中学校、師範学校）に配属することは、兵力を温存することにつながる軍縮対策であった。

中学校や師範学校では、各個教練や部隊教練、射撃、指揮法、軍事講話などを教材として教練が実施された。これらは、戦技、兵技の訓練であり、軍隊教育の予備教育であった。

1926年、二十歳までの青年たちを対象に、青年訓練所が設置される。青年訓練所では、職業的、公民的教育とともに、教練が実施された。青年訓練所設置の目的は明白であった。学校で、地域で、若者たちを戦争に動員する仕組みが着々と整備されていく。

1927年の金融恐慌と1929年にアメリカで始まった世界大恐慌によって、日本経済は行き詰まりを見せる。大不況は企業の倒産や労働者の解雇、労働運動の激化などにつながり、その打開策として、日本はアジア大陸に向けて帝国主義的な進出を目指すことになる。1931年、満州事変が勃発して15年に及ぶ侵略戦争が始まり、日本国内体制は急激に戦時体制化していった。

学校体育の戦時体制化は、武道の必修化から始まる。1931年に中学校令施行規則が改正され、剣道と柔道が体操科の必修の内容となった。剣道と柔道は日本固有の武道であり、質実剛健の国民精神を育て、心身を鍛錬するのに適しているという理由からであった。同様に、師範学校規則も改正され、武道が必修化されている。

青年訓練所は実業補習学校と整理統合され、1935年に青年学校に改編された。青年学校は男女とも2年間在学する普通科と、男子は五年、女子は三年制の本科からなり、普通科男子には体操科が、本科の男子には教練科が課されていた。青年学校で行われる体操は、陸軍系統の体操教範によって指導がなされることになっていた。

1937年の盧溝橋事件をきっかけに、日本と中国は全面戦争に突入した。近代戦は総力戦体制の確立を必要とする。国内では、国民精神総動員運動が展開された。この運動は「挙国一致」「尽忠報国」「堅忍持久」（一つの目的のために国全体が一体となり、国民は国家に忠義・忠誠を尽くし、国から与えられた恩に報いる。そのために辛さや苦しさに耐え、我慢強く持ちこたえる）の三大スローガンのもとに、国民を戦争に動員するための官製の国民運動であった。しかし、日中戦争が長期化し泥沼化すると、1938年には国家総動員法が制定され、労働、経済、物資、施設など、国民生活全般にわたって国家統制が行われた。

1939年には政府は青年学校を義務教育化する。中学校や師範学校などに在学し

ていない満十二歳から満十九歳までの勤労青年男子は、青年学校に必ず就学しなければならなくなった。本科の男子は、第一学年から五学年まで、年間各七十時間の教練科の授業を受けることになっており、その指導は正規の教員以外に主として在郷軍人から採用された者が当たっていた。教練重視の教育政策は、戦時体制に対応して国民を予備兵力化する意図で展開されていた。

軍事体制化していくのは、体育の授業だけではない。課外体育活動でも、校友会や学友会などを改組した学校報国団による国家の統制が強化されていった。学校報国団の統括責任者は校長で、すべての生徒と教職員で組織された。各校における学校報国団の規則と予算は、文部省の承認を得て実施することになっており、国家管理の枠の中に組み込まれた。校友会などの校内組織は、活動の自由を失い、学校当局の管理下に置かれることになる。そして、校友会組織の一部として活動した体育会などの組織は、学校報国団鍛錬部とされ、武道班（柔道、剣道、弓道など）、鍛錬班（陸上、水泳、相撲、体操、集団訓練など）、球技班（野球、庭球、蹴球など）に再編された。

1940年以降、日独伊三国同盟を結んだドイツの、ヨーロッパにおけるイギリス・フランスを相手の快進撃は、日本の支配階級を幻惑させ、ドイツの勝利に便乗しようと焦った。強力な国内体制の構築を企図して新体制運動が始まる。

1941年、文部省は「大日本学徒体育振興会」を発足させ、学生や生徒の体育団体に対する全国的な統轄組織を確立した。学生や生徒の日常的なスポーツ活動や大会は政府の統制下に置かれることになり、自由なスポーツを行うことは不可能になる。

新体制運動は、スポーツ団体の戦時体制化にも拍車をかけた。「体育新体制」という言葉が生まれ、民間スポーツ団体は積極的に国民の体力向上と国民精神の振作を通じて、国家総動員体制の確立の一翼を担った。「体育奉公」というスローガンのもと、国防能力の向上、生産能力の向上に役立つものとしてスポーツは位置づけられ、戦争に利用された。

1942年3月、大日本武徳会が改組され、内閣総理大臣を会長とし、文部、厚生、陸軍、海軍、内務の各省が管轄する政府の外郭団体となった。伝統の柔道、剣道、弓道に加えて銃剣術と射撃を加えた「五武道」として戦時体制に合わせた。

4月には、大日本体育協会とその傘下のスポーツ団体が、大日本体育会に改組した。大日本体育会は政府の外郭団体であり、会長は内閣総理大臣が務めることに

なっていた。初代会長は東条英機である。大日本体育会は文部省と厚生省の下に位置づけられ、副会長は文部大臣と厚生大臣であった。各競技団体は部会として包摂され、各府県に支部が新設された。こうして、政府の体力政策の一元的な実施機関が誕生し、「体育新体制」は完成する。

3.2.2 体育・スポーツの「武道」化

近代日本における体育・スポーツと武道は、相互に影響し合いながら共に発展してきた。伝統的な武術の「近代化」に外来スポーツの影響があったことは確かであるし、逆に外来の体育・スポーツが武道的発想の影響をうけることもあった。基本的には、体育・スポーツと武道は相互に補完し合いながら、国民意識の形成と強化に重要な役割を果たしてきた。つまり、ウエスタン・スタイルのスポーツが、国際的競争を伴いながら変化し進展する世界における国民意識の形成・強化に主として関連していたとすれば、武道は、その変化する世界においてなおかつ変わらない伝統的価値とのつながりの確認、国民の文化的アイデンティティの保持に主として関連していた。その意味では、スポーツと武道との間に一種の分業関係が成り立っていたとも言える。

しかし1930年代に入って軍国主義的な風潮が強まってくると、スポーツと武道との関係のバランスが崩れ、次第に武道が優勢になってくる。武道の側から言えば、それは発展であったが、その「発展」過程は同時に、武道が当時の国粋主義や軍国主義の側に強く引き寄せられていく過程でもあった。1931年の満州事変から日中戦争、そして太平洋戦争へと進んでいく時代の情勢の中で、武道は「日本主義」思想や「皇国史観」などと結びついて「国技」とされるに至り、戦争への国民総動員のためのイデオロギー装置の一部となっていく。1939年12月、政府は武道振興委員会を設置し、その答申に基づいて厚生省の中に練武課を設け、「官民一致の強力なる武道総合統制団体」の組織化を推進すべく、大日本武徳会を改組して政府の統制化に置いた。

また、剣道や柔道が義務教育のカリキュラムの中に組み込まれ、いわゆる学校武道が盛んになるのもこの時期である。ある意味では、嘉納が説いた武道の「教育上の価値」が国家によって確認されオーソライズされたわけである。しかし、その内容はもはや「おのれを完成し、世を補益する」という嘉納の主張と同じではない。今や武道は、「攻撃精神、必勝の信念を振起」すると共に「没我献身の

心境を会得せしめ」、国家への「滅私奉公」の態度を養成する役割を期待されることとなった。

　武道の「イデオロギー化」が進展するにつれて、伝統との連続性と非連続性とを共に主張するという、嘉納治五郎の言説に見られたような二面的なダイナミズムは失われ、次第に伝統とのつながりだけが強調されるようになり、さらには日本精神（和魂）を体現する武道によって「外来スポーツ」を日本化すべきであるという論調が主流を占めるようになってくる。スポーツや体育をめぐる当時の論議の中で、大谷武一、野口源三郎、平沼良、前川峯雄、羽田隆雄らが唱えた「スポーツ道」「日本スポーツ道」「日本体育道」などは、いずれもその流れに棹さすものであった。

　例えば大谷は、現行のスポーツの大部分は「米英から輸入されたもの」であり、「自由主義、個人主義に依拠をおいた享楽思想が深く浸透」しているので、それを「スポーツから駆逐する」ために、「例えば武道を行ずる態度」でもってスポーツを行なう必要があるといい、また野口も「外来スポーツの長所を伸ばし、短所を是正して日本的スポーツに同化すること」を主張した（入江、1986，pp.119-122；196-238）。さらに前川は次のように述べている。「要するに……日本の体操や競技に、日本人が作り出し、又日本人を最もよく育ててきたところの武士道的な精神によって筋金をいれよといふことに帰するであらうと思ふ。西洋スポーツに対して真に日本的性格を与へるには、それ以外に方法がないと考へる。若し日本のスポーツが、武士道的な筋金を入れることに成功するならば、それはもはや西洋スポーツではなくして、すでに日本独自のスポーツであると考へる。従って今後日本スポーツの行方は、益々武の道に近づくことでなければならないと思ふ。武の心をもって鍛錬された時、真に日本が世界に誇ることのできるものを作り出したといへよう」（前川、1942，p. 144）。

　「武士道（精神）」は日本史の中に「武家制度社会」が成立した鎌倉幕府時代の「兵の道（精神）」を始まりとし、江戸時代中期に確立されたのである。そこには、「自らの生死をもって忠誠・忠義とする」倫理観から、「人の範となる武士的人間像の形成をもって忠誠・忠義とする」倫理観への変遷が見られるのである。

　一見画期的な欧米化を果たしたかのように見えた明治後半期の日本社会ではあるが、実は「武士道（精神）」の元を成している儒教（朱子学）的思想を土台とし、その上に欧米の生活習慣が上乗せされた様なものだったのであろう。1890年に「交

付」された「教育勅語」もまた「武士道精神（儒教的精神）」を根幹としたものであった。1889年には「国民皆兵」となり、本人が望む・望まざるに関わらず、「武士道（精神）」を根本とした「軍人勅諭」と、正面から相対さなければならなくなったのである。日本の学校教育における「体育科教育」は、「軍事教育」の基礎となるべく、「国（天皇）のために役立つ國民育成」の一手段として、実践されてきたわけである。身体と精神を鍛錬し、練磨して献身奉公の実践力、尽忠報国の軍事力を目指さなければならなくなったのである。

当時の学校体育教育は、天皇の存在を「絶対的存在」とし、欧米諸国に対し対等な立場を保持するための国家主義的思想教育の一翼を担っていたのである。国民への浸透の為、当時の体育（体操）教育に求められていたものは、集団意識の徹底による「全体（集団）主義の強化」であったと考えられるのである。現行の学校体育教育に見られる集団行動教育（「起をつけ」・「前にならえ」・「右にならえ」・「回れ右」など）を徹底させることにより、身体的にも精神的にも「国家」を意識させたものと捉えられるのである。

1941年、国民学校令及び施行規則が公布され、小学校は国民学校となる。国民学校の教育の目的は、忠良なる皇国臣民を錬成することであった。このような考え方のもとに、翌年、「国民学校体錬科教授要目」が制定される、体操科は体錬科と名称を変更された。体錬科は、これまでの体操と武道とを合わせた教科としてできた。体錬科の目的は「強靭な体力と旺盛な精神力」を養い、「献身奉公の実践力」を培うことであった。武士道精神が強調された。それは、当然のことながら、国防力を担う心身の錬成であり、「お国のため」に役立つ皇国民を育てることであった。体錬科の内容は、体操、教練、遊戯競技、衛生、武道となる。高等科男子に対しては、特に教練が重視された。初等科の男子にも剣道と柔道が必修化され、女子には薙刀を課しても良いことになっている。武道の指導においては、心身を鍛えるとともに、「武士の精神を涵養する」ことが期待されている。

終わりに

武道とスポーツの位置関係は、しかし、1945年の敗戦によって完全に逆転する。戦後の「民主化」政策の中で、武道は占領軍当局（GHQ）によって禁止され、大日本武徳会も解散を命じられる（1946年10月解散）。他方スポーツは、平和な民主社会に相応しい身体文化として奨励される。このような情勢の中で武道が生き

残りを図るには、その組織、ルール、イデオロギー等において「民主化」＝スポーツ化を進めていくほかなかった。こうして、かつての「スポーツの武道化」とは逆に「武道のスポーツ化」が課題となるのである。近代体育・スポーツの移入と普及、武道の形成と発展、そして両者の関係が歴史の中で転移する一種の悲喜劇を跡づけることを通して、近代日本における国家とスポーツとの結びつきのありようについて、少なくともその一つの特徴的な様相について、見ておくにとどめよう。

欧米から輸入された近代体育・スポーツは「欧米諸国に追いつき追い越すこと」を目指したもので、国力誇示をその主たる目的としていたと捉えることができるのである。したがって、日本体育・スポーツの一つの不幸（悲劇）として、スポーツの外観（ルールや技術習得方法などの実践的側面）と同時に、中身（歴史や成立過程などの文化的側面）を「輸入」し切れなかった事と、スポーツ本来の「楽しさ・爽快さ・気分転換」と言うような、「個人の楽しみ」としての意味合いが二義的・三義的に扱われてしまった事が上げられるのではないだろうか。

戦争に敗れた日本は、戦争前後の「価値の大転換」を経験した。戦前の軍国主義を否定する形で、終戦直後から民主主義を基調とする学校教育改革が行われた。学校体育の改革は、「体操からスポーツへ」と総括されているように、自発的に行われるスポーツに大きな価値を与えた。1945年「新日本建設の教育方針」で「明朗闊達なる精神を涵養する為め大いに運動競技を奨励」することが求められ、1946年「第一次アメリカ教育使節団報告書」で「スポーツマンシップと協力の精神とが有する価値を、学校は認識すべき」と記された。民主主義的な人間形成の手段としてスポーツに高い価値を与えた。

高度経済成長を背景に1960年前後から、能力主義的な教育政策が実施され、学力や進学をめぐる生徒間の競争が激化していく。そして能力による選別を「差別」と見なす教育観が六十年代に確立し、学校教育の「画一的平等化」をあらゆる面で推し進めていった。教育的価値を持つスポーツをすべての子供に提供することが目指され、スポーツと学校教育の結び付きは広がっていた。こうして上流階層は「スポーツ」を、下流階層は体操を中心とした「体育」をという、社会階層による「スポーツ」と「体育」の二重構造がようやく解消されることになった。そして、体育は、その時々の社会的・時代的要請を受容しつつ、スポーツを通して人間形成を図ろうとする教科になった。

参考資料

[1]『スポーツの歴史と文化』新井博・榊原浩晃編著　道和書院　2012 年

[2]『思想課題としてのアジア』山室信一　岩波書店　2001 年

[3]『日本の戦争』田原総一郎　小学館　2000 年

[4]『明治期学校体育の研究―学校体操の確立過程―』不昧堂出版　1995 年

[5]『体育・スポーツ史概論』木村吉次編　市村出版　2001 年

[6]『体育・スポーツ科学概論―体育・スポーツの新たな価値を創造する―』福永哲夫ほか　大修館書店　2011 年

[7]『スポーツの経済学―2020 年に向けてのビジネス戦略を考える― 』小林至　2015 年 PHP 研究所

[8]『変容する現代社会とスポーツ』日本スポーツ社会学会編　世界思想社　1998 年

[9]『スポーツ文化の変容：多様化と画一化の文化秩序』杉本厚夫　世界思想社　1998 年

[10]『京都精華大学紀要』第二十三号「日本体育（身体運動）・スポーツ再考Ⅵ～ 学校教育としての日本体育・スポーツ～」栗巣満

[11]『北海道大學教育學部紀要』第 18 号「日本体育（身体運動）・スポーツ再考Ⅰ―近代国家建設期における体育・スポーツ ―」鈴木，敏夫

[12]『北海道大學教育學部紀要』第 44 号「近代学校制度の成立と身体教育」鈴木，敏夫

[13]『京都精華大学紀要』第十九号「日本体育（身体運動）・スポーツ再考Ⅱ―「武士道（精神）」と日本体育・スポーツ―」栗巣満

[14]『スポーツを読む』稲垣正浩　三省堂　1993 年

[15]『スポーツを読むⅡ』稲垣正浩　三省堂　1994 年

[16]『スポーツを読むⅢ』稲垣正浩　三省堂　1994 年

[17]『「部活動」の起源と発展に関する教育史的研究』　2016 年山本ゼミ共同研究報告書慶応義塾大学文学部教育学専攻山本研究会　2017 年

[18]『変容する現代社会とスポーツ』　日本スポーツ社会学会編　世界思想社　1998 年

日语形式名词「こと」和「の」的区别

梁长岁

摘要：日语中"形式名词"是非常重要的语法手段之一。日语中形式名词较多，但各司其职，多数情况下很容易就能区分它们的意义和用法。形式名词「こと」和「の」也在大多数情况下不能互相替代，但在少数情况下可以出现在同一语境下的同一句子中。同一句子中既可以用「こと」，也可以用「の」，他们之间究竟有什么意义上的区别，有必要搞清楚说话者的真实意图。

关键词：形式用言；形式体言；形式名词；实质名词

前　　言

在传统的日语语法中，体言和用言是语言的重要组成部分，体言包括名词、代词和数词，用言包括动词、形容词和形容动词。体言和用言所包含的这些词都属于实词，都有实质性的、实际的意义。但是，体言和用言中也有一些没有实质性意义的、只有抽象意义的、在句子中只起语法作用的词，这些词就叫作形式体言和形式用言。其中尤以体言中的名词和用言中的动词为主。如「日曜日は洗濯したり掃除したりする」中的「する」，失去了原来"做"或"干"等实际意义，在本句中只是在形式上、语法上起到了动词的作用，所以是形式用言；「私はピアノを弾くことができる」中的「こと」，失去了原来"事"或"事情"等实际意义，在这里只是在形式上、语法上起到了名词的作用，所以是形式体言，也就是所谓的"形式名词"。

关于日语的形式名词，迄今为止有各种各样的论述和探讨。比如冷铁铮（1982）从狭义的形式名词和广义的形式名词的角度对日语形式名词进行较全面的介绍；赵福堂（1990）从日语形式体言和形式名词的不同探讨日语的形式名词；聂中华（2001）从"体"和"命题""语气（「モダリティ」）"的角度对日语形式名词进行分类，

从"体"的角度把日语形式名词分成"稳定型形式名词"和"非稳定型形式名词",从"命题"和"语气(「モダリティ」)"的角度把日语形式名词分成"命题型形式名词"和"语气型形式名词"。上述这些论文对全面了解和把握日语的形式名词都有一定的帮助。对于具体的一些形式名词的用法和它们之间的区别,也有不少探讨的论文。如吴宏(1997)、沈国华(1988)、朱林(2001)、余弦与刘薇(2002)等,这些论文从各自不同的角度都对日语形式名词「こと」「もの」「の」或「こと」「の」的用法和它们之间的区别进行探讨,都有一定的价值。但是这些论文对同一句中既可用「こと」也可用「の」时的区别论述得不是很清楚。本文在参考先行研究的基础上,对日语形式名词「こと」和「の」的区别进行探讨。

1 何谓形式名词

关于形式名词,学者们的定义也不尽相同。赵福堂认为,在名词中,根据名词在句中所表语法意义的不同,分为实质名词和形式名词。在句中具有实质性意义(或称独立词义)的名词叫作实质名词,在句中没有实质性意义(或称独立词义),只是在形式上起名词作用的名词叫作形式名词;戴宝玉认为,在名词中,实质性意义被淡化,不能单独使用,且只接受连体修饰的词称形式名词;余弦、刘薇认为,形式名词是日语特有的名词,相对实质名词而言,指那些完全没有或很少有实质意义、只在句中起语法作用的名词;今井喜昭认为,「形式名詞とは、名詞としての実質的な意味を失っているが故に、常にその意味を明確にする連体修飾成分を伴ってのみ用いられる名詞のことである(所谓形式名词是指,因其已失去作为实质名词的意义,通常只在使其意义明确的修饰成分伴随的情况下才使用的名词)」。这些定义虽然说法各不相同,但总结起来无外乎以下三点:

①形式名词不同于实质名词,在句中没有实质性意义,只是在形式上(语法上)起名词的作用;

②不能单独使用,必须接受连体修饰成分的修饰;

③形式名词能使其前面的连体修饰成分变成名词(名词化),并和连体修饰成分一同在句子中充当名词的角色。

2 形式名词「こと」

形式名词「こと」是日语中使用频率非常高的形式名词。关于形式名词「こと」,

迄今为止也有很多研究。一般认为「こと」源自「言（こと）」，即借助语言进行思考并用语言表达出来的事、事情，也就是「事（こと）」。所以，「こと」除了可以作为形式名词使用以外，当然还可以作为实质名词来使用。作为实质名词的「こと」表示具体的事情或事情的经过、状态，重大事情等。如：

(1) 事の起こり（事情的起因）

(2) 詳しい事はあとで話します（详细情况（经过）稍后再讲）

(3) 事の推移を見守る（静观事态的发展）」

(4) 一朝事ある時は（一朝有事、一旦有什么重大事情的时候）

作为形式名词的「こと」主要用于表示抽象的事情和用言、句子的体言化。下面分两小节进行讨论。

2.1 表示抽象事情的「こと」

表示抽象的事情的「こと」不能单独使用，必须接受前面的修饰成分的修饰才能在句子中使用。用「こと」所表示的抽象的、模糊的事情往往通过其前面的修饰成分逐渐清晰、明了。如下面例句中的「こと」都是表示抽象意义的（例句来自『スーパー大辞林3.0』）。

(5) 自分のことは自分でしなさい。（自己的事情自己来做！）

(6) 彼は彼女のことが好きらしい。（他好像喜欢她）

(7) 自分のしたことを反省しなさい。（反思自己行为！）

(8) 彼女は私の言うことがよく分からないらしい。（她好像不怎么明白我说的话。）

这些例句中「こと」的意思原本都很模糊，通过其前面修属语的限定之后意思才逐渐清晰、明了。例句(5)中的「こと」表示和修饰语「自分」有关联的事情；(6)的「こと」表示修饰语「彼」的动作、心情的对象；(7)的「こと」表示修饰语「自分」的行为、勾当；(8)的「こと」表示修饰语「言う」的内容、意思，也就是说的话。

除了上面这些用法外，「こと」还有一系列惯用的用法，也就是在句型中的用法。下面借用沈国华（1988）中列举的例子简单介绍一下。

~ことがある / 有时

~たことがある / 过~

~ことになる / 决定

～ことにする／决定

～たことにする／就算～过

～ことができる／会、能

～ことはない／不会、不必

～だけのことはある／值得

～ことと思う／想必～吧

～ことによると～／根据

～ことは～が～（起调整语气作用）

～ことには／～的是～、～得很～

以上这些句型中的「こと」也都表示抽象的事情，而且比上述例句（5）～（8）中的「こと」意思更加模糊，有的只是起到语法作用而已，即把用言变成体言，也就是"体言化"。比如「仕事でたまにはアメリカへ行くことがある（因工作缘故有时会去美国）」中的「こと」，在把「アメリカへ行く」体言化使其具有名词语法功能的同时，整个句子（句型「～ことがある」）表示"偶尔～""有时～"的意思。

2.2 表示体言化的「こと」

「こと」作为形式名词除了有表示抽象的、模糊的事情的用法以外，还有一个主要的用法，就是把用言和句子体言化，使其具有体言（名词）的语法功能。这时的「こと」不表示任何实质意义，只是在语法上起到将用言和句子变成体言（名词）的作用。下面这些例句中的「こと」就都是这样的用法。

（9）私は車を運転することができる。（我会开汽车）

（10）古川さんが先月帰国したことを知っていますか。

（你知道古川先生上个月回国了吗？）

（11）走ることが好きなら、陸上部に入部すべきだ。

（如果喜欢跑，就应该加入田径俱乐部）

（12）彼が有能なことを認めない人はいない。（没有人否认他的能力）

这些例句中的「こと」后面出现的「が」「を」等助词都是格助词。日语的格助词原则上只能接在名词（体言）后面，表明该名词在句子中充当什么样的句子成分。例如「が」接在名词后面表明该名词在句子中充当主语（或对象语），「を」接在名词后面表明该名词在句子中充当宾语，「に」「で」接在名词后面表明该名词在

081

句子中充当时间状语、地点状语等等。总之，在日语句子中格助词前面必须出现名词，否则就破坏日语的语法规则，句子就变成错句或病句。

上面例（9）中的「できる」是可能动词，表示"能""会"等意思。在日语句子中可能与否的对象要用「が」来表示，「が」的前面要求必须出现名词。如果可能与否的对象正好是个名词，如「日本語」「英語」等，事情就比较简单，直接说成「私は日本語ができる（我会日语）」「私は英語ができる（我会英语）」就可以。当然，并不是所有的名词都可以作为可能与否的对象出现在「～ができる」的「～」的位置，只有像「日本語」「料理」「ピアノ」「音楽」等这类名词才有资格作可能与否的对象。这些名词与单纯表示事物名称的如「黒板」「教室」等名词不同，它们都含有「日本語を話すこと」「料理を作ること」「ピアノを弾くこと」「音楽を演奏すること」等动态的意思，也就说它们都是动态的名词。而「黒板」「教室」这些单纯表示事物名称的名词没有这样的动态的意思，所以也就不存在「×黒板ができる」「×教室ができる」这样的说法。如果可能与否的对象不是上述动态的名词而是动词（用言），那么就有必要把动词（用言）体言化，使其变成名词，才可以出现在「～ができる」的「～」的位置。例（9）的句子如果把起体言化作用的「こと」去掉，直接让动词「運転する」作可能与否的对象，把句子说成「×私は車を運転するができる」，那就成了完全违背日语语法规则的错句。例（10）、（11）、（12）中的「帰国した」「走る」「有能だ」也必须用「こと」体言化，变成「帰国したこと」「走ること」「有能なこと」才能成为可能与否的对象。

3　形式名词「の」

正如潘红娅（2009）所说，"……（日语的）包孕句中这种起名词化功能的形式名词虽然很多，但其中最常用、并且在使用中最易混淆、最难分辨的还是コト和ノ，两者的使用异同一直是困扰日语教育者和日语学习者的一大难题"。下面简单介绍一下形式名次「の」的意义和用法，然后在第4章探讨「こと」与「の」的区别。

一般认为，形式名词的「の」是从格助词的「の」演变而来的。据『スーパー大辞林3.0』解释，「の」在现代语中作为格助词时主要有两种用法：一是連体修飾語を作る（作定语）；二是従属句の主格・対象語格を表す（表示从属句的主格和对象语格）。作为「準体助詞」时也有两种用法：一是名詞に付いて、「のもの」の意を表す（接在名词后，表示"のもの"的意思）；二是活用語の連体形に付いて、その活用語を体言と同じ資格にする（接在活用词连体形后，使该活用语拥有与体

言相同的资格）。下面各举一例（例句引自『スーパー大辞林3.0』）。

（13）学校<u>の</u>先生（連体修飾語）（学校的老师）

（14）ぼく<u>の</u>読んだ本（主格）（我读过的书）

（15）お酒<u>の</u>飲みたい人（対象語格（想喝酒的人））

（16）ぼく<u>の</u>がない（「のもの」）（没有我的）

（17）行く<u>の</u>はだれだ（体言化）（要去的是谁）

「の」一般作为形式名词进行探讨的就是上面『スーパー大辞林3.0』对「の」的解释中所说的作为「準体助詞」时的两种用法，即例（16）、（17）的用法。当然，有的人只承认有体言化功能的例（17）的「の」是形式名词，而表示「のもの」的意思的「の」还称作准体助词（「準体助詞」）。

4　「こと」与「の」的区别

形式名词「こと」源自「言」，表示借助语言进行思考并用语言表达出来的事、事情，也就是表示实质意义的「事（こと）」。所以「こと」既可以作为实质名词表示有实质意义的事、事情（写汉字「事」），也可以作为形式名词表示抽象的事情或起到将用言体言化的作用（这两种用法都写假名「こと」）。如例（1）表示具体的、实际的事情，例（5）表示抽象的、模糊的事情，例（9）只表示语法意义，起到把用言变成体言的体言化的作用。

形式名词的「の」是从格助词的「の」演变而来。格助词「の」主要有两种用法，与其前面的成分共同构成定语（「連体修飾語」）的用法和表示从属句的主格和对象语格的用法。形式名词「の」主要也有两种用法，接在名词后表示"のもの"的意思，接在活用词连体形后，使该活用语拥有与体言相同的资格。如例（13）〜（17）。

从上面的论述可以看出，「こと」与「の」分别有很多用法。既有作为实质名词表示实质意义的用法，也有作为形式名词只表示语法意义的用法。然而两者之间真正容易混淆、不容易区分的只有一种用法，即作为形式名词起到把用言变成体言的体言化作用的用法。例如（例句引自藤田直也2000）：

（18）フランス語をマスターする{こと／の}は難しい。（掌握法语很难）

（19）スミスさんがアメリカに帰った{こと／の}を知っていますか。
（你知道史密斯回美国了吗？）

例（18）和（19）用「こと」和「の」的哪一个，句子都是正确的，而且翻译成汉语也没有任何区别。难道它们可以自由地进行替换吗？

关于同一句子中既可以用「こと」也可以用「の」，它们之间究竟有什么区别的问题，上面提到的论文里都有或多或少的论述。有的从具体概念和抽象概念的角度进行分析，如沈国华（1988）；有的从「こと」和「の」后面出现的动词类型的角度进行分析，如朱林（2001）；还有的从「こと」和「の」前面出现的从句类型和后面出现的动词类型的角度进行分析，如潘红娅（2009）。不可否认，这些论文的分析都有一定的价值，有的分析的还比较详细，但是，关于它们之间在意义上究竟有什么样的区别，分析得都不够透彻和明确。关于这一点，藤田直也（2000）分析得比较直观、通俗易懂。藤田认为，如果从语义学和语用学的角度针对「こと」和「の」的区别进行分析和解释，虽然有其意义和价值，但是，对于真正想弄清楚两者之间区别的日语学习者来说毫无益处。藤田从日语教育的现实需求出发，先分别分析只能用「こと」的句式和只能用「の」的句式，然后再分析既可以用「こと」也可以用「の」时两者之间细微的区别。

藤田认为只能用「こと」的情况是在『X は Y です』句式中 Y 的位置出现名词化的句子时。如下面例句中答句的「音楽、映画、テニス、料理」等名词把它们变成相应的「音楽を聞くこと」「映画を見ること」「テニスをすること」「料理を作ること」等名词化的句子时，这种情况下只能用「こと」而不能用「の」。

（20）Q：趣味は何ですか。

　　　A：趣味は【{音楽、映画、テニス、料理、etc.}名詞】です。

反过来只能用「の」的情况有两种，第一种情况是，把一般疑问句变成疑问词后置、强调疑问词的句子时。如例（21）、（21'）和（22）、（22'）。

（21）田中さんは何を食べたんですか。

（21'）【田中さんが食べたの】は何ですか。

（22）田中さんはどうして日本に帰ったんですか。

（22'）【田中さんが日本に帰ったの】はどうしてですか。

只能用「の」的另一种情况是，主句谓语部分出现「見る/見える」「聞く/聞こえる」「～を耳にする」等知觉动词时。如例（23）、（24）、（25）、（26）。

（23）私は A 君がカンニングをしているのをこの目で見た。

（24）この窓から日が沈む<u>の</u>がよく見える。
（25）私はＡ君が先生に告げ口している<u>の</u>を耳にした。
（26）遠くで犬がないている<u>の</u>が聞こえる。

除了上面介绍的只能用「こと」和「の」的情况以外，藤田认为其他绝大多数情况下「こと」和「の」可以互换，但是它们之间在意义上有细微的差别。在分析它们之间的区别时藤田从日本人的直觉出发，参考牧野成一『ウチとソトの言語文化学』（アルク刊）中的『引き込み／引き離し』概念，认为用「こと」的句子给人一种生硬的、把事情往外推开（「引き離し」）的感觉。反过来用「の」的句子给人一种柔软的、把事情引向自己（「引き込み」）的感觉。具体看例（18）和（19）（前面已引用过）。

（18）フランス語をマスターする｛こと／の｝は難しい。（掌握法语很难）
（19）スミスさんがアメリカに帰った｛こと／の｝を知っていますか。（你知道史密斯回美国了吗？）

例（18）用「こと」和「の」都是正确的句子，但是，如果讲话者是对法语的难易度进行评论的话，那么用「の」更自然一些。通过「の」，把「フランス語をマスターする」这件事情引向自己，有结合自身经验、经历、感受的意思。反之如果用「こと」，把「フランス語をマスターする」这件事情往外推开，只是在客观上、一般意义上说其「難しい」，没有结合自身经验、经历、感受的意思。例（19）也类似，如果用「こと」，只是在叙述「スミスさんがアメリカに帰った」这件客观事实，没有任何个人感情在里面。反之如果用「の」就可以包含各种个人感情在里面。

结　　语

关于日语形式名词「こと」和「の」的区别，根据学者分析角度的不同，有各种各样的探讨。有的从具体概念和抽象概念的角度进行分析，有的从「こと」和「の」后面出现的动词类型的角度进行分析，还有的从「こと」和「の」前面出现的从句类型和后面出现的动词类型的角度进行分析。这些分析和探讨都有一定的价值，但是，关于它们之间在意义上究竟有什么区别，分析的不够透彻和明了。关于这一点，藤田直也（2000）分析得比较直观、通俗易懂。藤田在分析它们之间的区别时从日本人的直觉出发，借用牧野成一的『引き込み（引入）／引き離し（推开）』概念，

认为用「こと」的句子给人一种生硬的、把事情往外推开（「引き離し」）的感觉。反之用「の」的句子给人一种柔软的、把事情引向自己（「引き込み」）的感觉。所以用「の」的句子饱含个人情感在内，用「こと」的句子只是枯燥无味地叙述客观事实。

参考文献

[1] 冷铁铮. 论日语中的形式名词 [J]. 日语学习与研究，1982（1）：12-15.

[2] 赵福堂. 日语的形式体言和形式名词 [J]. 日语学习与研究，1990（4）：76-77，81.

[3] 朱林."有属文"的构成与形式名词"こと""の"[J]. 日语学习与研究，2001（2）：72-74，77.

[4] 聂中华. 论形式名词的分类 [J]. 解放军外国语学院学报，2001，24（2）：48-51.

[5] 今井喜昭. 形式名詞"ノ"，"モノ"，"コト"の研究——その機能と使い分けの原理 [J]. 日语学习与研究，1992（3）：8-17.

[6] 藤田直也. 日本語文法 学習者によくわかる教え方 [M]. 日本：株式会社アルク，2000.

[7] 菊地康人. 朝倉日本語講座8 敬語 [C]. 日本：朝倉書店，2003.

[8] 沈国华."こと""もの""の"的用法及区别 [J]. 日语学习与研究，1988（2）：23-28.

[9] 余弦，刘薇. 形式名词"こと、もの、の"的意义和用法 [J]. 日语学习与研究，2002（2）：79-83.

[10] 潘红娅. 再论包孕句中的形式名词ノ和コト [J]. 湖南农业大学学报（社会科学版），2009，10（5）：91-95.

浸入式英语教育在日本的探索与实践

——荒川洋平相关研究译介与述评

王立峰

摘要：本文主要通过介绍荒川洋平教授对日本浸入式英语教育方面的研究成果，来展示日本在英语教育改革方面所做的探索与实践，并对日本在推进这一英语教育改革模式过程中所遇到的问题和困扰进行梳理，以期对我们的英语教育改革起到"他山之石"的作用。

关键词：日本；浸入式英语教育；探索与实践；荒川洋平

荒川洋平，1984年毕业于日本立教大学外语系，语言教育专家，研究领域为认知语言学、应用语言学、日语教育。曾在欧美多国从事日语教育并担任过日本国际交流基金会日语教育中心教师，现为东京外国语大学教授。

荒川教授2003年9月在日本新岛女子短期大学举办的浸入式外语教育国际研讨会上，以《日本浸入式英语教育论考》为题发表了演讲。本文拟以荒川教授的相关研究为基础，结合其他相关文献介绍一下日本在浸入式英语教育工作方面的探索与实践，并就相关问题进行简要分析。

荒川的研究分为三个部分：首先是对"浸入式英语教育"进行了再定义；然后是通过与传统英语教学法对比对照，概观性介绍了"浸入式英语教育"的内容和方法，并以"乐器隐喻"的方法探讨了不同语言之间的浸入式外语教育的可行性；最后是通过与其他国家相关事例进行比较，探讨了日本的浸入式英语教育存在的问题以及今后面临的课题。

1　荒川对"浸入式英语教育"概念的看法

首先，荒川并未从老套的二语习得（2L）的角度对"浸入式英语教育"进行解释，他认为基于二语习得理论的"浸入式英语教育"的解释力不强。因此，他就另辟蹊径，尝试着从外语学习（FL）的角度出发，运用认知语言学相关理论，对"浸入式英语教育"进行探讨。他认为：无论处于何种教育阶段，如果以英语这种目的语来教授诸如数理化或者音乐之类的学科的话，就可以称为"浸入式英语教育"，而且，如果目的语对于学生来说是外国语的话，那么，这种浸入式教育也就具有了外语教育的特征。

浸入式教育据说在加拿大已经有 40 多年的历史，他们曾尝试着把这种教育方式根据目的语使用的比例或者开始的时期，细分为"全程浸入式教育"和"中期浸入式教育"。关键问题是，使用目的语教授全部学科内容的百分之多少才可称为浸入式教学。日本浸入式英语教育届的泰斗 Bostwick（1997）认为：至少达到 50% 才可称为浸入式教学。

虽然上述标准是妥当的，但是在日本假如一周能够达到一个小时的话，也可以将其视为浸入式英语教育的初级形态了。其理由是：日本的英语教育，其目的语英语并非第二语言而是外国语，因此，在实施浸入式教学的时候，根本无法满足 Bostwick 拟定的标准而需要的人力资源，也就是说，无法确保必要数量的能够使用英语来教授各门学科知识的师资队伍。

所以，在日本尽管很多院校都在尝试浸入式英语教育，但是，现实情况是，只能使用英语讲授极个别学科的知识，且学时数有限。这只能说是浸入式英语教学的初级形态。也就是说，在讨论以"日本的英语教育"为背景的浸入式教育形态时，不能以浸入式教育开始的时间和英语授课比重这两个变量来区分，而应把学科知识的英语授课比重确定为周 1 学时，从整个学期或学年的学时数累积来把握日本的浸入式英语教学的发展形态。但是，随着浸入式英语教育在日本不断地推进发展，也有可能会接近或达到上述标准。不过，还是要防止一部分社会上的英语培训机构在招生宣传时滥用曲解各类教学法，致使浸入式英语教育也落入俗套。

2　荒川对"浸入式英语教育"的再论证

2.1　"浸入式英语教育"与传统英语教学法的对比

在重新审视"浸入式英语教育"的时候，荒川首先采用了与传统外语教学法进

行对照研究的方法。

荒川认为，浸入式英语教育旨在让学生理解所学学科知识，而外语教学法概而言之就是旨在提升目的语应用能力，因此，要想进行比较，首要问题是厘清其概念范畴。

荒川在讨论"浸入式英语教育"和传统外语教学法的不同的时候，使用了下列表格：

	ALM	CA	イマージョン
目標言語を話す	○	○	○
目標言語を使う	×	○	○
目標言語で学ぶ	×	×	○
目標言語のＩ／Ｏ特性	正確さ	流暢さ	内容中心

注：I／O：input and output

ALM（Audio-Lingual Method）就是传统意义上的听说教学法，CA（Communicative Approach）就是传统意义上的交际法。由上表可以看出，ALM只是侧重于目的语的口头表达，忽视了语言的使用以及通过语言来学习研究专业知识这两个方面。CA虽然重视目的语的口头表达和使用，但是同样忽视了通过语言来学习研究专业知识这一目标。它们的共同之处是都把着眼点放在了目的语本身，而忽视了目的语所承载的内容。而イマージョン则兼顾了语言本身的习得和专业知识的学习研究两个方面，兼顾了语言学习的输入和输出两大阶段，而且在输入和输出的质和量方面也是ALM和CA这种教学法无法企及的。

首先，从课堂上目的语的使用方法来看，ALM教学法在目的语的使用上与学生的真正需求毫无关系，20世纪80年代就有许多人持有这种批判态度，其原因是ALM教学法仅仅是要求学生针对教师的提问机械地生成看似合规的语句，其实对于养成学生的专业素养和思辨能力作用甚微。即使是试图通过课堂活动在教室里设定一个假想的场景来进行语言交际的CA教学法，归根结底也不过是对于现实生活的模仿而已，也是无法满足开发智力、丰富精神生活的教育需求的。

关于这一点，上述两种传统外语教学法与具有专业内容学习特征的浸入式教育模式和理念完全不同。对此，荒川列举了一个澳洲国家日语教育方面的事例，在日语课堂上开展了很多充分考虑到与日本人接触场面的课堂活动，但是，这些活动并不是立足于学生接受教育的深层次需求的，很多活动都是预设的，没有考虑到现实可行性，无法促进学生心智发展需求。在"使用"目的语方面，与ALM教学法相比较的话，CA教学法还是关注到了学生本身，学生的语言活动具有可以选择的一定的

自由度，从这点来看，还是有意义的，但是，还达不到把学习目标定位于"使用目的语学习相关专业知识"的层面。

上述不同，也可以从目的语的输入和输出特性来讨论。浸入式教育并非是一种折中教学法，而是一种理念。ALM 教学法的理念是偏重语法的正确性，CA 教学法则偏重交际目标的达成和表达的流畅性，而浸入式教育其理念在于学习必须讲授的内容，且非常重视对于内容是否讲授透彻了，学生是否理解了。对此，荒川认为，浸入式教育既是外语教育又是高于外语教育的学科教育，所以，浸入式教育最终会威胁到传统外语教育作为一门学科的地位。

由此可以看出，荒川对"浸入式英语教育"的理解是："浸入式英语教育"不是传统意义上的英语教学法的问题，而是以英语为媒介（工具）进行学科（专业）知识学习与研究的国际化教育理念。从哲学角度来看，"浸入式英语教育"不是方法论的问题，而是世界观的问题。

另外，J.V. ネウストプニー（1995）在其论著「新しい日本語教育のために」（東京：大修館書店）中指出：即使是在高等教育阶段的外语浸入式教育中，传统外语教育所实施的句型操练和课堂语言活动也是必需的。其观点应该是基于澳洲高等教育中的日语浸入式教育情况并且是授课时数低于前述时数标准的不彻底的浸入式教育。

Bostwick 等人在日本的加藤学院实施的英语浸入式教育的情况是，传统型外语教育课程大纲与浸入式英语教育中的语言用法存在不一致，又未能积极地通过句型操练等课堂语言活动进行训练，这可能是未能有效抓住语言训练的最佳时间节点的缘故。

对于在日本开展浸入式英语教育，即使是不彻底的浸入式教育，荒川认为其最大的问题是作为英语专业出身的英语教师如何具备相关学科专业知识的问题。因此，从现实情况来看，积极探索如何把传统外语教学与浸入式教育进一步有机融合才是需要重视的问题。荒川之所以对于浸入式教育寄予厚望，是因为在很长的时期内在日本的英语教育界围绕应该"重视语法还是重视实用"这一问题一直纠缠不休，而且还上升到了政策制定的高度。但是，行政部门无论如何争论，也难逃传统外语教学法的俗套，很难真正抓住外语教育的真正目标。也就是说，在日本这样一个以英语为外语的国家，即使想开展浸入式教育，如果仅仅是从外语教学法的角度看问题的话，就必然会误解甚至曲解浸入式教育的本质。因此，荒川建议，在讨论浸入式教育为何物的时候，可以采取排除法，先搞清楚浸入式教育"不是什么"的问题。

2.2 浸入式教育"不是什么"

通过和传统外语教学法的对比对照，可以说浸入式教育的轮廓基本上呈现出来了。但是，荒川认为，如果仅仅从外语教学法的角度进行解释的话，就会出现一些谬误。荒川在 2004 年还对日本社会上的英语培训机构的教学情况进行了分析，认为，作为教育产业的日本英语口语培训机构，自从句型操练法这一教学方式诞生以来，甚至开出了包括生成语法理论在内的划时代的"英语口语习得法"的处方，那么，当"浸入式教育"理论出现的时候，他们会不会在没有基础数据的积累或者是在根本与学科专业教育无关的情况下仅仅玩弄这一时髦词汇呢？如果仅仅是聘请一位资历很浅的英文母语者作为教员来讲授学科基础知识就算是实施了浸入式教育的话，那么，这种教育机构就可以遍地开花了。但是，如果深究其教学内容，就会淘汰一大批，"浸入式教育"也就成了徒有其表、华而不实、故弄玄虚的符号了。

鉴于此，荒川认为有必要搞清楚"浸入式教育"的本质，以防止其成为徒有其表的符号消费。根据荷兰哲学家斯宾诺莎的"完美的定义来自于否定"这一观点，荒川认为可以从"浸入式教育不是什么"这一视角来搞清楚"浸入式教育"的特征。通过这一尝试，首先解决人们对于浸入式教育的误解，同时，尽量用通俗的话语解释，以剥离人们加在这一概念身上的神秘色彩。

2.2.1 浸入式教育不是传统意义上的直接教学法

这两者之间有个共同点，就是都在教学现场只使用目的语。但是，二者还是不一样的。

荒川认为，直接教学法属于外语初级阶段的教学方法，把外语作为一门学科看待，主要用于完成了母语学习的学生，其与浸入式教育最大的不同在于教学内容。直接法的教学内容是以句型和语法为中心的，但是，浸入式教育的教学内容则是以学科内容为中心的。也就是说，两者的共同点都是使用目的语（例如英语），但是教学大纲的内容是不同的。那种认为"由于浸入式教育只使用目的语（例如英语）进行讲授，因此学生的英语应用能力将会提升"的看法仅仅是看到了浸入式教育的表层，以此为理由将其与直接教学法等同，是不够严谨的。

2.2.2 浸入式教育不是海量语言信息战术

由于这种教育模式具有学科教育的特点，因此，其目的语信息输入量很大。但是，仅仅从字面意义的"浸入"这一特点出发，认为这种教育由于与目的语的接触

量很大就会对学生的目的语能力提高产生好的影响的话,也很难说是触及了浸入式教育的本质。斯巴达式教育模式认为如果有足够量的接触的话,应用能力就会提高,这一看法并没有超出 ALM 教学法的理论观点之一的"刺激—反应说"。另外,ALM 教学法中常见的"语言误用及时订正"这一做法在浸入式教育中是没有的,这也可以证明两者是不同的。

2.2.3　浸入式教育不是立竿见影的短视行为

荒川在其文章中指出:一个外行判断一个人的外语水平时,最简单的办法就是听这个人说外语。"能够很流利地说某国语就说明其外语水平高"这一民间思维定势用日语的一个拟声词来表示的话,就是「ペラペラ」。在此,我们暂且不论这一思维定势的正当性,反正从以前的调查情况来看,很明显的情况是,浸入式教育并不是以外语应用能力提升为最高目标的。在浸入式教育的初级阶段,基本上不进行积极的口语交际活动,而是进行积极的信息输入,因此,学生的听力理解能力提高明显。这方面能力的提升很难被包括学生家长在内的人们关注到。

总而言之,浸入式教育很难在短时间内培养出一般人所说的那种"优秀外语人才",这一事实甚至会影响到行政部门教育政策的制定。很多学生家长认为,既然浸入式教育如此高端,那就要求其学习效果要与支付的高昂学费相称,通俗地讲就是,外语应用能力提升明显,比如:语音语调规范、考试成绩好、能够通过相关职业资格考试等等。因此,这一教育理念面对社会世俗的压力很大,来自各方面要求变革的呼声也很强。

2.3　社会上对浸入式英语教育的批判

荒川把日本社会上对于浸入式英语教育的批判分为两个方面。第一个方面考察了以目的语进行学科教育这项工作本身,第二个方面考察了像日语和英语这种在完全不同语系之间进行浸入式英语教育的实际效果。其考察重点放在了第二个方面。

第一个方面是针对以目的语进行学科教育这项工作本身,主要是那些积极推进双语教育的人士对初级阶段浸入式英语教育的批判,在这方面,中岛和子(1998)通过在其论著『バイリンガル教育の方法』(東京:アルク)中所展示的数据和材料对浸入式英语教育进行了评析。不过,荒川认为,如果浸入式英语教育能够把语言应用能力的提高和学生学科成绩的提升兼顾的话,那么,针对浸入式英语教育的指责就会减少。在日本,新闻媒体在报道群马县英语教育特区的问题时,也出现了类似的批评声音。

第二个方面是针对日语和英语这种在完全不同语系之间进行浸入式英语教育的实际效果问题。人们认为，如果是在英语和法语这两个属于同一语系的语言之间开展浸入式教育的话，应该不会有大的问题。但是，如果是在日语和英语这两个不属于同一语系的语言之间进行浸入式英语教育的话，其实际效果究竟会怎样呢？对此，社会各界是有疑虑的。在此，荒川引用了美国国务院附属机构 FSI（Foreign Service Institute）开发的一套语言应用水平测定表，该表是以英语母语者的外语学习容易度为指标设计的，该表把法语列为要达到一定水平所需时间最短的语言类别，而把日语列为不太容易习得的语言 LCTL（Less Commonly Taught Language）类别，把朝鲜语和阿拉伯语列为要达到一定水平所需时间最长的语言类别。

日本学者小野博（1994）在其论著『バイリンガルの科学』（東京：講談社）一书中，依据上述测定表，阐述了如下看法：因为与同属于印欧语系的语言间的距离相比，日语和英语之间的距离很远，所以，实施双语教育之后，如果课程方面进展不够顺利的话，不仅学生的语言习得过程会出现混乱，而且，两种语言也会半途而废。因此，针对在方法论上还未得到有效验证的双语教育，人们自然会提出质疑。

但是，也有学者认为在实施双语教育时，语言之间的差别不是问题。例如，比利时籍神父、语言地理学家贺登崧（Wilem A. Grootaers）根据自身学习经验，早在 1976 年就指出：那种认为日语和英语之间开展双语教育是很难的说法，是一种偏见，是错误的。

荒川认为，因为大家都把浸入式教育视为双语教育的一种形态，所以，上述看法间接地表明了人们对于在日本实施浸入式英语教育的赞成或反对。虽然感觉双方的论点都有一定道理，但同时也能看出两者意见本质上的不一致。具体而言就是，小野博的看法是基于作为"原因"的语言间的距离而贺登崧的看法则是基于作为"结果"的通过双语的使用学生的智力得到了发展这一视角的。对此，荒川则试图利用基于"共有基础言语能力模型"的"乐器隐喻"这一手段，通过创建一个基于乐器隐喻的语言间距离及其内在共有面模型来进行更深入的探究。该乐器隐喻把乐器作为源域，把语言作为对象域，呈现出语言就是乐器这一基本隐喻，语言应用就是乐器的演奏，语言的类似性就是乐器的类似性这样一种类推。

因此，对于一位钢琴演奏者来说，键盘相同的风琴就容易演奏。这就类似于同一语系的语言容易习得（比如同属于印欧语系的英语和法语）。但是，对于那位演奏者来说，与风琴相比而言构造不同的长笛演奏起来就不容易了，这就类似于不同语系的语言很难习得（比如不同语系的英语和日语）。不过，具有钢琴演奏基本知

识和技能的话，即使是演奏不同构造的乐器，与没有乐器经验的人相比，还是会处于有利地位。

以此类推，荒川认为，即使是使用不同语系的语言通过浸入式教育来学习专业知识，只要其具备基本的语言知识和技能，也是可以达到一定效果的。小野博的观点主要是夸大了语言间的距离（表层）对于双语教育的不利影响，而贺登崧（Wilem A. Grootaers）的观点则是强调了语言学习的学科指向（深层）。对于在日本开展浸入式英语教育，暂且不论其操作层面的困难，如果从实施浸入式教育比较成功的加拿大和芬兰（这两个国家都成功实施了不同语系之间的浸入式教育）的事例来看的话，至少在理论上还是有很大可行性的。Bostwick 在论述日本的浸入式英语教育的成败得失的时候，说道："Not easy but possible"，这可以说是表明了其对于浸入式教育的深刻见解，不仅仅是经验之谈。

3 日本的浸入式英语教育的探索与实践

3.1 日本浸入式英语教育概况

在日本，浸入式英语教育的先行先试者，是静冈县的加藤学院。该校规模很大，拥有从幼儿园到专科学校的教学体系。该校从 1992 年就开始实施浸入式英语教育。同一时期，日本的 ICS（International Community School）等国际学校也开始尝试开展浸入式英语教育。这一时期之所以主要在一些国际学校开展这一教育模式，原因是使用第二语言或外语讲授学科知识这种教育理念在日本政府的文部科学省制定的学习指导纲要里面不存在，再加上浸入式英语教育在当时知名度低，因此，能够先行先试的，只能是日本的学校教育法规定的"学校"之外的外国人学校或者是公立学校的国际部之类的教育机构。

但是，随着 2002 年开始的一系列教育改革措施的实施以及教育特区的设立，日本的教育行政部门也开始积极推进浸入式英语教育工作。第一个获得教育部门许可的"英语教育特区"位于群马县的太田市，该市根据政府制定的"教育改革特区学校设置办法"计划设立从小学到高中的 12 年一贯教育英语浸入式教育学校。另外，在文部科学省指定的"超常规英语语言教育学校"中，也有几所学校计划开展浸入式英语教育，例如，2004 年福冈县的一所学校也声明要设立是一所开展浸入式英语教育的学校。由此来看，获得国家认可的实施浸入式英语教育的学校数量在稳步上升。同一时期，也有十几所私立学校开始了浸入式英语教育的尝试。

由此可以看出，浸入式英语教育在日本也是从非正规到正规、从小规模逐渐发展到数量增多的过程。但是，在这个过程中，也遇到了诸多问题和困难，根据荒川的研究，大致如下。

3.2 师资队伍建设问题

浸入式语言教育虽然得到了 Krashen 等应用语言学家的大力支持，而且开展这种教育的机构也在不断增多，但是，从整个世界范围来看，仍然未入主流，这是因为即使彻底打消了对其效力的疑虑，但是其可行性问题仍然会妨碍其良性发展，其中最大问题在于其师资队伍建设。具体而言就是，从事浸入式英语教育的教师必须同时满足如下两个条件：一是目的语母语教师或者是能够熟练运用目的语；二是拥有相关学科的知识或从教资格。例如，拿日本的中等教育来说，如果考虑到招聘英语运用能力接近操母语者且具有数理化教师资格的教师的难度的话，可以想象到确保浸入式英语教育师资是相当不容易的事情。初等教育情况亦然。即使是作为浸入式英语教育的先行先试者的加藤学院，由于在初等教育科目方面无论如何也无法储备足够师资，竟然出现了倒退回日语授课的局面。

荒川还列举了一个澳洲的事例，属于一个对此问题解决得比较好的情况。在澳洲的昆士兰州，对初等教育方面日语的需求很高，一些地方计划开展浸入式日语教育，他们把工作重心放在了教师培养方面。当时，接受了州政府要求培养日语师资的工作任务的昆士兰大学从 1993 年开始实施了一个浸入式日语教育师资培训项目，其英文名称是：LACITEP（The Language and Culture Initial Teacher Education: Primary Program），荒川曾参与过此项目的教学工作。进入该培训项目学习的人员，大多数在高等教育阶段曾有过赴日留学经历，他们的日语应用能力与该国的非操母语的日语教师相比水平相当高。据说该培训项目仍在持续，已经和日本的宫城教育大学建立了合作关系，其教学实习也在该大学附小进行。另外，从当时的采访调查情况看，参加该项目培训的学员就业率近乎 100%，学员们一直保持着很高的学习热情。

因此，荒川认为，在日本，以群马县教育特区为代表的计划推进浸入式英语教育的学校，迟早要面临教师培训等师资队伍建设问题。虽然该教育特区已经开始在网站上招聘教员了，但是，从长远角度的师资队伍建设来看，这种做法无法从根本上解决问题，所招聘的教师要满足基本条件还要自掏腰包参加相关业务培训。因此，荒川提出如下建议：该教育特区可以寻求与拥有外语教育研究所的群马县立女子大学合作开展浸入式英语教师所需师资队伍的培训，无论是在职培训还是脱产培训。

另外，作为支持浸入式英语教育工作的该县行政部门如果认真拟定长远的师资队伍建设规划并积极落实的话，也会起到很有效果的作用。

3.3 重视培育学生的学习需求

无论是浸入式教育还是第二语言教育抑或是外语教育，决定学生语言和学业目标达成的关键因素之一就是强烈的学习需求。就拿第二语言教育来说，特别是中等教育时期，由于目的语深深扎根在学生的生活环境当中，所以学生的学习需求可以说会必然产生且不会减弱。但是，外语教育的情况就不同了，学生们是处于一个学习需求弱而且很难找到一个自己为何不是用母语而是用目的语来接受学科教育的合理解释的环境中。

群马县申请开办外语教育特区的理由是"培养能够适应国际化时代的人才"，也可以说是来自产业界和经济界的需求在倒逼属于内政事项的外语教育改革。这种"外部压力引发的内政改革"有点类似于芬兰的浸入式瑞典语教育。在加入欧盟后，为了能够在经济实力方面不落后于其他欧盟国家，该国采取了把北欧经济实力最强的瑞典语作为国家公用语加以推行的政策。在推行浸入式瑞典语教育的时候，为了能够确保良好的师资队伍，就委托 EITI（欧洲浸入式教育研究所）开展教员培训，要求所有科目的教员都要接受相当于 40 学分的培训教育。

另外，荒川谈到了他曾在 1998 年获得了一个观摩美国一所高中的初级浸入式日语教育的机会，在他问到该校为何要下决心推行浸入式教育这个问题的时候，对方回答的理由是：这所学校的学生都是非洲裔美国人，就是要通过采取与其他学校不同的外语教育模式来让这些学生获得自信。但是，由于其授课内容仅仅限定在日语字母的读音以及简单的算数方面，因此，很难说满足了学生的学习需求，学生的日语能力也是很有局限的。

因此，荒川认为，为了避免行政部门和学生家长主张的学习需求与学生的学习需求之间的差距扩大，只能想方设法充实完善教学内容。浸入式英语教育质量尽管与师资力量有关，但是，校方不能把全部希望都寄托在教师的自我努力上，而构筑一个能够满足学生学习需求的全方位的教育体系可以说是浸入式英语教育能够长期立于不败之地的根本策略。

3.4 关于双向浸入式英语教育的可行性

日本的初中和高中引进这一教育理念的目的是想通过这一教育模式提高学生的

英语应用能力（以及提高学生升入国内外名牌大学的升学率），同时，通过实施这一特色教育模式，来吸引更多的生源。

现在，日本的大学等高等教育机构为了确保生源人数都在积极推进招收留学生的工作，如果在初高中阶段也实施这一办法的话，这些学校推行浸入式语言教育的可能性就会非常大，学校里既有日本学生也有外国留学生，对日本学生开展浸入式英语教育与对留学生开展浸入式日语教育这种双轨模式即使在同一个学校并存，那么相互之间的参与也很困难，在教育方面也很难说有什么意义。举例来说，就是日本学生参与到日语教育项目当中来辅导一些日语基本句型、语法之类的，除了可以视为教育实习之外，没有其他意义。而在欧美等大学，留学生不能修读作为自己母语的外语，即使修读了，也拿不到学分，其原因是一样的。因此，荒川认为，作为能够很好地满足双方学习需求以及减轻校方经济负担的解决方案，可以考虑以一种共同语言对日本学生和留学生开展学科知识讲授的浸入式教育模式。这样，就会实现母语不同的学生在同一场所学习的"双向浸入式教育"（two-way immersion）。这种双向浸入式教育模式在美国很普遍，在荒川任教的东京外国语大学的国际教育项目中，也采用了基于英语的专业科目的讲授方式，包括日本学生和欧美学生等很多国家的学生都参与了这一项目，这可以说是双向浸入式英语教育的一个成功范例吧。

双向浸入式教育是对具有不同文化背景的学生开展的，在东京外国语大学的上述项目中，关于学生学业评价的标准，也采用了亚洲太平洋大学推行的统一评价法，但是，对于包括了来自中东甚至欧洲诸国的国籍广泛的留学生教育项目来说，确立一个能够获得全体学生认同的评价方法，无论是在具体课程方面还是整个项目方面都非易事。

在此，荒川举了一个事例。在授课过程中，突然打断教师授课来提问的行为在包括日本在内的文化圈来看，是被视为不礼貌行为的。但是，在另外的文化圈来看这属于学生的正当权利。针对这种行为，很容易对学生给出负面评价，其理由是：这里是日本，所以……。因此，荒川提出了如下观点：必须认真倾听来自不同文化圈的学生的声音，必须认识到这种双向浸入式教育模式的确立正是基于不同价值观和思维方式的，如果不在此基础上探索一种新的评价方法，那么，双向浸入式教育就会倒退回单向浸入式教育形态，即，多数学生在用母语接受学科专业教育，而一部分学生则把那种母语作为外语或第二语言来接受学科专业教育。荒川认为，如果日本的浸入式英语教育打算采用双向模式，那么，确立一个合理的评价规则是当务

之急。积极推行留学生教育对于学校的发展或地区社会的发展确实是有好处的，但是，只有确立一个能够得到学生广泛认同的学业评价标准，浸入式教育才有可能扎实有效顺利推进。因此，为了日本的浸入式英语教育的健康可持续发展，需要在互利互惠的基础上加强各相关机构的协同合作和信息公开。毋庸置疑，浸入式教育的健康发展，有助于学生专业素养和语言能力的提高，也能对日本的英语教育改革起到示范和启示作用，进而为世界的外语教育做出应有的贡献。

4 总结与评析

本文主要通过介绍荒川教授对于日本浸入式英语教育方面的研究成果，展示了日本在英语教育改革方面所做的积极探索与实践，并介绍了日本在推进这一英语教育改革模式过程中所遇到的问题和困扰。他山之石，可以攻玉。我国自改革开放以来，外语教育（英语教育）已经走过了一个由初创探索到轰轰烈烈再到反思批判的阶段，目前国内关于外语教育改革的声音一直不绝于耳，无论是从宏观的国家语言战略层面还是到微观的课程设计和教学方法，无论是基础教育阶段还是高等教育阶段，各界都在与时俱进，积极探索，意见纷呈，这是一个好的现象。但是，一个共识是：要改革、要发展。

通过对荒川相关文献的译介，笔者认为：对待新的概念、理念或者模式、方法，首先必须认真研究其本质和来龙去脉，其次是必须基于本国国情加以批判吸收，另外还要基于各自校情审慎对待，切忌故弄玄虚、炒作概念、华而不实。总而言之，浸入式（Immersion）是指用第二语言或外语作为教学语言的教学模式。即学生在校的全部或一半时间内，被"浸泡"在那种语言环境中，教师只用那种语言面对学生，也就是说，语言不仅是学习的内容，更是学习专业知识的工具。浸入式教学使传统的、孤立的外语教学向外语与学科知识教学相结合的方向转变。应该说，这种外语教育理念和模式值得我们认真研究、积极探索并试验，对于我国的外语教育改革无疑具有启示意义。

参考文献

[1] 荒川陽平.日本における英語イマージョン教育の論考.[C].東京：東京外国語大学留学生日本語教育センター論集，2004，(30)：105-122.

[2] 荒川陽平.セントラルクーンズランド大学教師研修報告書[R].東京：国際交流基金

日本語国際センター報告書，1994：10-13.

　　[3] 荒川陽平. ランストンヒューズ高校出張報告書[R]. 東京：国際交流基金日本語国際センター報告書，1998：6-9.

　　[4] J.V. ネウストプニー. 新しい日本語教育のために[M]. 東京：大修館書店，1995：200-201.

　　[5] 小野博. バイリンガルの科学[M]. 東京：講談社，1994：189-190.

　　[6] 中島和子. バイリンガル教育の方法[M]. 東京：アルク，1998：90-93.

　　[7] Bostwick.The Immersion Experiment in Japan:What Have We Learned? [R]// 第7回国立国語研究所国際シンポジウム報告書，東京：国立国語研究所，1997：22-23，25-26，28-29.

「三同」から見る日本女性の結婚条件の変化

高 靖

要旨：近年、日本女性の価値観の変化や社会的地位の高まりにつれ、結婚に対する考え方も大きくかえ、「三同」が求めるようになった。「三同」とは「価値観が合うこと」「金銭感覚が一致していること」また「雇用形態が安定していること」を意味し、それは現代日本女性の結婚条件を表しているとともに、男性に頼らず、日本女性の独立精神と生活の安定性を求めることを反映する。本文は主に現代日本女性の結婚条件を分析し、その結婚条件の変化する原因を究明する。

キーワード：三同；結婚条件；変化；日本女性

1 時代背景と結婚条件の変化

日本女性の地位は昔からずっと低かった。「男尊女卑、男権至上」の封建的な思想はとても根強く、「女性は家で家事・育児をすべき」という日本の伝統的な家族観であり、その背景に生活していた日本女性は専業主婦として生き、男性の附属品でいるため、女性は快適な保障のある生活を送りたいなら結婚するしかないと一般的に思われた。

明治時代の結婚は家と家との結び付きであり、日本女性は家長の意向による結婚が多く、結婚してから家庭主婦という役目を演じ、男性が外で働く、女性が家で家事をするという家庭分業観念を持っている。

第二次世界大戦後、日本は経済成長に伴い、女性の生き方や働き方は大きく変え、女性たちは伝統的な「男は外、女は内」という観念から解放され、家庭に閉じこむことから社会に進出するようになった。そのとき、お見合い結婚があっても、男女の家の意向での結婚は少なくなり、夫婦の間の愛情を持つことを強

調されていった。
　現代では恋愛結婚が一般的なことで、男女の多くは恋愛をへて、幸せな家庭を築いた。しかし、近年の日本では、見合い結婚が減る一方、晩婚化を招いているという指摘もある。また、日本女性は理想的な結婚相手にめぐりあえないため、独身でいる比率が高く、晩婚化は日本社会の深刻な問題となっている。そして、未婚者が増える最大の原因は日本女性の結婚観の変化で、結婚相手がみつからないことである。これから、日本女性は結婚相手に求める条件はどのようにして変わったか、細かく分析する。

1.1　「三高」

　80年代末のバブル景気全盛期に、結婚を通じて、自分の生活状況を改善することが期待しているため、「高学歴」「高収入」「高身長」という三つの条件を備える男性と結婚するのが日本の若い女性の理想である。しかし、「三高」の男性と結婚すれば幸せになれるという保証はない。二人の価値観、趣味、人生に対する考え方などが異なるなら、いくら学歴が高く、収入があくさんあり、背が高い相手と結婚しても、幸せな生活は送れない。その女性たちは、「身元調査」によって、付き合い相手の周りの物事や条件ばかり気を取られ、その男性の本質が何なのかは無視する。このようにして、結婚するにあたって、男性は相応の経済力を期待され、女性は条件を満たさない男性に対して容易に妥協しないことがわかる。

1.2　「三低」

　バブル崩壊後、日本経済は低迷し続ける中、若い女性の価値観は変化し、生活の安定性を求め、男性との対等的な関係を要求する傾向があり、結婚相手を選ぶ基準は「三高」から「三低」へと変化した。
　(「三低」とは「低姿勢」(女性を尊重する姿勢)、「低リスク」(収入が安定する)、「低依存」（お互いの生活を束縛しない）を意味する。それは女性たちの自己実現意識の高まり、交際機会の拡大の結果でもある。「三低」は結婚後も仕事を続けたい女性が増えるなど独立心が高まったこと、バブル崩壊後の景気悪化を経験し、高収入よりも安定を求める傾向が強まったことを背景にしている。しかし、日本経済は長期的不景気で、収入の安定を保つために、共働きが必要となってきている。

1.3 「三同」

2010年に「三同」が流行し始め、「三同」とは「価値観が合うこと」「金銭感覚が一致していること」また「雇用形態が安定している」ことを意味し、それは現代の日本女性の結婚条件を表しているとともに、男性に頼らず、日本女性の独立精神と生活の安定性を求めることを反映する。つまり、女たちは教育背景、職業、趣味などの似ていっる者同士をもめることになった。

このようにして、日本人女性の結婚相手を選ぶ基準は「三高」から「三低」、また「三同」へと切り替え、結婚条件は変化することから、若い女性は自分の人生はもっと大切にし、自分と本当に合ってうまくやっていける相手とはどんな人なのか真剣に考えて選ぶようになったことが分かった。

2 結婚条件を変化する原因

2.1 終身雇用の崩壊

終身雇用制度はかつて日本の経済発展に重大な役割を果たし、年功序列、企業組合と一緒に日本的経営の三種の神器と呼ばれている。しかし、バブル経済崩壊後、日本では大量の不良債権を抱え込んだ金融機関の経営が悪化し、金融逼迫が生じ、これが実体経済の不況にも波及した。企業は生き残るために、事業整理や海外展開・人員削減などを推進した。そして、日本企業は国際競争力と影響力を高めようとして、雇用制度をはじめとする様々な改革を進めた。その結果、終身雇用で働き、安定した収入と保障のある正社員の数は大幅に減少し、それと同時に、給料や仕事が不安定になり、パートタイム労働者や派遣社員として働いている人の数は急速的増加し、非正規的雇用労働者を中心に広がる貧困は注目を浴びている。このようにして、日本の終身雇用体制が崩壊し、男性の仕事がますます不安定になり、女性の結婚条件に相応する相手も減り、重くなる経済的負担が男性に結婚することに怯える一方、女性は普通の収入の男性を求めるようになった。

2.2 女性の就職率の向上

20世紀70年代以来、少子化と高齢化の影響で、日本の労働力が老化し、労働力不足という状況に陥っている。その問題を解決するため、女性の就職率を増加さ

せるとともに、日本政府は結婚した女性が妊娠、生産などの特別な時期に、健康管理に関わる保護的な措置を取り、女性の就職意識はますます強くなった。それに、1985年に日本政府は『男女雇用機会均等法』を実施し、1997年にこの法案を改訂した。そのほか、1991年に育児休業政策『育児休業法』を頒布した。政府のこういう一連の政策の実施は女性の就職に大きな役割を果たした。女性の仕事と家庭との両立困難もある程度緩和され、自分の能力や経験を生かして働けるようになった。

　以前、日本女性は保障のある生活を送りたいなら結婚するしかないと一般的に思われ、現代女性の就職のチャンスも増え、独立を目指す若い女性たちにとって、結婚はただ選択の一つに過ぎず、職業をもつことこそ自分の価値を実現できる。「結婚できない」のではなく「しない」という意識が見られる。

2.3　女性のライフスタイルの多様性

　日本では、男性が統治的な地位を占める伝統的家に、親と夫がとても高い権威を持ち、女性は彼らに付いているしかない。しかし、社会の発展に伴って、家庭主婦を職業とする日本女性はだんだん家庭を出て、社会に進出する。近頃、日本国立社会保障人口問題研究所のアンケート調査は「専業主婦」を理想像とする日本女性がますます減少していることを示した。「男は外で仕事をし、女は家に家事をする」という伝統的な観念も変えていた。また、社会の進歩につれ、日本女性の就職状況はよくなり、価値観も変わってきている。

　80年代に入り、日本女性のライフスタイルは大きく変化し、多くの女性は以前の「家庭」という一つの領域から、「家庭」「職業」「余暇」三つの領域に偏り、充実した生活をもたらしている、今後、女性の就職率の上昇や高学歴化にともない、男女とも仕事と家庭の両立がさらに求められ、特に女性は男性に求める条件として「家事・育児」が重視することになると思われる。

結び

　日本女性は以前より現実化になり、結婚条件の「三同」は、女性の独立精神と生活の安定性を求めることを反映する。また、結婚条件を変化する要因として、終身雇用の崩壊、女性就職率の向上、女性のライフスタイルの多様性などがあげられる。

参考文献

[1] 史有为. 外来词：异文化的使者 [M]. 上海：上海辞书出版社，2004.

[2] 胡澎. 从"贤妻良母"到"新女性" [J]. 日本学刊，2002（6）：68-77.

[3] 神田道子，木村敬子，野口真代. 新現代女性の意識と生活 [M]. 東京：日本放送出版協会，1995.

[4] 山田昌弘.「婚活」現象の社会学：日本の配偶者選択のいま [M]. 東京：東洋経済新報社，2010.

[5] 三輪哲. 結婚の壁：非婚・晩婚の構造 [M]. 東京：勁草書房，2010.

[6] 竹中恵美子. 戦後女子労働史論 [M]. 東京：有斐閣，1989.

"一带一路"背景下的多元文化共生

张 爱

摘要："一带一路"是把欧亚大陆的不同国家和地区连接在一起，实现共同发展的合作之路，是新时期构建人类命运共同体的重要实践。本文从文化共生的视角，分析"一带一路"背景下不同文化之间的交流与发展问题。本文认为，共建"一带一路"，构建人类命运共同体，就要秉持和平合作、开放包容、互学互鉴、互利共赢的精神，不但要"以和为贵"，还要"和而不同"，更要"勇于创新"，实现多元文化共生。

关键词："一带一路"；多元文化；共生思想

2000多年前，亚欧大陆上勤劳勇敢的人民，探索出多条连接亚、欧、非几大文明的贸易和人文交流通路，后人将其统称为"丝绸之路"。这条推进了人类文明进步、促进沿线各国繁荣发展的重要纽带，是东西方交流合作的象征，也是世界各国共有的历史文化遗产。[①] 进入21世纪，在以和平、发展、合作、共赢为主题的新时代，世界正发生复杂深刻的变化，国际金融危机深层次影响继续显现，世界经济缓慢复苏、发展分化，各国面临的发展问题依然严峻。面对复苏乏力的全球经济形势、纷繁复杂的国际和地区局面，传承和弘扬丝绸之路精神显得十分重要和珍贵。

1 "一带一路"顺应时代发展需求

2013年9月和10月，国家主席习近平先后提出共建"丝绸之路经济带"和"21世纪海上丝绸之路"（简称"一带一路"）倡议，得到国际社会的高度关注和积极响应。"一带一路"倡议借用古代"丝绸之路"的历史符号，顺应世界多极化、经济全球化、

---

① 国家发改委、外交部、商务部：推动共建丝绸之路经济带和21世纪海上丝绸之路的愿景与行动，http://zhs.mofcom.gov.cn/article/xxfb/201503/20150300926644.shtml，2016-05-04。

文化多样化、社会信息化的潮流，秉持开放的区域合作精神，致力于维护全球自由贸易体系和开放型世界经济，并融入了新的时代内涵。"一带一路"贯穿亚、欧、非大陆，一头是活跃的东亚经济圈，另一头是发达的欧洲经济圈，丝绸之路经济带由中国经中亚、俄罗斯至欧洲；中国经中亚、西亚至波斯湾、地中海；中国至东南亚、南亚、印度洋。海上丝绸之路重点方向是从中国沿海港口过南海到印度洋，延伸至欧洲；从中国沿海港口过南海到南太平洋。"一带一路"倡议将沿线几十个国家联系在一起，开展政策、设施、贸易、金融、投资、科技、艺术、教育、旅游、公益等全面交流合作。倡议辐射的几十个国家，语言不同，宗教信仰各异，区域发展不平衡，文化差异也大，甚至有些区域的社会环境不稳定。在这样的社会环境下共建"一带一路"，需要秉持和平合作、开放包容、互学互鉴、互利共赢的精神，努力做到政治上互信、经济上融合、文化上包容。

共建"一带一路"，旨在促进经济要素有序自由流动、资源高效配置和市场深度融合，推动沿线各国实现经济政策协调，开展更大范围、更高水平、更深层次的区域合作，共同打造开放、包容、均衡、普惠的区域经济合作架构。"一带一路"，维护的是开放型世界经济体系，实现的是沿线各国的多元、自主、平衡和可持续发展，传承的是"和平合作、开放包容、互学互鉴、互利共赢"的丝路精神，中国与沿线的几十个国家一道，实践共商、共建、共享的开放包容的理念，打造人类命运的共同体。

共建"一带一路"的人类命运共同体，民心相通是基础和关键。历史上，陆上丝绸之路和海上丝绸之路都起源于中国。公元前138年和公元前119年，张骞两次出使西域，传播中国文化，也引进了西域的特色商品和文化。在海上，宋朝时已和南洋的许多国家建立了贸易关系。明代著名航海家郑和七次航海远洋，到达东南亚及非洲东海岸的许多国家。古代丝绸之路最引人注目的，不仅在于持续时间长，还在于通过和平手段实现并扩大了跨国商贸活动和跨种族的文化交流。历史的实践证明，建设以经济合作为主轴，以人文合作为重要支撑的丝绸之路经济带，不仅要实现经济的共同发展，还要实现文化的共同繁荣。

2 共生理论与共生思想

"一带一路"沿线的几十个国家，生活着众多民族，文化极为丰富多样。中西方文化存在差异，不同特质文化间的对话与交流，需要相互尊重、融合创新、保持文化个性，寻求文化共生。共生是指两种不同的生物生活在一起，相依生存，

彼此互利。共生理论自产生以来，得到了自然科学界和社会科学界的认同，并广泛应用于各个领域。

2.1 共生理论

在自然科学领域，早在共生的概念提出之前，许多生物学家就描述过生物的共生现象。达尔文创立的进化论，描述了生物之间复杂的共生关系和共生现象。1879年，德国真菌学家德贝里（Anton de Bary）提出"共生"的概念，他将共生定义为不同种属生活在一起，这被认为是最早提出的"共生"理论。随后，"共生"现象作为生物学被研究了百余年。到了20世纪五六十年代，"共生"思想和概念逐步引起人类学家、社会学家、经济学家、管理学家等各个领域的关注，人们纷纷用共生理论去分析各个领域的现象和问题。

在社会科学领域，西方社会学者认为，在科技高度发达的现代社会里，人们之间的交往越来越密切，具有高度知识的人与生产工具的结合比以往任何时候都紧密，人与人之间、人与物之间已经结成了一个相互依赖的共同体。胡守钧认为，社会共生是人的基本存在方式，任何人都生活在人与人、人与自然的共生系统之中。共生关系不止存在社会某个方面，而是遍布人类社会的经济、政治、文化、社区、社群、家庭等所有领域，其表现更是形形色色，千姿百态。没有共生，也就没有人的存在。在社会共生中，人与人之间的关系既有互斥性，又有互补性，平等是共生的前提，斗争—妥协是共生的方式，法律是共生的度，社会发展是共生关系的改善，每个人皆享有生存和发展的权利，但是并不保证每个人都成功。个人的成功与否取决于他的竞争以及环境所给的机会，反对不公平竞争，提倡公平合法竞争，个人皆有选择任何文化的自由。

2.2 中国传统文化中的共生思想

在东西方语言系统中，人们对"文化"一词有着不同的理解。在古汉语里，"文化"是个复合词，《说文解字》将"文化"分别解释，"文"为"错画也"，本意是指各种交错的纹理；"化"为"教行也"，本意是指事物形态性质的改变。[①] 在《易经·贲卦》中"文"与"化"同时出现，即"观乎人文，以化成天下"。由此可见，古汉语里的"文化"一词带有鲜明的文明教化的含义。另一方面，作为从西方语言

[①] 贾效明：《中国传统文化与思想政治工作融合论》，选自中共中央党校博士学位论文，2016年7月，第2页。

系统引进的"文化"一词，原型是拉丁文 cultura，英文为 culture，本意有改良土壤、栽培植物等含义，引申出教育、知识、情操、风尚等意义。1871 年，英国人类学家泰勒在其所著的《原始文化》一书中，列举了信仰、知识、法律、道德、习俗、艺术等，将文化界定为一个包括这些内容以及社会成员获得的能力和习惯在内的"复杂整体"。由此可见，不同时代、不同民族对文化的理解存在差异。尽管如此，学者们仍从中把握到人们对"文化"的共同认识，即文化是人类社会历史实践过程中创造的物质财富和精神财富的总和，这一定义得到普遍认可。

中华文明源远流长，但历经沧桑而始终不变的是"以和为贵""和而不同"的思想。和谐有着天下最珍贵的价值，是人类社会最美好的状态，追求和谐始终是中国传统文化的主旋律。在中国传统思想中，"和"就是事物多样性的统一，万事只有在彼此互动共生中才能获得发展，实现和谐统一。中国文化不但追求"以和为贵"，还追求"和而不同"，因为事物只有保持差异性才能发展进步。因此，中国传统文化中的"和"，本身就蕴含着丰富共生的思想，已经渗透到社会生活的方方面面。在中国传统文化中，"仁"是核心理念之一，"仁者爱人"是先秦哲人对人与人之间关系的认识，即人的存在和发展是相互依赖、彼此共生的，和谐共生就要有仁爱之心，彼此尊重、互助、包容、友爱、欣赏，这些思想中也蕴含着人与人共生的社会观。此外，"法德并用"是荀子在吸收儒法等学说的基础上提出的治理社会的思想，董仲舒等也主张"德法并用"，这体现出人与社会共生的思想。"天人合一"，是中国传统思想文化的精髓之一，是人们从长期的实践中总结出的共生思想，体现了人与自然的共生关系和中华民族无限的融合包容精神。在古代思想家提出的学说中，"互利""正义""道义""大同""富国裕民""兴教育人""天行健，君子以自强不息"等主张，都蕴含着人与人、人与社会、人与自然相互依存、互为共生思想。

2.3 马克思主义的共同体思想及新发展

1841 年，马克思在博士论文中通过原子偏斜运动意义的分析来肯定人的自我意志，表达了人的自由是国家或城邦的本质的思想。而国家或城邦在古希腊话语中就是"共同体"的意思。随后，马克思先后对普鲁士国家共同体进行了反思，并对政治解放和人类解放、市民社会和政治国家进行分析时大量使用了"共同体"的表述。1844 年，马克思在《评一个普鲁士人的〈普鲁士国王和社会改革〉一文》中提出，"人的本质是人的真正的共同体"，他认为"真正的共同体"是在现实生活中体现出的人之为人的全部类本质和发展本质，共产主义共同体是人类社会共同体的最高

阶段。1848年，马克思恩格斯在《共产党宣言》中强调，在"自由人的联合体"中，个人与"共同体"之间已经消除了异化与对立关系，人的个性自由在"共同体"中得到全面充分的发展。根据马克思不同时期的著述可以看出，"共同体"可以概括地理解为："现实的人"基于共同利益和共同解放诉求而形成的一种共同关系模式，它是人类生存的基本方式，充分体现人的本质作为"一切社会关系的总和"，人类只有通过"真正的共同体"即自由人的联合体才能实现自身的解放，得到自由全面的发展。[①] 从上述马克思关于人类共同体的论述中可以看出，人类共同体就是不同国家和地区的人们共同生存和发展的状态，其中蕴含着鲜明的共生思想。

从古至今，人们对共生的认识越来越清晰，人类生命的绽放，也在人类共同体中一次次得以实现。党的十八大以来，习近平总书记针对"人类命运共同体"发表了一系列重要讲话。2017年1月18日，习近平总书记在联合国日内瓦总部发表以《共同构建人类命运共同体》为题的重要演讲，明确提出"构建人类命运共同体，实现共赢共享"的中国方案。随后，"构建人类命运共同体"理念首次被写入联合国决议中，成为推动世界文明进步的独特的中国智慧。[②]

3 "一带一路"背景下的多元文化共生

文化是人类社会特有的现象，人类社会的各个领域都有文化的存在。不同的国家和地区、不同的民族，在法律、思想、道德、艺术、宗教、哲学等意识形态方面存在很多不同，连风俗习惯、社会行为等方面也存在很大差异。在历史的长河中，不同文化之间不断碰撞、摩擦，推动着人类的进步，多元文化共生也成为人类文化发展的基本形态。日本总务省对多文化共生的定义是：不同国籍和民族背景的人们，承认相互间的文化差异，建构平等的社会关系，作为同一地方、社区的成员共同生活在一起。[③] 根据邱仁富在《文化共生与和谐文化探幽》中解释，文化共生即指不同民族、不同区域、不同时代的健康进步文化之间的多元共存、相互尊重、相互交流、兼容并包和协同发展的文化形态。[④] 由此可知，文化共生就是不同文化之间进行的道德思想、价值观念、理想追求等的交流与发展，目的在于实现不同文化的共存与共荣。

[①] 刘伟：《马克思主义共同体思想发展的新境界》，载《学习时报》，2018-01-03。
[②] 李景源、周丹：《"人类命运共同体"思想的哲学阐释》，载《光明日报》，2017-08-28。
[③] 山下晋司：《多文化共生：跨国移民与多元文化的新日本》，载《北方民族大学学报（哲学社会科学版）》，2011年第1期，第17页。
[④] 邱仁富：《文化共生与和谐文化探幽》，载《学术交流》，2007年第11期，第37页。

"一带一路"是中国的,更是世界的,是沿线各国共商、共建人类命运共同体的重要实践。在覆盖几十个国家和地区的范围内,构建不同文化传统背景下的人类命运共同体,需要政治、经济、文化等诸多方面的合作与交流。不同文化传统之间的相互碰撞,冲击着每一个民族的传统价值观。在"一带一路"构建的命运共同体中,处理好本土文化与外国文化之间的关系,就要实施"以和为贵""和而不同""勇于创新"的文化战略,才能实现多元文化的共生发展。

　　首先,实现同一命运共同体中的多元文化共生,就要创建"以和为贵"的和谐文化。在多元文化共生的和谐文化中,外来文化与本土文化共生,传统文化与流行文化共生,佛教、道教、基督教、伊斯兰教及各种地方宗教等多种宗教共生,多种文化百花齐放,每个民族都有选择文化的自由,不同国家和地区内部的多民族文化之间的相互作用、和谐共存、平等交融,才能实现文化的共同进步、共同繁荣。其次,实现同一命运共同体中的多元文化共生,还要坚持"和而不同"的原则,保持不同民族对自身的文化有充分的自觉,使不同民族、不同区域间的文化多元共存、相互尊重、兼容并包,发挥并发展各自独特的文化优势,相互融合交流,取长补短,齐头并进,使不同文化或个体在文化共生系统中通过相互适应、竞争和依赖共同推动整个"一带一路"人类命运共同体的发展。最后,实现同一命运共同体中的多元文化共生,不仅要强调文化的多元共存,更需要文化的不断创新,只有寻求文化创新,才能做到凝聚不同民族文化的精华,减少文化差异带来的文化冲突。要特别注意的是,构建"一带一路"人类命运共同体,不应将一种文化强加于其他文化之上,而是要本着平等互利的精神,用创新的思维,让不同文化共生共荣,并创造出互相促进、互惠互利、合作共赢的新文化。

　　现代世界相互联系、相互依存、深刻互动、你中有我、我中有你,和平与发展是全人类的共同愿望。"一带一路"不是中国的一家"独奏",而是沿线国家的"合唱"。可以预见的是,坚持多元文化共生的发展理念,将为推动"一带一路"建设、构建新时代的人类命运共同体谱写出美妙的乐章。

参考文献

[1] 袁纯清. 共生理论 [M]. 北京:经济科学出版社,1998-05.

[2] 胡守钧. 社会共生论 [J]. 湖北社会科学,2000(03):20-23.

[3] 姜玉春,谭明言. 中国传统文化关于"共生"的思想 [J]. 胜利油田党校学报,2001(05):

32-36.

[4] 卢梭. 社会契约论 [M]. 方华文, 编译. 西安: 陕西人民出版社, 2006-05.

[5] 马小茹, 杨锦荣. 中国传统文化中的共生思想及其现实意蕴 [J]. 新西部, 2007 (09): 90.

[6] 陈尚文. 人民日报权威论坛: 赋予古丝绸之路新时代内涵 [N]. 人民日报, http://opinion.people.com.cn/n/2014/0513/c1003-25009191.html, 2014-05-13.

[7] 国家发改委等. 推动共建丝绸之路经济带和21世纪海上丝绸之路的愿景与行动 [N]. 新华网, http://zhs.mofcom.gov.cn/article/xxfb/201503/20150300926644.shtml, 2016-05-04.

[8] 张翼, 陈恒. "一带一路": 构建认了命运共同体的重要实践 [N]. 光明日报, http://epaper.gmw.cn/gmrb/html/2017-03/16/nw.D110000gmrb_20170316_3-01.htm, 2017-03-16.

[9] 推进"一带一路"建设工作领导小组办公室. 共建"一带一路": 理念、实践与中国的贡献 [EB/OL]. http://www.xinhuanet.com/politics/2017/05/10/c_1120951928.htm, 2017-05-10.

[10] 安丰存, 赵磊. "一带一路"背景下我国外语教育政策刍议 [J]. 延边大学学报, 2017-(07): 26-32.

日语自他动词的误用分析

阎利华

摘要： 日语的动词按意义分为自动词和他动词。自他动词数量庞大且情况复杂较难辩析，是日语语法中的一个难点。本文总结了自他动词的含义及形态特征，具体分析了学生在使用自他动词时常出现的误用现象。自他动词的用法是一个语法问题，但折射出的是日本的社会文化、日本人的思维方式。要掌握自他动词，不仅仅是学习语法知识点，更重要的是学习了解日本独特的文化背景。

关键词： 自动词；他动词；误用分析

动词是日语的最基本词类之一，在日语中占有举足轻重的地位。日语动词按照不同的分类标准有多种分类方式。按照其词尾的变化活用规律可分为五段活用动词、一段活用动词、カ行变格活用动词以及サ行变格活用动词；按照与体的关系可以分为持续动词、瞬间动词、状态动词以及特殊动词；按照是否表示意志分为意志动词和非意志动词；按照动词所表示的意义分为自动词和他动词。

日语词典中都会标注动词的自他类别，由此可见区分自他动词在日语中的重要性。对于日语初学者来说，识别区分并正确使用自他动词是日语学习中的一大难点。国内的教材一般多注重动词的活用变化规律，对自他动词的讲解比较简单。通常是通过动词前的助词来区别自他动词，即自动词前使用「が」，他动词前使用「を」，但这一讲解并不能让学生全面地掌握自他动词的形态特征及语法功能。要正确掌握自他动词的用法，就必须深入了解其特征以及意义。

1 自他动词的含义及形态特征

日语自动词是指不需要借助宾语，动词本身能完整地表达主语的某种动作的动

词；而他动词则指需要借助宾语才能完整地表达主语的某种动作的动词。日语动词根据在形态与语义上是否有与之对应的自动词或他动词，可大致分为以下四类：

① 只有自动词的词。这类动词的共同特点即是本身就表达一个完整的意义。例如：歩く、座る、行く、来る、帰る等动作动词；降る、晴れる、曇る、光る、芽生える等描述自然现象的动词；喜ぶ、泣く、怒る等表示人的感情色彩的动词。

② 只有他动词的词。例如：食べる、読む、話す、書く、打つ等。这类动词需要借助宾语才能完整地表达某个动作。

③ 两用动词：本身既是自动词又是他动词的动词。例如：笑う、開く、閉じる、増やす、寄せる等。这类动词在动词中占的比例最小。

④ 成对自他动词：在形态与语义上有互相对应的自动词和他动词。例如：落ちる(自)-落とす(他)、育つ(自)-育てる(他)、伸びる(自)-伸ばす(他)等。成对自他动词在动词中占的比例最大。这类动词的构词大致有如下规律。

a. 下一段活用的词大多数是他动词，其对应的同根词是自动词。

他动词	自动词
決める	決まる
集める	集まる
並べる	並ぶ
欠ける	欠く
始める	始まる

b. サ行五段动词大多是他动词，其对应的同根词是自动词。

他动词	自动词
消す	消える
回す	回る
落とす	落ちる
鳴らす	鳴る
壊す	壊れる

c. 部分サ行五段他动词是由自他动词与使役助动词结合，变成的使役性他动词。

自动词	他动词
動く	動かす

113

驚く	驚かす
輝く	輝かす
乾く	乾かす
泣く	泣かす

d．部分五段动词是他动词，与可能助动词约音而成的可能动词多数是自动词。

他动词	自动词
切る	切れる
取る	取れる
行く	行ける
売る	売れる
読む	読める

2　自他动词的误用分析

学生在使用自他动词时，常出现以下的误用。

2.1　混淆自他动词

混淆自他动词是日语初学者常出现的错误。笔者认为主要有以下两个原因：一是由于对自他动词的学习不够重视，没有认识到区分辨别自他动词的重要性；二是因为自他动词数量庞大且情况复杂不易掌握。在今后的日语教学中要让学生认识到学习自他动词的重要性，引导学生在学习中多观察、多思考，不断积累总结即可掌握自他动词的规律。

2.2　「を」后面的动词一定是他动词

他动词的宾格名词后要使用宾格助词「を」是自他动词在形态上的重要区别。但常被学生误解为只有他动词才能使用「を」，这显然是错误的，自动词也会使用「を」。例如：

　　大学を卒業する
　　空を飛ぶ
　　家を出る

公園を散歩する

当表示"离开、移动、经过的场所"时要使用「を」，不过此时的「を」不表示宾语，而是提示状语。

2.3 汉语动宾结构的误用

"参加会议""赞成意见""回答问题"等汉语中的动宾结构，常被学生译为「会議を出る」「意見を賛成する」「質問を答える」。这是因为受到母语负迁移现象影响而出现的误用，把汉语的动宾结构直接套用到日语上。汉语与日语不是也不可能完全对应，上述表达在日语中多使用「に＋自动词」。即：

会議にでる
意見に賛成する
質問に答える

2.4 中日社会文化、语言习惯不同导致的误用

很多学生对自他动词，尤其是对成对的自他动词混淆使用。例如：

もしもし、ハンカチが落ちましたよ。
もしもし、ハンカチを落としましたよ。

以上两句都表达出了"提醒对方手绢掉了"的意思。自动词「落ちる」前面使用了格助词「が」，他动词「落とす」前面也加上了格助词「を」，从语法角度看没有问题，但实际上日本人不会使用他动词句来表达。这是因为日语中的他动词强调主体的动作和行为，他动词句传达出的信息是"喂，你把手绢弄掉了"，言外之意指出对方的责任，容易引起对方不快，并引发冲突。而自动词因为注重动作行为的结果或状态，只是客观地向对方表达一个事实——提醒对方手绢掉了，更符合日本人的语言习惯及思维方式。

现代汉语没有自他动词之分，而是根据是否带宾语分为及物动词和不及物动词。但分类标准和日语的自他动词不完全对等。像「お茶が入りました。どうぞ。」这类日本人常用的自动词表达方式常使学生感到不解。沏茶时说话人的动作行为，若是汉语会很自然地使用他动词式表达，而日语为什么不可以用他动词来表达？其实不是不能用他动词，只是这种情况下日本人习惯用自动词。如果使用他动词的表达方式，则暗含了说话人强调"我给你沏了茶"，有施恩于对方的感觉。自动词强调

客观的表达方式，正如金田一春彦所说："对自己所做的事情只字不提，就仿佛事情都是自然而然地变成那样的。"[①]

岛国的自然环境以及单一民族的人文环境使日本人形成了自己独特的文化。森本哲郎曾指出："日本人总是对周围怀有下意识的恐惧心理……，但这种恐惧并来自对方对自身存在的威胁，而是惧怕某种'麻烦'的突然降临。事实上，伤害对方，使对方感到厌恶与愤慨的做法，对自己来说是再麻烦不过的事情了。日本人总是尽可能避开这些麻烦。"[②] 受到这种文化和心理影响，比起强调主观意志，容易引起对方不快甚至冲突的他动词，日本人倾向于使用从客观状态角度表达的自动词。

结　　语

综上所述，日语自他动词的误用，主要体现在混淆自他动词的用法上，学生受到母语干扰的现象很明显。自他动词的用法是一个语法问题，但折射出的是日本的社会文化、日本人的思维方式。因此课堂上不仅讲授自他动词的语法点，更要让学习了解日本独特的文化背景。明白汉语和日语不是完全对应，两者虽有类似性，但中日不同的社会文化导致它们在表达方式等方面有着本质的不同。

参考文献

[1] 杨诎人. 现代日语系统语法 [M]. 广州：广东世界图书出版公司，2007.

[2] 吴珺. 从日语自动词、他动词的误用探讨母语干扰 [J]. 日语学习与研究，2006（2）：17-20.

[3] 森田良行. 国文法講座 6 時代と文法 —— 現代語 [M]. 東京：明治書院，1987.

---

① 李筱平：《新综合日本语基础日语（第四册）》，大连：大连理工出版社 2012 年版，第 175 页。
② 森本哲郎：《日本語 表と裏》，东京：新潮社 1988 年版，第 126 页。

日本的"东京一极集中"问题与首都功能分散构想

赵玉婷

摘要：日本在战后经过经济高度增长期开始了人口大规模向大城市集聚的过程，形成了东京、大阪、名古屋三个大都市圈。但经过两次石油危机使得日本不得不调整产业结构，再加上政府的产业政策引导，大阪、名古屋及地方的城市圈经济开始衰退，人口开始流出，只有东京圈一地却几乎一直保持人口的不断增长，经济要素也不断向东京集中，形成了所谓"东京一极集中"的现象。这种不均衡的发展也随之带来了东京风险系数加大、地方活力衰退、地区经济发展差距扩大等弊端。为了缓解"东京一极集中"的问题，日本政府制定了一系列城市规划、国土使用计划，提出分散首都功能、建立多极结构、发展地方经济的构想，但到目前为止，各种计划的实施效果并不明显，"东京一极集中"还在进一步加剧。

关键词：东京一极集中；首都功能；全国综合开发计划

引 言

所谓"东京一极集中"是指在日本，政治、经济、文化、人口、社会资本、社会资源以及各种社会活动向东京集聚的情况。"一极集中"之所以成为问题是因为理想的国土使用结构应该是均衡的多极结构。经过城市化过程，日本虽然形成了东京、大阪、名古屋三大都市圈，但由于国内社会经济产业结构的变动以及国际关系的变化，大阪和名古屋都市圈逐渐衰落，形成了各种要素东京一极集聚的局面。各种要素的大城市集中虽然是符合经济学规律的，但如果规模超过一个范围，集聚的不经济及其他弊端就会显现出来。本文旨在厘清"东京一极集中"结构的形成过程及其弊端，探讨日本为解决这个问题采取的对策，并分析其政策效果，希望能对我国今后的城

市发展有所警示或启迪。

1 "东京一极集中"的形成与现状

1.1 人口的东京一极集中

东京都面积仅占日本总面积的 0.6%，却集中了日本 10.3% 的人口，东京圈（一般指以东京市中心向外扩展 50—70km 范围内的区域，通常认为是包括东京都、埼玉县、千叶县和神奈川县一都三县的区域）更是几乎集中了全国 1/3 的人口。一些发达国家的大城市人口集中一般会维持在一定数量就不再继续了，但日本的大城市人口集中，特别是首都东京的人口集中度非常高，遥遥领先于第二、第三大城市圈的数量。

我们一般把人口向城市移动、集中的过程称为城市化，从这个意义上讲，日本人口的东京一极集中可以说是日本城市化的一个过程或特点。日本的城市化开始于 20 世纪初，日本经过两次大规模城市化进程，形成了现在的城市体系。

日本的第一次大规模城市化过程发生在第二次世界大战前的 1920—1940 年。这一时期，由于工业化展开，日本纺织业、铁道、矿山等民间企业迅速崛起，随后制铁、造船、机械、化工等重化工产业也纷纷在南关东、东海、西近畿、北九州等地集中设立工厂，于是人口开始流向这些地区，日本由此形成了阪神、京滨、中京以及北九州四大工业地带。在这一时期，日本工业生产的加工、制作完成部门以及商社、银行、大企业的总部等中枢管理功能向东京、大阪集中，这样日本就形成了东日本以东京为中心、西日本以大阪为中心双中心椭圆结构。

第二次世界大战后，日本经济经过战后复兴期，从 1955 年开始进入高度增长时期，随着工业化进程继续深入，日本的城市化进程也得以迅猛展开。人口和产业迅速向东京、大阪、名古屋三大城市及其周边集中，三大都市圈以及太平洋城市带由此形成。

从 1955 到 1975 年的 20 年中，据统计，日本共有 868 万人口净流入三大都市圈，其中约三分之二的流动量集中在东京圈。三大都市圈人口占全国总人口的比重由 1955 年的 37.2% 上升到 1980 年的 47.8%。东京圈的人口从 1955 年的 1542 万增加到 2704 万人，人口占全国总人口的比重从 1955 年的 17.3% 上升到 1975 年的 24% 以上，增长了 1.75 倍。

但是进入 20 世纪 70 年代以后，日本经济经过两次石油危机，增长速度开始放缓，不得不进行产业结构的转换。随着重化学工业的衰退、高新技术产业的成长，集中

了重化学企业的大阪到北九州一带开始衰退，高新科技产业向东京、南九州集中，特别是中枢管理和研究开发机构向东京及周边集中，东京一极集中现象开始出现，而政府也鼓励建设以东京为顶点的金字塔型发展体系。1969年日本政府制定的新全国综合开发计划就提出了建设东京一极型有机垂直国土结构的设想。产业发展的形势，再加上政府政策的引导，从70年代后半期开始，三大都市圈中，名古屋的人口始终在小幅的净流入和净流出状态徘徊，而大阪圈则一直处于净流出的状态。与大阪、名古屋不同，东京圈的人口，除在1990年后期有过短期的增长停滞或减少之外，几乎一直保持着增长状态（参考图1）。

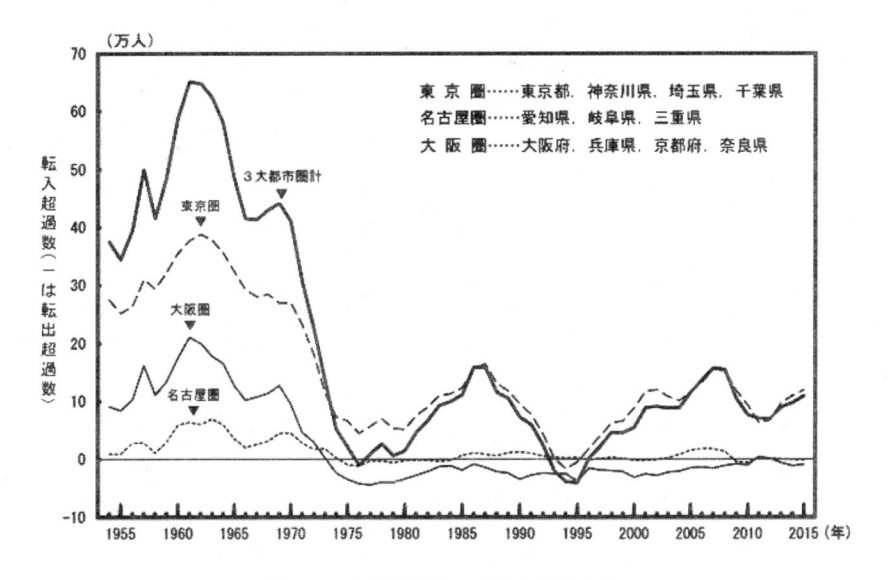

图1　三大都市圈人口净流入量的变化

出处：日本总务统计局「住民基本台账人口基本调查报告2015年结果」

东京圈的人口集聚在日本经济高度增长期后曾经有过两次高峰期。一次是以1987年为最高峰的泡沫经济时期的人口向东京的集聚。随着泡沫经济的破灭，东京人口的流入也随之减少，在1994—1995年曾一度出现流出超过流入的情况。由于泡沫经济的特点，地价的暴涨是由市中心向周边郊区扩展的，因此这次的东京人口集聚主要表现为埼玉、千叶等东京周边各县的人口增长，东京市区人口反而是减少的。

高度增长期结束以后的第二次大规模的东京人口流入是在90年代后半期到2010年左右，这次人口流入在2007年达到最大值，由于2008年秋季发生的世界金融危机使得这次东京人口集聚被打断。第二次东京人口转入高峰期的特点与第一次不同，

人口增长地区主要是在东京 23 区，这就是所谓的人口"都心回归"现象。2011 年的东日本地震及福岛核电站事故使得日本人口有短暂的由东向西移动趋势，但从 2013 年开始，东京圈人口又开始持续增长，统计显示，2015 年东京圈人口达 3770 多万，就城市规模而言，东京圈是目前世界上唯一人口规模超过 3000 万的巨型都市圈。经济的复苏再加上 2020 年东京奥运会的举行，人口的东京"一极集中"现象预计还会继续。

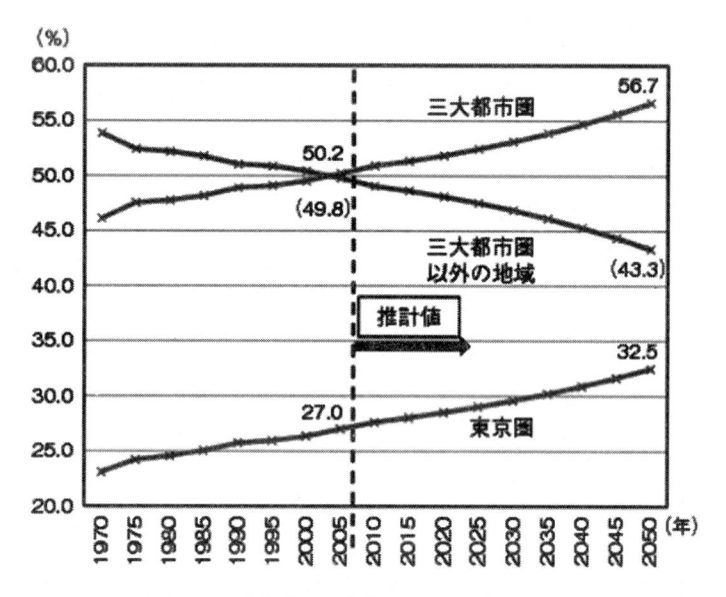

图 2　三大都市圈及东京圈占全国人口的比例变化

出处：国土交通省国土审议会政策部会长期展望委员会「国土的长期展望」中期总结

1.2　经济、文化的东京一极集中

我们在讨论东京一极集中的问题时，并不单纯指人口的东京过度集中问题，经济等方面的一极集中也非常显著。

首先，在财富创造方面，东京是日本国内国际经济活动最为活跃的城市。2009 年，东京都的 GDP 达到 85.2 万亿日元，占全国的 17.6%，人均 GDP 为全国平均的 1.4 倍。东京还集中了全国 11.6% 的事业所和 13.7% 的就业人口，公司总数 28 万家，占全国的 15.5%。比较一下东京与大阪及其他都市圈的 GDP 占全国比例变化，会发现东京圈的比重一直是上升的，而大阪圈却在持续走低，两个都市圈的差距在不断扩大。

其次，在对外贸易方面，在高度增长期以前，关西的大阪、神户两港的贸易额与东

京湾岸的港口是齐头并进的，但80年代后半期开始，关西与关东的差距就开始不断扩大了。

经济方面的"东京一极集中"还表现在代表经济中枢管理功能的企业的总部向东京集中的现象上。据东京证券交易中心的数据，在东证上市的企业当中，总部设在东京的占全部的52%，在首都圈的更多，达到60%。另外，外资企业中，88%的企业总部设在首都圈，总部设在东京的比例也高达76%，日本经济中枢的"东京一极集中"现象由此可见一斑。

另外，产业方面的东京一极集中表现也很突出。东京各大产业中，在全国地位最突出的是信息通信业。该产业在东京的事务所数占全国的1/3。具体到IT产业，几乎九成都集中在东京。再比如软件行业，东京的年商品销售额占总销售额的60.7%，东京的从业人员数量占整体的50%。另外，信息服务和信息处理行业，东京占年销售额的56.2%，从业人员占51.4%。广告代理行业也如此，光东京一地，销售额就占年销售额的65.1%，员工数量占到45.4%。

占全国比例第二高的是学术研究、专业及技术服务业，占全国近1/5。居第三位的是房地产业和物品租赁业。还有金融保险业，几乎所有的城市银行、大型保险公司、大规模证券公司、信用银行的总部都设在东京，而且，海外银行和跨过保险公司等金融机构的日本法人和分店也都选择东京。此外，传媒行业情况也一样。除了大量发行总部设在东京的全国性报纸之外，大型报社与广播电视等媒体结成传媒网络，它们都将据点设在东京，通过与中央官僚保持密切联系的记者俱乐部向全国发送信息。这种体制同样也适用于文艺文化产业，比如出版行业也有向东京集中的情况。这些当然与东京的首都地位不无关系，但由此产生的经济文化的东京一极集中也必然会产生弊端。

2 "东京一极集中"结构的弊端

虽然人口、财富等要素的东京的"一极集中"是经济学上规模与集中经济带来的必然现象，而且东京作为世界首屈一指的大城市在日本和国际经济文化中起着很重要的作用，但是集聚规模过大或超出一定范围的话，也必然会带来经济发展的局限或其他方面的弊端。日本的东京一极集中结构的弊端主要表现在以下几个方面。

首先，人口、财富及各种功能的要素在东京的过度集中带来的最大危害是使得抵抗风险的能力更脆弱。一旦发生地震、洪水、恐怖活动及战争的话，日本的政治、行政、经济和文化中枢就会遭到毁灭性的破坏，整个日本也会陷入巨大的灾难。比如，

2006 年 8 月，东京湾沿岸的一处送电站断电，使东京首都圈半天大面积停电，导致首都工作生活全面瘫痪。众所周知的 2011 年的地震引起的福岛核电站事故造成轮番停电也使东京圈陷入一片混乱。尤其日本是个地震多发的国家。根据日本文部科学省的调查，首都垂直型地震的预想震度由原来的震度 6 提高到 7 的可能性非常大，而且据政府的地震委员会预测，首都垂直型地震发生在未来 10 年内的概率为 30%，而发生在未来 30 年内的概率高达 70%，东京一极集中的危害之大不可想象。

其次，东京的一极集中还会扩大东京与其他都市圈及地方圈之间的发展差距。由于钱、人、物、信息、服务、功能等都向首都集中，就业岗位也向东京圈集中，使得地方人才外流严重，地方经济衰退、活力丧失。举个例子来说，作为国内第二大规模的京阪神都市圈，20 世纪 90 年代以前本地大学的毕业生一般会留在当地就业，而 2000 年以后去首都圈就业的人数却急剧上升。东京圈与其他地区的发展差距还于财政向东京的集中投入，使得地方的公共基础建设投入越来越少，这与人口的流出形成了一个恶性循环，事态越来越严重。然而地方经济的衰退最终也会造成整个日本经济的衰退。

此外，东京一极集中导致东京人口规模过大，自然还会带来比如居住环境恶劣、交通拥堵、地下水位下降等所谓的大城市病。

另外，东京的一极集中还会带来东京和地方之间财富水平的差距。比如拥有东京土地的人和地方土地的人之间财富水平是不可同日而语的。

除上述危害外，各个因素的东京过度集中还会带来经济的"集中不经济"问题。根据经济协力开发机构的研究，人口规模 700 万以内的城市人口越集中越能带来利益。而超过这个边界，城市的规模与收入就会成负相关。而东京圈的人口规模已经超过了 3000 万，缓解东京的一极集中已经成为了日本必须要应对的一个重要问题。

3 "东京一极集中"问题的对策

3.1 日本城市规划及全国综合开发计划

虽然对"东京一极集中"的问题近期学界出现了一些正面的认识，即认为"东京一极集中"是必然的，而且人们应该发现"东京一极集中"的优势方面。但是，"东京一极集中"结构的弊端还是很明显的。为了改善这种状况，日本学界围绕首都功能的转移和分散以及地方的复兴有过热烈的讨论，政府也出台过不少与城市规划、国土规划相关的政策法规。比如 1959 年制定的首都圈城市区域的"工业限制法"、

1964年制定的近畿圈市区的"工场限制法"等，都是为了改善大都市圈人口及其他要素集中状况而出台的法律。而集中针对"东京一极集中"问题的对策主要是几次"全国综合开发计划"以及"首都功能分散、转移"的政策构想，具体内容见表1。

表 1　全国综合开发计划

	全国综合开发计划（全总）	新全国综合开发计划（新全总）	第3次全国综合开发计划（三全总）	第4次全国综合开发计划（四全总）	21世纪国土整体构想
决议时间	1962年	1969年	1977年	1987年	1998年
背景	1. 经济转向高度增长 2. 城市过大问题，收入差距扩大 3. 收入倍增计划	1. 高度增长的经济 2. 人口产业向大城市集中 3. 信息化、国际化、技术革新的展开	1. 稳定的经济增长 2. 人口、产业开始向地方分散 3. 国土资源、能源的有限性开始显现	1. 人口、诸功能的东京一极集中 2. 由于产业结构的急剧变化导致地方圈雇佣问题严峻 3. 国际化的深度展开	1. 地球时代（地球环境问题、大竞争、与亚洲各国的交流） 2. 人口减少、老龄化时代 3. 高度信息化时代
目标年次	1970年	1985年	1977—1987年	2000年	2010—2015年
基本目标	"实现地区间的均衡发展"以图从国民经济的观点综合解决城市过大化引发的生产生活方面的问题以及地区间生产力的差距问题	"创造丰富的环境"协调基础课题，面向高福利社会创造丰富的环境	"完善人类居住的综合环境"以有限的国土资源为前提，作为历史传统文化发挥地方特色，完善人与自然相和谐的、安定、健康、文化的人类居住综合环境	"多极分散型国土的构建"在安全舒适的国土上，建成有各种特色功能的多极结构，消除人口、经济功能、行政功能等各功能向某个特定地区的过度集中，实现地区间、国际间的相互补充、相互启发	"形成多轴型国土结构的基础建设"为形成多轴型国土结构，实现21世纪国土整体构想构建基础重视基于地区各自的选择与责任的地区建设
基本课题	1. 防止城市的过大化、改善地区间差距 2. 有效利用自然资源 3. 对资本、劳动、技术等资源进行合理的地区配置	1. 保持人与自然的和谐，保护自然 2. 通过完善开发的基础条件，将开发可能性向全国范围均衡扩大 3. 利用地区特点，有效进行国土利用的重新配置 4. 保护和完善安全、舒适和文化的环境	1. 综合完善居住环境 2. 国土的保护和使用 3. 应对经济社会的新变化	1. 通过安居与交流激发地方活力 2. 国际化的深入，世界城市功能的重新整编 3. 完善安全、高质量的国土环境	1. 创建自立、自豪的地区 2. 确保国土的安全与生活的安心 3. 享受与继承丰富的自然 4. 构建具有活力的经济社会 5. 形成向全世界开放的国土

续表

	全国综合开发计划（全总）	新全国综合开发计划（新全总）	第3次全国综合开发计划（三全总）	第4次全国综合开发计划（四全总）	21世纪国土整体构想
开发方式	"据点开发构想"为了实现目标需要分散工业，与东京等既有的大集结区相关连配置开发据点，通过交通通信设施使其相互关联相互影响，同时发挥周边地区的特色进行连动开发，实现地区间的均衡发展	"大型项目构想"完善新干线、高速公路等网络体系，推进大型项目，以便修正国土使用上的不均衡，消除过密过疏及地区差距	"安居构想"一面抑制人口、产业向大城市集中，另一面振兴地方经济，解决过密过疏问题，实现国土使用的均衡，构建人类居住的综合环境	"交流网络体系构想"为了构建多极分散型国土，1.要发挥各地区特色，有创意地建设各地区环境，2.根据国家自主或先导性方针在全国范围内完善基干交通、信息和通信体系，3.要创造国家、地方和各民间团体相互协助的多种多样的交流机会	"参与与协作"开展由各种主体参与的、地区间相互协作的国土建设工作

纵观日本的历次全国综合开发计划，20世纪80年代之前的日本国土政策均是以国土的均衡发展为目标，一贯推行将人口和各功能从大都市圈向地方圈分散的政策。比如说以地方圈产业城市建设为目标的全总和以完善交通体系、改善全国交通便利性为目标的新全总，和以构筑便利的安居环境为目标的三全总，都体现了这些特征。但从结果来看，全总和新全总的"据点式开发"和"大规模项目"的开发方式虽然在一定程度上实现了一部分工场大学由大城市转向地方城市，但同时也不可否认地造成了人口的大城市过度集中。而三全总虽然以"安居构想"为目标，但在当时国际化、信息化开始萌芽的时代背景下，引起人口和个别功能集中的原因变为信息与金融，这种情况下极易使人口、功能向某一特定城市集中。在日本这种中央集权型政治行政体制下，东京就成为了这个城市，东京一极集中的现象由此产生并持续发展起来。

进入90年代以后，东京一极集中开始被视作国土不均衡发展的元凶。东京一极集中带来的各种弊端开始引起人们的重视，作为主要解决对策的"首都功能分散"的必要性被正式提出来。

3.2 首都功能转移与分散

首都功能转移分散的讨论肇始于20世纪末政府推出的第四次全国综合开发计

划针对东京改造引发的地方知事的批判。泡沫经济的崩溃暴露了日本原有经济制度的无力,于是,政府开始寻求依靠分散化政策来解决"东京一极集中"的问题,从1990年开始政府从国家事务的层面开始展开首都功能转移的讨论。同年12月众参两院通过了"关于国会转移的决议",1994年开始实施"关于国会等转移的法律",同时设立了"国会等转移调查会"。调查会在1994和1995年给出的中期报告中强调了首都功能转移的意义,提出了转移范围、转移计划、新首都未来构想等新首都建设的制度等设想,并公布了转移地的选定标准、选定方法、转移的时间目标以及东京改造的情况等。接到这个报告,国会等转移审议会1996年成立,并于12月开始进行项目审议,经过为期3年的审议,1999年12月审议会给出了最终答复。这个时期的首都功能转移主要是决定将国会、众参两院事务局、国家的立法、行政、司法等中枢部门转移到东京圈以外的地区。这个决议后来被写进"21世纪国土全面构想"中。1999年审议会根据9项选定标准制定了16项评价项目进行了转移目的地的选择,最终候选地限定到"栃木·福岛和岐阜茨城"两个地区。

首都功能转移分散的讨论大约持续了10年,但进入21世纪以后国民对这个问题的热情迅速降温,所以首都功能转移最终并没实现。

首都功能转移未能实现的原因总结起来主要有以下几方面:

第一方面是日本国内社会经济状况在这期间发生了巨大变化。泡沫经济后的金融危机、财政危机使得政府将国政的重心放在财政重建等问题上。

第二个原因是由于财政的困难,人们对公共事业的财政投入监视很严格,舆论也认为花费巨大的新首都建设是国家资金的巨大浪费。

第三个原因是国际环境的变化。2001年开始频发的恐怖活动,使国民对安全保障的担心从国内转入国际关系,政策的优先顺序也发生了变化。此外由于我国经济地位的崛起也使得东京一极集中问题变得不那么刺眼了。再加上东京都知事石原慎太郎强烈反对首都功能转移,日本首都功能转移计划因此无疾而终了。

2011年的东日本大地震使日本重新重视起首都功能转移的问题。2011年9月国情舆论会针对是否同意"设置副首都"的问题进行了调查,结果被访者中80%以上的人给出了赞成的回答。这种国内、国际的新变化是否会使日本"东京一极集中"的问题向新方向发展,还有待持续观察。

结　　语

由于日本发展的背景条件发生了巨大变化,东京圈也开始面临国际竞争力下降,

人口向中心区不断回归，周边地区人口不断减少，郊区空置房率提高等新的问题。近来，由于数据显示东京人口的出生率为全国最低，这也加剧了困扰日本发展的人口的少子化问题。这些问题都与"东京一极集中"问题紧密联系在一起，对日本今后的发展带来很大的阻碍。因此如何在保持东京的活力与国际竞争力的同时，兼顾其他地区的发展，依然是今后日本必须要解决的一个重要课题。

我国目前正处于经济快速增长阶段，整体国力得到很大提高，但区域发展极不平衡。产业和人口在快速向发达地区特别是一线城市集聚，这些问题都与日本城市化过程极其相似。因此，我国可以借鉴日本经济发展和城市化发展过程中出现的经验与教训，促进地区的均衡发展，为国民提供安全、舒适的高品质生活环境。

参考文献

[1] 冯辉.日本地区间经济差距的演变与政府干预[J].日本学刊，2006（6）：105-117.

[2] 郑京淑，郑伊静.东京一极集中及其城市辐射研究[J].城市观察，2013（5）：30-53.

[3] 田毅鹏."过密社会"的来临及其挑战——以日本东京为例[J].江海学刊，2010（2）：123-131.

[4] 潘海霞.日本国土规划的发展及借鉴意义[J].国外城市规划，2006（3）：10-14.

[5] 戸所隆.東京の一極集中問題と首都機能の分散[J].地学雑誌，2014（4）：528-541.

[6] 西崎文平.東京一極集中と経済成長[J].ＪＲＩレビュー，2015（6）：2-28.

[7] 国土庁資料.全国総合開発計画の推移[Z].平成13年2月.

浅谈日本服饰的衍变与历史因素的关系*

宋泽芃

摘要： 服饰作为一个民族文化的重要组成部分，它的衍变既推动着文明的发展，同时又受历史、地理、宗教等因素影响。日本如今和西并存、一脉相承的服饰文化，其形成也受诸多外界因素影响。本文以历史因素作为切入点，按时间顺序分为三部分，简要分析日本服饰的衍变。

关键词： 日本；服饰衍变；历史

引　言

从衣不遮体到华冠丽服，从远古时代到平成时代，日本的服饰文化可谓是一脉相承。同时，在保留原有的民族服装体系的前提下，日本又不断吸收着外来服装文化，形成了如今我们眼中独特的日本服饰体系。这令人不得不赞叹日本在传统文化的传承与保护上的功夫之深，同时又令人对日本服饰文化的研究无从下手。本文以研究日本服饰与历史关系为核心，以日本对外关系的变化将时间分为三段：

第一时段：仿亚时期

上古—平安时代后期（　—1185），此时期日本大量吸收以隋唐为首的亚洲服饰文化。

第二时段：内化时期

平安时代后期—江户时代末期（　—1853），此时期日本中断对中国文化的吸取，进而闭关锁国，开始将吸收的文化内化。

第三阶段：仿欧美时期

明治时代以后（1868—　），此时期日本国门再次打开，被卷入全球化浪潮中，

---

* 【基金项目】2017年"北京市大学生科学研究与创业行动计划项目"资助。

大量吸收欧美服饰文化。

本文并在此基础上进行展开,对三个时期逐一研究。

1 仿亚时期

由于当时中国的强盛,中国文化的兴盛,可以说,在当时的亚洲,中国文化是各国竞相模仿的对象,中国文化是主流文化。而其中的大唐盛世,更使唐文化在历史上留下了一笔浓墨重彩。可谓仿亚时期,更多是模仿以唐文化为主的中国文化时期。

1.1 飞鸟时代

本文所指的飞鸟时期,准确地讲是指飞鸟时期及其以前。原因是古早时期的文献记载匮乏,我们只能管中窥豹,通过飞鸟时代的一些记载来了解当时日本服饰的状况。

1.1.1 飞鸟时代的服装特征

总体而言,飞鸟时代的服装分为北方系和南方系:北方系由窄袖上衣和分别包裹双腿的袴构成,窄袖上衣的衣领为左衽,袴非常肥大,并且衣的最外层系有腰带;南方系为仅用织布将上体遮住,这种原始服饰至今在南方的海洋民族中还能找到。其中,南方系的原始服饰为主流服饰,大多为普通民众穿着;而北方系服饰,则为中流以上的人使用。

在服饰的男女分化上,南方系的原始服装不分男女,北方系的窄袖短衣也是男女共通的。中国晋朝陈寿的《三国志·魏国·倭人传》中记载:"男子皆露紒,以木绵招头。其衣横幅,但结束相连,略无缝。妇人被发屈紒,作衣如单被,穿其中央,贯头衣之。"记载中的男性服装被称为"袈裟式衣",女性服装被称为"贯头衣"。但由于资料有限,我们并不能断定当时服饰就出现了和后世一样明确的性别分化,只能说有如此现象的出现。

关于鞋类,这个时期在例如埴轮土偶的记载上出现过赤足的现象。而这种赤足现象在日本时至今日的乡村也不足为奇,可见这样的穿衣习俗还是有所保留的。而另一方面,也有考古学的资料证实了当时鞋类的存在。一种是与北方系服饰相搭配的浅履,即沓;另一种是与南方系服饰相搭配的木质鞋,即屐。而这种搭配方式与并存方式,似乎与如今日本和服木屐、西服皮鞋的着装习惯不谋而合。

1.1.2　服装文化受外界影响的证据

飞鸟时代北方系的服饰与汉文典集中的"胡服"为同一系列,在敦煌出土的画观世音菩萨图中,曾出现酷似当时日本男性发型(美豆良式发型)的人物,并且与图中的胡人穿着相同。而图中的服饰,在日本出土的埴轮土偶中也可以找到,图中的发型,也在中国出土的土偶上可以看到。这种相似性,证明了当时中国与日本之间的文化交流。

在日本上野国佐波郡上阳村大字山王出土的金桐之冠,类似的形状的冠在埴轮土偶上也有出现。而近年在朝鲜南部也发现了这种以心形透明宝珠为主要成分的"山"字形连接的立式金冠。[①] 可见在那时朝鲜半岛地区也与日本之间存在文化交流关系。

飞鸟时代的服装文化拥有仿亚时期大面积吸收亚洲其他国家文化的普遍特点,同时这个时期形成的穿衣习俗也对后世有着巨大影响。

1.2　奈良时代—平安时代前期

这段时期内正为大唐盛世,大唐对各国文化兼容并蓄,同时用宽广的胸襟对待周边国家和民族,这使大唐文化源源不断地向世界传播。这样的背景,促成了中日文化交流的第二次高潮(第一次在古坟时代)。而其中服装的等级制度尤为突出。

关于日本服饰的唐化,文献资料中记载的大概如下:孝德年间(645—654 年)始用唐服;天智天皇年间(662—671 年),于大礼大祀之时,并着唐制礼服;8 世纪初制定《大宝律令》,并开始依新令改制冠位服色;718 年,在《大宝律令》的基础上,参照唐《永徽令》编纂了《养老律令》,进一步规定了服制和服色;719 年,规定所有百姓的服装都由左衽改为右衽;9 世纪,嵯峨天皇下诏规定"朝会之礼,常服之制,拜跪之等,不论男女,一准唐仪";818 年,菅原清公奏请朝廷规定天下礼仪、男女衣服悉仿唐制,五位以上的位记都改为汉式……[②]

在男性的公服方面,《大宝律令》中规定服饰的《衣服令》中废除了冠位十二阶,采用"漆沙冠"。其中的"头巾",也作"漆冠"和"幞头",属于漆沙冠的一种,是后世之冠的源头。[③] 而这种顶戴最早始于中国六朝时代的北朝武帝,唐朝继之,日本模仿。服饰被规定为三种,"礼服""朝服"和"制服"。"礼服"与当今同意,

---

[①] 高桥健自:《图说日本服饰史》,李建华译,北京:清华大学出版社 2016 年版。
[②] 德川光圀:《大日本史·礼乐七》,东京:东京吉川弘文馆排印本 1911 年版。
[③] 竺小恩、潘彦葵:《飞鸟奈良时代:日本服饰文化"唐文化"时代》,载《浙江纺织服装职业技术学院学报》,2015 年第 1 期,第 65—70 页。

是五位以上的官吏参加朝廷仪式时必须穿着的；所谓"朝服"是官吏从事公务时必须穿着的；而"制服"则是非官吏的民众参与公共活动时的服装。这种效仿唐朝服饰的方式和如今效仿西方服饰的方式如出一辙。朝服与制服虽然可以同时出现，但是衣服的颜色却有着等级区分。在鞋类方面，穿着公服时，文官要穿"舄"，高级武官穿"靴"，而这为后世文官在出席庄严的仪式场合也要穿"靴"奠定了基础。百姓穿着的鞋类中还有草鞋，虽然《衣服令》里也规定百姓在穿着制服时需要穿皮履，但是也有强调在非正式场合穿草鞋的重要性。

在女性的穿着方面，女性在穿着礼服方面和男子相同，大袖的短衣之外穿上裳的褶和下裳的裙，脚上穿戴有金银饰物的"舄"；着朝服的时候只穿短衣和裙，脚下穿履。衣服颜色也依照等级排列。而下层着装则不同，寒冷季节人们穿着布制的襦和裙，炎热的季节穿着布置的衫和裙。

可以说这是日本第一次规模引进他国服装文化的时期。但是与第二次引进西方服饰不同，日本服装文化与唐服装文化存在着一种堂兄弟般的关系，所以这个时期的人们并未对穿着唐服感到特别的异样。也可以说，这一次唐服装文化的大规模引进也为日后西方服装文化引进起到了一定的铺垫作用。

2 内化时期

自 16 世纪葡萄牙、西班牙、荷兰等西方国家先后到日本进行传教和贸易，使致大量西方思想冲击日本传统思想，商业贸易蓬勃发展，商人地位提高，官商勾结严重。在此背景下，幕府为了巩固幕藩体制逐步实行了闭关锁国的政策。

2.1 平安时代中叶—室町时代

有观点认为公家与武家的对立是在这个时代之后，构成历史潮流的两条主线。在这一时期，公家、武家之间的对立现象也在服饰上有所体现，以至于服饰出现分化。下面分公家、武家、平民三个部分来介绍这个时期的服饰。

公家的公务服饰分为白天穿着的束带与夜间穿着的衣冠。束带一开始是一种非常柔软的服饰，但自鸟羽天皇在位起，布便被浆得特别硬，服装成为带棱角的样子。也就是在这个时期，从唐朝传来的这种服饰彻底演变成了一种日式服装。束带由冠、袍、半臂、下袭、衵、单、表袴、大口、石带、笏、沓等构成。[1] 将这个朝代的服饰

---

[1] 高桥健自：《图说日本服饰史》，李建华译，北京：清华大学出版社 2016 年版。

与上个朝代的服饰对应的话，冠就相当于头巾，袍相当于衣，表袴相当于白袴，石带相当于腰带，沓相当于履。其他的或许是贴身着物，在《衣服令》中没有任何规定。虽然颜色的规定有些改变，但按服装颜色划分等级的规定依旧存在。衣冠不着表袴，着一种称作"差贯"的袴，这种袴是上个时代束口袴的延续；衣冠也不再佩戴称作石带的石饰皮带，它配一根与袍同为一块布制作的布带，再穿上称作"下袭"的后身比较长的上衣。因此，衣冠是相对于束带更舒适的服饰。

公家与束带和衣冠相对应的便服名为直衣，不过即使是便衣，这种服装不是身居高位的人是不能穿的。由于身居高位的人甚至可以穿着这种便衣参朝，当时的物语中有"直衣之位"的说法，天皇也曾穿着这种直衣类的服装。着直衣时可以戴冠，也可以戴乌帽子。前者叫"冠直衣"，后者叫"乌帽子直衣"，前者比后者更郑重。额度帽子属于上个时代与缚口袴相搭配的圭冠系列，原本是用柔软的布制成，从束带这种"强装束"兴起开始，受到时代影响也开始变硬。总之这种"乌帽子直衣"也就是"圭冠缚口袴"的衍生罢了。

这个时代有种野外穿着的服装叫狩衣。如字面意思，狩衣原本是狩猎时穿着的衣服，因此它具备戎装作用，所以自然而然被划分为戎装的一种，穿着时主要着差贯（袴的一种），佩戴立式乌帽子。狩衣原本是在山野中跋涉时穿着的服装，所以最初只使用麻布制作。古史中称之为"布衣"即是这一缘故。但是，自从贵族们开始穿着这种衣服，很快便开始用绫罗制作，最终发展到步入皇室。如此一来，皇族也穿上了随从阶层的服装。

这个时代的贵妇就是近世称作"十二单衣"的服装，这是日本历代女装中最绚烂、最优美的一款。它相当于男子的束带，也是唐服逐渐日化的产物。将这一系列服饰和上个时代的公服性比较的话，唐衣相当于背子（一种半袖短衣），褂相当于短衣，裳相当于裙。单和袴等穿在里面，并不醒目，所以在《衣服令》中没有记载。如此这般，原本始于唐朝的服饰却发生了如此巨大的变化，这是男子束带无法匹敌的。

除了唐衣和裳之外，还有一种更简洁的服装叫作"小褂袴"。即取代唐衣和裳，穿着一种叫作小褂的上衣，不系腰带，拖拽着下摆，样子很像男子的衣冠。很快这种服饰便发展到非特殊场合皆可穿用的程度，因此也可以将其看作一种准礼服。此外，小褂之后又出现了一种更加简便的普通宽袖上衣，并且作为公服得到认可。随着唐衣简化，裳也因只保留了部分而成为了一种形式上的存在，但即使如此这个时代的女子公服依然保留着袴。

在这个时代的上叶，在公家雄踞都城、耀武扬威的同时，武家雄伏乡村、养精蓄锐，

等在下半叶以霸权者的身份彰显实力。被公家蔑视，低贬为庶民、乡巴佬的武士的服饰也在幕府创立、武家得道之时，作为公服为现实社会所公开接受。作为武家时代发展的自然趋势，很快公家也开始穿着起武家服装来。

武士平日的服装叫"直垂"，头上戴"折乌帽子"。直垂是一种没有大领（前襟）的垂领短衣，左右两片靠胸部的两条带子系在一起。古老的直垂袖子和身子部位都很窄，而新式的则比较阔绰。直垂下面穿着叫作小袴的差贯，或配作大口（裤口宽松）的切袴之类。虽说是武家盛世，但其服饰并没有只凭借武家独自的直垂善始善终。镰仓时代一些公家样式的服装登场，将军及高级武士以狩衣作为礼服。但到了室町时期，直垂升格为礼服，由直垂分化出来的大纹及素袄也成为继直垂后的公服。并且，当时有一种叫作长袴的袴长盖住脚面，几乎拖地的长切袴，伴随着大纹和素袄的发展而逐渐呈为礼服的象征。

上古的衣裈、中古的袄衫袴伴随着时代的发展普及开来，当这些服饰冠以直垂之名为武家所用之时，保持着服装原始形状的窄袖系列短衣以袄或者袄子的名称依然在民间流行。室町时期在素袄的基础上简化了的叫作"细袖"的服装也属于这一系列。

袄和细袖都是腰部以下穿袴，像现在半长的裤子一样，叫作"四幅袴"的一种长短到膝关节的短袴就是袴的简单款式，还有一种更简单的袴叫"股穿"（类似于现在的裤子），两种袴都非常适合劳动时穿。下等女子穿着小袖和短衣时，在腰际要缠一条像短的裳一样的东西，当时文献记载的"裳衣"似乎就是这种短的裳。女子下身穿着短裳是上古以来的习俗。可以将这种短的裳和中上流女子说穿的汤卷看作上古的遗风。只是这种短裳也自这个时代中叶以后难得一见，裳系列的服饰从外出穿着的服装中彻底销声匿迹。

这个时期的服装围绕着公家与武家之间势力的对立与冲突不断改变，从原有的唐风逐渐演化出了独有的日本风格。

2.2 室町时期末期 — 江户时代

江户时代又叫德川时代，是江户幕府（德川幕府）统治日本的时代，也是日本封建统治的最后一个时代。其间商业蓬勃发展，庶民文化开始兴起，阶级之间的差别不再巨大。因此，服装上也在此有很多体现。

江户时代初期，小袖的样式仍然流行，平民生活水平提升，衣饰渐趋华丽，武士阶级却因连年战争所造成的财政紧拙，样式趋于平淡。江户时代后期，彻底实行

锁国政策，输入的丝绸大幅减少，日本本地生产的丝绸却偏少，未能满足制作和服的需求，平民的和服开始改用绉丝等比较廉价的材料制作，又因为 1783—1788 年的天明大饥荒，幕府在 1785 年禁止平民穿丝绸制成的和服，平民只好穿着由木棉及麻制成的衣服，再加上社会的动荡，和服的样式自此变得淡薄，直至明治时代初期，这个时期，女子的和服服饰开始流行附有长的袖兜，形成了后来的振袖。

虽然这个时期武家囊中羞涩，但是服饰阶层上的严格规定依旧保留了下来。而这个时代男子的礼服都为上下（肩衣和袴的套装）。所谓上下是指上衣和袴用同一块布裁剪制作而成的服装，上个时代的直垂等都有上下和非上下的区别。到了近世，这种出自同一块布的套装专门用于肩衣和袴。肩衣起源于上古的贯头衣，中古时代被称作无袖，是一种没有袖子的短衣，主要是底层劳动者所穿，所以也是一种百姓衣。这种百姓衣上个时代末在武家圈子里流行，成为旅行时的服装，或被当作简单的戎装使用，后来很快就变成了一种礼服。而与肩衣相伴的袴与直垂的袴一样，也有一种长袴，由高级武家专用。它发展到后来就是江户时代的长上下。武家中级别低的穿着普通长度的袴，相对于长上下而言，普通长度的袴叫作半上下。

长袴作为礼服有其不便之处，因此幕末在很多场合废除了长袴。此时以"平服"之名重新被采用的武家公服是"羽织袴"。明治十年以来作为百姓礼服得到认可的羽织袴无外乎就是这一时期的延续。

总的来说，这个时期的服饰延续着上一时期，并因时代特点而有所变化，然而变化并不十分巨大。但日本服饰的演化到此为止已经基本定型了。

3 仿欧美时期

随着"黑船"的驶入，日本国门打开，大量西方技术、文化、知识冲击了日本。在这一时期，日本服饰文化也迎来了第二次大量吸收外国服饰文化的热潮。但与上次不同，这次并没有出现大规模的融合己化现象，而是出现了西和并行的局面。时至今日依旧如此。

3.1 明治时代

明治天皇从德川幕府手上取回大权，展开了一个具有资本主义性质的全面西化与现代化改革运动 —— 明治维新。

日本因明治维新的关系，丝绸之类的和服衣料产量大升，重新开国的日本也大力发展与外国的商贸往来，引入了不少新的衣料，使和服的材质变得多元化。因为

工业的推动，布料的染色技术大幅提升，使和服的纹理及色彩变得斑烂。因为和洋人交流的机会增多，一些和西洋人有比较多接触的人开始改穿洋服。平民因为洋服的价钱高昂，以及传统对美的观点的影响，江户时代的生活模式基本上维持，所以平民多为穿着和服。

这个时期日本出现了两种截然不同的服饰，因此"着物"一词就改称为"和服"，将日本传统的服饰与由西洋传来的洋服以示分别。不过，由于明治维新不断力求西化，洋服逐渐取代和服在平民中的地位。后来明治天皇颁布了政令，让警察、铁道员、教员等逐渐改穿洋服。另外，军队也规定必须穿着军服，而当时的军服也就是洋服。当时的军服在后来演变成当时男子学生的制服。但是这个时期平民服装的西化大多只局限于男性。女学生常常梳着西式发型，系上很大的缎带，身穿箭翎花纹的和服以及加长百褶裙，还曾经流行穿绑带靴子。鹿鸣馆时期的上流女性，穿带有Bustle的洋服让腰下撑大，手拿长柄洋伞和扇子，模仿西洋妇女的衣着谈吐，这个时期之前和服腰带以八寸带和丸带为主，用鼓形结带法，而现在出现了绑绳和色彩丰富的细绦带，衬垫也变成有多种颜色，在领口配上花色，刺绣领口也非常流行，和服外褂成为了常装。上流社会和庶民的和服样式也变得一样。

3.2　大正时代

洋服取代和服成为流行的服式。

女性主义的抬头，使得服装西洋化变得不再是局限于男性，女学生的制服由初期日本化的行灯袴变为后期西化的水手服。1923年的关东大震灾也是一个洋服取代和服的转折点。由于灾后社会动荡，抢掠时常发生，穿着和服的女性往往就因为和服紧身的剪裁影响而成为贼人抢掠的目标。翌年，东京妇人子供服组合发起了妇女服装西洋化的行动，使洋服进一步取代和服成为妇女的日常穿着。男性流行西服。女性方面，出现鲑色和紫色等晕色的华丽外褂和外套。

3.3　昭和时代

昭和前期第二次世界大战开始，日本国内混乱，和服的发展进入一个完全的空窗期。服装趋向以实用为主，如当时所制订的国民服，为洋服完全取代和服成为日常服奠下了基础。战后，由于穿着麻烦的和服变得昂贵，而反之实用的洋服变得便宜，因此和服变成不是日常穿着了。但值得一提的是，另一方面，和服的色彩变淡。和服曾经在1965—1975年因新款的羊毛和服的面世而再度流行了一段时间，但之后

和服就一直走下坡，造成和服业界一蹶不振而相继倒闭，令其成为少数行业。

这个时期所呈现的西和并行，也就是现在我们眼中日本服饰文化的大体形式了。东西文化的不同性使得两种文化并没有出现明显的融合趋势，却使东西服饰在日本出现了并重的局面，这也与前文中提到的日本曾有大量吸收唐文化的前车之鉴无不关系吧。

结　　语

曾有一种说法：看一个国家的经济文化、发展水平，无须去核查那些烦琐的经济指标，只需来到闹市区，去观察女孩子的服装变化，裙子越短的国家和地区，经济形势一般比较好。此话看似玩笑，但无不道理，一个国家的服饰文化正是一个国家的综合体现。我们常拿中国与日本做比较，常惊叹于日本文化、经济、技术的高端发展。而更值得我们深思的，该是背后影响它们形成的重要因素。这才是寻找如何保护和发展我国文化的重要之路吧。

浅析日本饮食文化 *

魏欣然

摘要： 本文从日本饮食文化的角度出发，分析日本饮食文化的特点，并选取具有代表性的日本美食和一些饮食习惯进行介绍，借此来深入了解日本饮食文化具有独特魅力的原因。

关键词： 日本饮食文化；特点；传统饮食；近代饮食

日本地处西太平洋，是一个典型的岛国。其傍海而生的特点使得海洋成为日本文化发展的重要通道，而日本饮食文化就是日本文化的一个重要组成部分。无论是作为日本本土料理的"刺身"，还是绳文时代（前12000—前300年）由中国传入日本的种稻技术，抑或是明治时代（1868—1912年）传入的西洋料理，这都让日本饮食吸收了来自东方、西方的文化，并经过不断的沉淀和积累，最终形成了我们今天所见到的日本料理。正是因为日本料理在保留自身特点的同时，融入了东西方的饮食文化特点，才受到世界各地人民的广泛喜爱。

1 日本饮食文化的特点

1.1 "杂"

日本饮食习惯与其自身发展历史有着极为密切的关系。古代日本社会受到中国的影响最为强烈，从种稻技术到筷子文化再到茶道都显示出中国对日本饮食文化的影响。到了近代，西方逐渐崛起，在日本学习西方技术、文化的同时，西方的饮食习惯也渗透到日本饮食文化中。于是，"杂"便成为了日本饮食文化最大的特征。

---

* 【基金项目】2017年"北京市大学生科学研究与创业行动计划项目"资助。

在稻米传入日本前，人类的主要食物为肉食。早期人类以单纯的烤制为主要烹调手段，兽类为主要食物，进行简单的烤和煮。到了绳文时期，捕鱼方法被广泛掌握，鱼类、贝类成为重要的食品。而在绳文晚期传入日本的种稻技术则在很大程度上改变了日本人的饮食结构，并不断地随着社会发展而丰富，最终形成了今天以"鱼"和"米"为基础的日本料理。

明治时代，日本吸收西方的先进技术和文化，日本饮食也出现西化的趋势。譬如，我们在日本影视剧中经常见到的「カレーライス」（咖喱饭）就是在明治时代后传入日本并加以改良的。

1.2 "淡""生""鲜"

中国作为美食大国，中国传统菜肴向来讲究色、香、味俱全，通过各种调味料赋予食物以鲜艳的色泽和浓烈的味道。这与日本料理形成了鲜明的对比，譬如人们熟知的"刺身"生鱼片就是将新鲜的鱼贝类生切成片，蘸调味料直接食用的菜品；日本家庭多习惯吃的「卵かけご飯」（蛋浇饭）则是将生鸡蛋浇在热米饭上再进行食用。从以上两个例子就可以看出，日本饮食文化还有"生"和"鲜"的特点。在日本人的观念中，新鲜的食物所富含的营养是最丰富的，新鲜不仅指生食，更重要的是食材的季节性。[1]地处季风气候区的日本对食材的细微变化极为敏感，料理选用当季的食材才更能体现食物的鲜美。这种特点也体现在了「懐石料理」（怀石料理）中。因而在日本料理中，新鲜食材是必不可少的，食材"生吃"，也成为了日本饮食文化的重要特点。

中国美食惯用各种调味料，中国传统八大菜系中的川菜、鲁菜、闽菜、徽菜、湘菜和浙菜都注重味觉的感受，它们多以辣椒、酱油等为主要调味品，强烈刺激人们的味觉。反观日本料理，似乎没有特别注重追求味觉刺激，日本料理多以清新寡淡为特点[2]，很少运用调味料。虽然一些日本料理会把酱油当作辅料，但它的味觉感受远不如中国菜带给人的感受强烈。日本人的长寿或许就与他们重清淡的饮食习惯有关。

1.3 "形"与"色"

日本料理给人的第一印象就是视觉美，即"形"与"色"。但凡品尝过日本料理的人，

---

[1] 徐静波：《日本饮食文化——历史与现实》，上海：上海人民出版社 2008 年版。
[2] 原田信男：《日本料理的社会史——和食与日本文化论》，北京：社会科学文献出版社 2011 年版。

137

都会惊叹其精致的造型和色彩的搭配。日本人非常讲究食物的装盘，这不但体现在食物本身，甚至连盛放料理的器皿也坚持着对造型美的高度追求。通常我们见到的食器造型简单质朴，多以瓷器、木器和漆器为主，搭配上精致的料理后能让人感受到食物的自然美。

中国菜虽然也讲究"色"，但与日本料理的"形""色"特点相比，中国菜的"色"就被弱化了许多，现在除了一些餐厅还讲究菜品的摆盘，一般的家庭不会去特别注意食物的造型。而在日本，无论是寻常家庭，还是高级餐厅都极为注重料理的"形"与"色"。对于日本料理而言，与其说它能引起人的食欲，倒不如说它可以勾起人的"视"欲。

「懐石料理」（怀石料理）中的著名菜品「八寸」（八寸）就是能带给食客强烈的视觉感受的一道料理，一个陶器大碟中盛放着山珍海味各几样，不尽相同的形状和色泽在深色的和风陶器中盛放，这种来自食物的造型美带给人们强烈的视觉冲击。

日本传统美食「寿司」，算是最能体现这一特点的美食了。与其他料理一样，寿司的造型精致，色彩非常鲜明。一小团白米饭搭配鱼肉、虾肉、鱼子酱和蔬菜等，成型后的寿司被摆放在古色古香的瓷盘中，食用时搭配滋味鲜美的酱油或是蘸上鲜绿的芥末酱，这样的色彩冲撞，精美的造型，真是给人以极大的视觉享受和审美。①

日本料理的视觉美除了体现在食物本身和盛放器皿以外，还体现在饮食环境上。日本的料理店不仅建筑风格独具传统特色，古色古香的器皿再加上造型精美的料理，与日本优美的自然风光相映生辉，这些因素加在一起给食客的身心以美的享受。

2 日本的传统饮食

2.1 「寿司」

2.1.1 起　　源

寿司是日本的传统美食之一，也是中国人最熟悉的日本料理。寿司最早在平安时代（794—1192 年）就有记载，只不过当时的寿司并非是食物，而是指一种保存鱼的方法。而现在我们常见的寿司则是在江户时代（1603—1867 年）末期形成的。由于寿司最早的两种写法是「鮨」和「鮓」（日语发音都是"sushi"），并且在贾思

---

① 贾蕙萱：《中日饮食文化比较研究》，北京：北京大学出版社 1999 年版。

魏的《齐民要术》中也找到了与寿司相似的制作工序，所以也有寿司源于中国的说法。

2.1.2 种　　类

寿司的种类繁多，其制作工艺也不尽相同。我们最熟悉的寿司当属「握り寿司」（握寿司），就是将一小片海鲜盖在一小团米饭上的寿司。此外还有棒寿司、熟寿司、卷寿司、散寿司、押寿司等等。

2.2 「懷石料理」

怀石料理的诞生与茶道密切相关，最初的怀石料理起源于室町初期的茶席上，是客人们在斗茶之际食用的"小料理"。随着日本茶道的不断发展，怀石料理也由最初的小零食转变成了"一汤三菜"的餐饮形式。怀石料理的出现也影响了日本餐饮模式的形成。怀石料理对于食材的选择具有很强的季节性，食材多选取当季的食材，不同的季节怀石料理的菜品搭配也不同。怀石料理对于造型美的追求达到了极致，其对于食物的摆盘要求非常高，盛放器皿以瓷器、木器、漆器为主，器皿的造型简单，外表质朴，搭配上造型精致的食材则给人以艺术的美感。怀石料理也成为了日本最常见的高档菜品。

2.3 「和菓子」

日式点心在日语被称为「和菓子」。日式点心的起源最早可追溯到绳文时代末期，那时出现了日本最古老的加工食品「餅」年糕类食物，在那之后出现了"团子"和"草饼"，这些点心流传至今，可以说是日式点心的原型。[①]

例如，「お萩」（萩饼）是人们在孩子出生后的第三天制作的食品，用以馈赠亲朋好友，在这一天让产妇吃下萩饼也有祈祷产妇顺利出奶的寓意。

「紅白饅頭」（红白馒头）是每年1月的第二个星期——日本的"成人节"——这一天制作的食品，人们分发红白馒头来庆祝成人仪式。此外，建筑新家时分发红白馒头也有人们祈求保佑建筑工程施工安全、顺利完成的意思。

「鶴田餅」（鹤子年糕）是日本人在幼儿园入园、小学到大学的入学和毕业时与家人、朋友一起品尝的食物，用以庆祝孩子成长时期的重大事件。日本人在祝寿时，寿星会对前来参加宴会的亲友分发礼品糕点，作为礼品的糕点一般是鹤子年糕等点心。在日本，看望病人时会送去点心作为探望礼物。当病人痊愈后，会以鹤子年糕、

[①] 刘子丹：《渗透日本人一生的"和菓子"》，载《知日》，2014年第19期，第11—15页。

小豆饭和红白馒头等点心作为回礼。

2.4 「茶道」

日本的茶文化与中国有着颇深的渊源。在镰仓时代（1185—1333年），由日本的僧人将茶种由中国引入日本，后又经僧人之手，中国的茶道开始在日本兴起。「茶道」一词出现较晚，原称为"茶汤"，也被叫作"侘茶"。「侘」在日语中原意为沮丧、失意，随着茶道的不断发展，「侘」与茶文化紧密联系在了一起，使得「侘茶」逐渐演变为了一种风趣闲寂的茶文化，一种以茶修身养性的生活艺术。日本茶道分为「抹茶道」和「煎茶道」，茶道多指发展较早的「抹茶道」。茶道演变至现今，由主人备以茶水和「和菓子」，主客双方均按照固定的步骤进行品茶。

茶道的规程烦琐精细。准备工作从茶叶的碾磨到茶具的清洗，再到茶师的动作规范，都显示出了茶道的烦琐。饮茶程序也是如此，宾客在主人敬茶前会品尝点心以避免空肚喝茶伤胃，也可减轻抹茶的苦涩。敬茶时，主人要用左手托着茶碗，右手的五指扶着碗边，跪地举起茶碗，恭敬地送到正客面前，客人则要恭敬地双手接过茶碗，等到正客饮完茶后，其他客人才能依次传饮，饮完茶后要将茶碗递回给主人。饮完茶后，客人会对主人的茶具赞美一番，然后客人会向主人跪拜告别。

茶道的主要步骤由点茶、煮茶、冲茶、献茶，每一步都需要专门训练，力求每一个程序都完美。茶叶的怡人芬芳，茶室的环境高雅，主客之间以礼相待，茶道不仅在规程上严谨精细，更能在饮茶品茶中陶冶性情。

3 日本的近代美食

3.1 背　景

明治时代的确立标志着日本近代化的开始，西方的入侵让日本看到了西洋先进的制度和技术，日本积极地向西方学习，走上了近代化的道路。西方给日本带来的巨大变革不仅仅体现在政治和经济上，西方饮食习惯也深深地影响到了日本的饮食文化，日本的饮食习惯也由传统向西化转变。

日本是一个典型的岛国，国土面积狭小，陆地以山地丘陵为主，虽然沿海地区有平原，但规模很小，人口很多，没有适合大规模发展畜牧业的条件。日本沿海的优越条件使得日本的渔业十分发达，温暖的气候适宜种植稻米，这使得日本传统社会饮食习惯以稻米和鱼类为主。并且日本传统社会盛行佛教，由于佛教禁止杀生，

所以牛羊肉等肉食几乎不存在于日本人的食谱。

明治维新引进西方先进技术、文化的同时，也让肉食开始在日本普及。政府允许民众开设养殖场，鼓励民间饲养猪牛羊等动物，积极发展畜牧业。1870年左右，在东京、横滨等城市的街头出现了"牛锅屋"让寻常百姓接触到这个"另类"的餐馆。曾经不属于日本人菜谱上的牛肉逐渐成为了民众餐桌上的常客。牛锅屋的盛行也让畜牧业迅速发展，肉食逐渐成为了餐桌上的必需品。我们现在经常能在日本料理店见到的「牛丼」（牛肉盖浇饭），也是以此为开端逐渐形成的。

西洋饮食对于日本饮食的影响不仅仅体现在肉食的广泛食用上。明治维新时期，政府专门设立了考察团深入欧美国家学习。考察团为日本带回了西红柿、洋葱、草莓、苹果等西式蔬果以及西方的调味料。新食材的传入极大地丰富了日本料理的内涵，对改变日本的饮食习惯也起到了一定的作用。

此外，巧克力、咖啡、洋酒等西洋餐点的传入也极大地改变了日本的饮食结构。

3.2 被"日化"的美食

日本饮食文化就如同日本这个国家一样，最大的特色就是在保留自身特色的基础上吸收融合东西方的饮食文化特色。「牛丼」（牛肉盖浇饭）虽是在肉食逐渐盛行这一趋势的影响下形成的，但尚且可以算是日本的"原创"。除此以外还有很多在近代被"日化"的东西方美食。

3.2.1 咖喱饭

咖喱饭最早源于印度，"咖喱"一词的本意为"许多香料加在一起煮"。咖喱饭不属于日本传统料理，是在明治时期由西洋传入日本。

日式咖喱饭与传统咖喱饭略有不同，咖喱粉的原料主要有辣椒生姜、胡椒等材料组成，这些材料都以辛辣为特点，对于味觉和嗅觉都有极大的刺激性。日本料理向来以寡淡为特色，咖喱饭初传入日本的时候，大部分人并不习惯咖喱饭香辣刺激的口味，所以日本人对咖喱饭进行了改良，让咖喱粉的辛辣更加柔和，日本人的改良让咖喱饭更加符合日本人的味觉，咖喱饭逐渐被大众接受，并成为了民众最喜爱的食物之一。

3.2.2 拉　面

对于中国人来说，拉面是较为熟知的一种食物。拉面传入日本大概是在明治初期，当时的日本开港造船，航海业迅速发展，综合国力呈直线上升，其开放的政策也吸

引了数量庞大的海外移民。在日本的一些港口城市就形成了类似于"租界"的地区，为当时来日的西方人和中国人提供居所，最著名的唐人街当属"横浜中華街"。

中国拉面就在横浜和神户中华街被日本人所接触，并逐渐普及了日本全境，成为了大家熟悉的日式拉面。日式拉面可分为「醤油ラーメン」（酱油拉面）、「豚骨ラーメン」（豚骨拉面）、「味噌ラーメン」（味噌拉面）和「塩ラーメン」（盐拉面）等等。

有趣的是，在日语中"拉面"一词有「ラーメン」和「拉麺」两种写法，虽然二者读音相同，但本为外来语的「ラーメン」却多指日式拉面，而用日语汉字写作的「拉麺」一般指中国传统的手拉式拉面。

4 饮食习惯

4.1 餐具专用

日本向来有餐具个人专用的习惯，对于日本家庭来说，用餐时使用个人餐具是理所应当的事情。日本在传统社会以稻米为饮食基础，对于餐具的使用要求非常高，因此使用合适的餐具就成了用餐时的一个重要问题。筷子在7世纪前后由中国传入日本，并成为了上层社会惯用的餐具，在8世纪末一般民众已经普遍使用筷子了。日本传统社会用餐时多为一个人食用一小碗米饭，再搭配配菜和汤类，这种风格一直延续到了今天。这样的用餐风格也形成了个人使用专用餐具的餐饮模式。

4.2 用餐风格

日本一般家庭的日常用餐可以用两个字概括——简约。日本人的餐桌上很少有特别丰盛的菜肴，但搭配都很符合营养。日本家庭的餐桌上有味增汤、茶碗蒸等传统美食，也有西式的面包和沙拉等新料理。日本家庭的一餐多以三菜一汤为主，看似简单的食物，但却营养丰富。

4.3 用餐礼仪

日本人对于餐桌礼仪有着近乎苛刻的追求。餐具的摆放是左边放饭碗，右边摆汤碗，筷子则要横向摆放在筷枕上。餐具的使用也颇为讲究，以筷子为例，使用筷子时要先用右手拿起筷子，然后用左手托在筷子下面，再将右手滑倒筷子下面；放

筷时要用右手拿筷，左手托在下方，再滑动右手抓住筷子上侧，轻轻地把筷子横放在筷枕上。

用餐前，要双手合十然后说「いただきます」（我开动了），方可用餐，吃完饭后则要礼貌地说「ごちそうさまでした」（承蒙款待），然后结束用餐。

结　　语

日本饮食文化的形成与发展离不开交流与融合。明治维新前，日本饮食文化的发展受中国的影响最深，稻米的食用、餐具的使用都离不开与中国的文化交流，这基本奠定了日本的用餐结构和饮食风格；明治维新后，西方对日本的影响愈加深刻，肉食的食用，新料理的传播，丰富了日本饮食文化的内涵，完善了其饮食结构，让日本的饮食更加营养化、健康化。日本在吸收借鉴中国和西方饮食文化的同时，保留了自己本土的饮食文化习惯，这让日本饮食文化更具有了兼收并蓄的独特魅力。

浅析日本人的猫情结[*]

李　娇

摘要：猫被普遍认为是有灵性的动物，日本人对于猫有着特殊的感情，可以说日本有着独树一帜的猫文化。本文以日本人的爱猫情结为中心，从自然条件、国民性格、历史等方面，结合日本的文化背景、民众心理、社会发展状况等，探索猫文化在日本存在的特殊性，从而进一步了解日本人的爱猫情结。

关键词：猫文化；猫情结；日本人性格

绪　　论

在 90 万年前的更新世中期，猫的祖先森林野猫就已经衍化形成，随着社会历史的发展更替，野猫被驯化成家猫，遍布于全球各地。猫这种温顺可爱的动物越发深受人们喜爱。尤其在日本，猫的地位颇高，更有许多日本爱猫人士喜欢把自己称为「猫すき」（猫奴）。

在日本人眼里，猫是高贵而具有神性的。日本作为一个四面环海的岛国，有着独特的自然地理条件，自然也形成了独特的本土文化，猫情结似乎渗透到日本民众生活的各个领域。本文将从以下角度来浅析日本人的猫情结。

1　猫在日本历史中的形象

据《广辞苑》记载，日本的猫是奈良时代从中国传入的，据说是遣唐使为了防止佛教经书遭鼠类咬坏把猫和经书一同经由中国引进到日本。从平安时代起猫被载入日本史册，在之后的历史文献里也多有关于猫的论述。《日本灵异记》是平安时代初期写成的日本最古老的说话集，这是日本最早将猫记述在文学作品中。在第

---

[*] 【基金项目】2017 年"北京市大学生科学研究与创业行动计划项目"资助。

三十回中，记载着 705 年，丰前国（福冈县东部）某男人于死后化为蛇，打算进儿子家，无奈被赶出，之后化为狗，再度被赶出，最后化为猫，终于得到一顿盛宴，让儿子饲养下来。在平安时代中期清少纳言的随笔《枕草子》第六段中，描述了第六十六代一条天皇和定子皇后是典型的猫奴，甚至给猫从五位以上的女官位阶。由此看来，在最早日本人开始接触猫的时候对待猫的态度就极其温柔，对猫的喜爱之情也有所流露。

后来到镰仓中期，据说武将北条实时为保护建造中的武士门第文库，专门从中国南宋进口了猫。

发展到室町时代猫成为珍贵的赏玩动物，此时的猫已经与之前的地位完全不同，大多只有皇室贵族才有机会饲养。再到后来的江户时代，猫的地位更加显赫。日本养蚕人家把猫当作守护神一般的存在。根据日本群马县的古记录，在一匹马价格一两的时代，猫的交易价格是五两。而到了明治时代，日本人饲养猫的风气达到了鼎盛，猫真正地走进了千家万户。

2　从地理环境看日本猫的生存条件

日本位于西北太平洋，作为四面环海的岛国，其地理环境有着特殊性。千岛寒流与日本暖流交汇于日本北海道附近的海域，寒暖流交汇从而形成大规模的渔场，使日本成为重渔业国家，日本除在近海渔场捕鱼，还发展沿海人工养殖。不仅如此，发达的造船业，使日本有强大的远洋船队到远洋捕鱼，日本的年捕鱼量排名世界第一。此外，由于日本对于水稻尤为珍视，为了解决岛上鼠患问题，当地居民在岛上养起了猫咪，渔业的发达给猫提供了良好的生存条件，渔民捕鱼归来清网的时候旁边往往围着一群猫，渔民时不时会把小鱼扔给这些猫，这也是猫食物来源之一。因为岛上缺少猫的天敌，加上适合猫居住的温暖适宜的气候，岛上的猫咪迅速繁衍，这使得猫在日本人的生活中大量地存在，已经完全融入日本人的生活。在日本有俗称的"猫岛"，往往一个小岛上猫的数量远远超过居民的数量，猫岛吸引了很多慕名而来的国内外游客前去投食。日本有十几个猫岛，比较有名的有宫城县的田代岛，岛上有一个祭祀猫咪的"猫神社"，据说过去可以通过猫咪的行动判断打渔的情况。滋贺县的冲岛、香川县的男木岛和佐柳岛，村落中遍布迷宫般的台阶，据说在晴天的日子里，还可以在防波堤上看到许多自由跳跃的"飞天猫"。爱媛县的青岛，曾经以岛上的猫咪为主题发售过猫的"写真"。福冈县的蓝岛，在这个小岛上游客一下船就会被猫咪包围，猫咪的数量是人的几倍。猫岛上的小猫慵懒自在，生活得很

是悠闲,与岛上的居民也相处得十分融洽。

3 民间故事、文学影视作品中日本人心中的猫形象

日本的猫文化已经深入日本本土文化的骨髓,无论是民间流传的故事,还是文学作品以及现代的影视作品,无不展现着形式多样的猫元素。

3.1 民间故事中的猫形象

在日本民间故事中猫的形象大致分为以下几类:令人恐惧憎恶的猫又(ねこまた)、招人喜爱受人供奉保佑人的猫神、与女性形象相关的猫等等。关于猫妖的传说在各国文化中皆有出现,而在日本的民间故事中其形象则更为传神具体。猫妖是上了年纪的老猫,通常表现为老太婆的形象,身体大约是人类体型的一倍,大只的猫妖甚至可以长得像小牛一般大小,尾巴末端分叉。一般的猫又都是具有10年岁数以上的老猫,最明显的特征是分岔成二股的两尾,妖力越大,分岔越明显,在光线较暗的情况下猫又背中部发光,它的伶牙俐齿能将山中其他妖兽撕裂得粉碎后吃掉,同时也会咬伤人类和家畜。此外还能像杂耍木偶戏一样用妖力招手操控尸体。传说中有这样一种应对猫妖的对策:为了防止老猫变成猫妖,便把仔猫的尾端切掉,只留下短短的根部,这样一来,就不怕到时候猫尾巴分岔,变成猫妖在家中作祟了。

据说猫有九条命,当猫养到九年后就会长出一条尾巴,每九年长一条。一直会长九条,当有了九条命的猫又过了九年,就会化成人形,这时猫才是真正有了九条命,在中国也叫九命猫妖,也是在民间被认为最与现实接近的妖怪。这大概也是由于远古时代人们对自然和动物的敬畏之心,人们往往会把不能解释的东西归结于妖力,这就造就了猫妖传说的诞生。

猫在民间故事中的形象并不仅限于猫又这种神秘可怕的设定。在《分类故事要语》中有这样的记载:"猫眼早晚圆,正午如一线。""子午如线卯酉圆,辰戌丑未杏仁尖,寅申巳亥枣核样。"猫的瞳孔会随光线强弱的变化而发生形状的改变,猫的瞳孔"一早一晚是圆形的,正午的时候成一条线。""正午如线早晚圆,早上和晚上七至九点凌晨和下午一至三点如杏仁般是尖的,早上和下午三至五点,上午和晚上九至十一点如枣核样。"民间故事中流传着根据猫瞳孔的变化来判断时间,对于生活在没有钟表时代的日本人来说这是猫给日常生活带来的福利。

日本流传的招财猫的故事有诸多版本,其中较为人熟知的是日本豪德寺的招财猫传说。江户时代,豪德寺因为庙道中落,参拜的人少之又少,百般无奈的住持对

146

寺中所饲养、视同骨肉的一只叫"玉"的猫说："玉啊，如果你了解寺里现在贫困的状况，就招点好运给我吧！"

一天，彦根城的城主井伊直孝和众家臣外出打猎，回程途中路过豪德寺，看到一只白猫正举着右手像是在招呼他们，于是就下马进入寺庙歇息。刚进门，外面便雷电交加，吓的井伊家的马嘶嘶乱叫，门外的木柱也被雷轰的一声给劈断了。见此情景，井伊直孝和众家臣就留在了寺院内，住持便和井伊城主说法论道，很是愉快。雨停后，城主高兴地对住持说："刚刚在门外白猫招呼我们进来，让我们免于雷雨浩劫，又承蒙住持盛情款待，井伊家无以为报。"城主回城后，开始大兴土木修建豪德寺，使豪德寺竟在城主的庇护之下香火鼎盛起来。

后来，庙猫"玉"往生了，住持特意为它盖了一座猫坟，还让人雕了尊猫雕像，称为"招福猫"。一般招财猫举左手预示着招福举右手招财。招财猫后来在日本流传下来，现如今有好多商店门口都会摆放招财猫招揽生意。

3.2 文学作品中的猫形象

早在日本古典的文学作品《日本灵异事件》《枕草子》《源氏物语》等中就有关于猫的形象描写。近代日本文豪夏目漱石的代表作《我是猫》则是以一位穷教师家的猫为主人公，以这只被拟人化的猫的视角来观察人类的心理。这是一只善于思索、有见识、富有正义感又具有文人气质、但始终不会捕捉老鼠的猫。通过猫这一形象作者进行了一系列对现实社会的批判。作者赋予猫以人的思想。说到作者为何偏偏要选取猫而不是别的动物，例如狗或鸟等形象来观察人类的现实社会，这就要归结于日本人对于猫的特殊情感联系。日本人喜爱猫，与猫也较为亲近，因此猫能够随意进出主人的房间，跟在人的身旁，看到人的种种真实的做法，这如果换做是其他动物的话大概就没有作者想要表述的这种特殊视角了。古往今来，在日本的文学作品中猫已经称得上是常客了。

3.3 影视作品中的猫

看过日本影视作品的人都不难发现其中或有意或无意刻画的猫形象，即使不是大张旗鼓地以猫为主角的影视作品，其中也经常会有猫的镜头出现。其中陪伴着我们成长、成就我们快乐童年的、令人至今都无法忘怀的动漫作品当属信太郎创造的*Hello Kitty*和漫画家藤子·F·不二雄和藤子不二雄A共同创作的《哆啦A梦》。这两部作品都以猫作为主要人物进行刻画。*Hello Kitty*里的可爱小粉猫圈了一大波少女

粉。另外，不知有多少人想要有一个叮当猫作为自己的朋友。可爱的猫咪形象一经在影视动漫里出现就引起相当高的热度。可以被称为一个时代的传奇的漫画家宫崎骏先生，其创作也是离不开猫的。其中较为有名的有《侧耳倾听》《猫的报恩》《魔女宅急便》《穿长靴的猫》等作品。《侧耳倾听》中的猫男爵后来又以主角形象出现在《猫的报恩》中，由此看来宫崎骏老先生对于猫的喜爱不是一部作品就能表达完的。《魔女宅急便》中陪伴主人公琪琪一起长大的黑猫吉吉突破了人们对于黑猫不好的看法，其在影片中的表现也着实让人喜欢。

　　日本观众对于影片中这些形象表现出的喜爱也是有数据可循的。1989年在日本上映的《魔女宅急便》，创造了日本当年最高的票房纪录——43亿日元。这些数据在当年算是相当可观的了。猫在日本人们心中的地位之高展露无余。除此之外，日本仍然有许多以猫为原型的影视作品，比如比较火的动漫《夏目友人帐》，电影《租赁猫》等等。

4　从日本人的性格分析其猫情结

　　在《菊与刀》中，鲁思·本尼迪克特如此评价日本人：日本人是既生性好斗而又温和谦让；既穷兵黩武而又崇尚美感；既桀骜自大而又彬彬有礼；既顽固不化而又能伸能屈；既驯服而又不愿受人摆布；既忠贞而又心存叛逆；既勇敢而又懦怯；既保守而又敢于接受新的生活方式。这段概括对于日本人的性格评价十分中肯。如果把日本人的这些国民性格与猫联系起来，我们可以发现很多相似的东西。日本人这种十分矛盾的国民性格在猫的身上也有许多体现。首先，生性好斗而又温和谦让。在日常生活中我们经常会有这种体会，前一秒还在撒娇卖萌的猫咪后一秒就和别的小猫干起架来，究其原因大概会有三点：一是由发情吃醋造成，一般雄性猫咪比较暴躁；二是由争夺食物造成，这在现代家猫中出现的较少；三是由争夺地盘造成，猫咪有很强的领域意识。然而在没有涉及这些原因的时候猫咪总是一副温和的神态。其次，猫和日本人一样崇尚干净和美感，猫有一个十分特别的习惯，每当它们排完粪便之后就会用东西把排泄物遮盖住，这和其他大多数非猫科动物不同。这和日本人在生活中相当注重干净整洁的习惯不谋而合。

　　既驯服而又不愿受人摆布；既忠贞而又心存叛逆。日本人有很强的学习本领，古中国是世界大国，幅员辽阔，物产丰富，各领域的技术也位居当时世界前列，日本作为中国的邻国，一度向中国供奉奇珍异品，俯首称臣，发扬其谦虚好学的精神全面摄取中国文明制度，汲取中国先进文化，但这种状态没有沿着近代历史一直持

续下去，日本人骨子里的桀骜、不愿受人摆布的品性使其在强大之后头也不回地弃中国而去，投入到新崛起的欧洲人的怀抱中。甚至在后来为了自己的利益参与到残忍的非正义的国际战争中，在中国展开了长达八年的中日战争。这也可以说是一种背叛。而猫这种动物也存在着这种轻易背叛的本性。日语中有这样一句俗语：『猫は三年の恩を三日で忘れる』。意思是猫用三天把三年的恩情都忘了，比喻猫忘恩负义、容易背叛的本性。从生活中我们也可以看到，猫经常亲近给它投食的人，今天亲近这个，明天可能就变了。可能正是因为这种相似的性格，日本人才更加包容猫的存在，或许他们之间会有些共鸣吧。

此外，日本作为一个四面环海国土面积狭小的岛国，其物质资长源期处于溃乏的状态，这使得他们对自然的敬畏与崇拜在长期的历史发展中逐渐形成。因此日本人能够与自然以及环境中的人和动物以一种平和的关系和谐共处。早期日本农业种植水稻发展的过程中，猫对于防御鼠害功不可没。由此在日本人心中埋藏下对猫的感激之情。

5 现代日本人爱猫的体现

日本人爱猫并不只停留于精神层面的欣赏喜爱，也拓展到了现实生活中。在日本，人们特地把每年的2月22日命名为"猫之日"，其来由是因为在日语中，"2"的发音"ni"与猫的叫声"nyanya"相似。因此，自1987年起，日本把2月22日定为"猫之日"，专门为了动物命名节日，可见日本人对猫的喜爱程度之深。由此来看，日本人对猫的各种呵护备至、关爱有加的照顾也不足为奇了。最近在国内十分流行的猫主题咖啡厅也是起源于日本，日本人经常去猫咖啡馆，他们享受的不是咖啡和其他饮品，而是与生活在馆中的猫戏耍，咖啡馆里气氛安静，听到偶尔传来一两声"喵喵"的叫声，就能够释放的人们重压，带来心灵的治愈。养宠物的人难免经常会去宠物店，给自己的爱宠美容、买食物等，目前日本宠物店面向猫的服务已经发展到十分完备的程度。比如说美猫套餐，其中服务项目包括给猫洗澡、剪指甲、剪毛做造型等等，已经堪比人的享受级别。据说这种服务的费用也十分昂贵。而且宠物店以及超市便利店里也会摆着琳琅满目的猫粮、猫饭、猫饮料等等，品种繁多。日本的宠物店还有一项比较特别的面向猫的服务，就是他们会给猫上"猫身保险"，如果猫生病了的话，可以送到宠物店或者宠物医院治疗。如果宠物主人有事情要出门几天，自己家的小猫咪又无人照料，日本甚至会有宠物宾馆这种机构，宠物主人可以把爱猫送到宠物宾馆，每天透过摄像头看到自己的爱猫。日本人对于猫可真谓

是"宠爱"到了极致。

结　　语

有人说日本民族是世界上最喜欢猫的民族，上述列举和分析也很好地印证了这句话。在日本，猫是高贵的，日本人信奉猫神，有很多猫神社如今仍然香火不断。猫咪温顺可爱的形象、惹人爱怜的慵懒叫声，往往让人难以抵挡，日本人有如此浓重的猫情结也着实可以理解。

参考文献

[1] 松田修. 猫的都市学 [J]. 国文学，1982（9）：10.

[2] 鲁思·本尼迪克特. 菊与刀 [M]. 严雪莉，译. 江苏：凤凰出版社，2012（2）.

[3] 李志芳，柳慕云. 日本民间故事中"猫"的形象 [J]. 外国问题研究，2009（3）：67-69.

[4] 冯金. 关于日本猫情结的思考 [J]. 读与写（教育教学刊），2012（5）：34-36.

从日剧看日本社会文化*

卢 慧

摘要：本文以日剧影视文化为研究对象，从日剧鉴赏与分析着眼，按时间顺序选取各时期传入中国的不同类型的经典日剧进行探究，并总结其典型特点，探讨其影视魅力，通过日剧中折射出的日本社会文化现象来进一步分析日本当时的社会现状及国民文化心理。

关键词：日剧；日剧特点；日本社会文化

日本电视剧（简称"日剧"）常指日本的电视台在全天各个特定时段所播出的电视剧，故事内容多样，以大众日常生活，或以漫画改编的故事为主题，大多着重于描述特定职业的职业生态，性质偏向社会写实。

日剧作为日本文化的载体，真实深刻地展现了日本本土文化下独特的民族审美情趣和哲学观。在休闲娱乐的同时，日剧中所传递出的的思想内涵和文化特征既是日本社会现状及国民文化心理的反映，也进一步影响着日本社会文化的发展和走向。本文通过对日剧的剖析和解读，来分析日剧的特点，并探讨不同时代日剧中体现出的不同的日本社会文化。

1 经典日剧作品赏析

本部分以时间为顺序，选取20世纪80年代、20世90年代以及21世纪至今三个时期传入中国的不同类型经典日剧进行鉴赏与分析。结合各个时期的日本社会背景，分析日剧与日本当时社会现状及国民文化心理的关联。

---

* 【基金项目】2017年"北京市大学生科学研究与创业行动计划项目"资助。

1.1 20世纪80年代

此时传入中国的日剧以体育、励志、爱情题材为主，代表日剧有《姿三四郎》《排球女将》《阿信》《血疑》等。《姿三四郎》讲述的是主人公姿三四郎从一名好勇斗狠的鲁莽青年成长为一名真正的柔道大家的励志故事。《排球女将》讲述了热爱排球的小鹿纯子克服重重困难，追求奥林匹克梦想的故事，其精湛的球技和顽强拼搏的精神为人津津乐道。《阿信》亦为成长故事，讲绘了八佰拜超市创始人的奋斗历程，给予观众振奋与希望。《血疑》则讲述了身患血癌的少女大岛幸子与男友相良光夫之间的凄美爱情故事，其中幸子顽强乐观的精神，以及与光夫的真挚爱恋令无数人感动、心碎。

这一时期的日剧以励志为主题，多为表现青年人成长的励志故事。20世纪80年代，在第三次科技革命以及日本政府关于经济发展战略正确的推动下，日本得以飞速发展，成为仅次于美国的世界第二大经济实体。经济的繁荣使得日本国民生活水平迅速提高，民众普遍受到激励，奋斗的热情高涨，工作积极性显著提高，因而顺势产生了一系列通过自身努力改变命运、实现梦想、自强不息的主人公形象，契合了当时日本民众的文化心理需求。另一方面，剧中人物的成长史也为日本观众提供了精神支持与力量，并成为了他们最直接的学习模板。这一切，都使得日本国民对其未来生活有了参照和想象。可以说这个时期的励志日剧既是当时日本高速发展的社会经济背景和民众生活积极性的体现，也塑造了当时日本社会文化的显著特征，成为了影响整个社会的强大的精神力量，从而推动当时经济的发展。

1.2 20世纪90年代

这一时期传入中国的日剧以新兴的"青春偶像剧"为主。代表日剧有《第101次求婚》《恋爱世纪》《悠长假期》《东京爱情故事》等。《第101次求婚》讲述了一个普通的上班族男人和一个看起来完美无暇的女人的爱情故事。《恋爱世纪》讲述了片桐哲平与上杉理子这一对欢喜冤家的甜蜜爱情喜剧。《悠长假期》讲述的是一个过气的女模特与一个有才华的年轻钢琴家之间的浪漫爱情故事。《东京爱情故事》通过描写莉香和完治的情感经历展现日本当代青年的精神世界与感情纠葛，而热情奔放的莉香与传统温婉的里美个性间的差异，则展现了爱情中传统与现代价值观念的冲突与碰撞。

在日本国内，"青春偶像剧"诞生在90年代日本泡沫经济的背景下，各大民间

卫视纷纷将目光转向年轻人群体，观察年轻一代的内心世界，打造投合年轻人受众的剧种，于是"青春偶像剧"应运而生。"青春偶像剧"的显著特征是以偶像明星为主角，以青少年为主要收视对象，以华丽时髦的现代都市为背景，讲述年轻人的爱情、亲情与友情。偶像清新靓丽、剧情细腻煽情、场景别致考究、气氛唯美浪漫、制作精良用心，凭借这些优势，"青春偶像剧"引领一时风潮。

在日本泡沫经济的背景下，这一时期的日剧起到了鼓舞民众、树立希望的作用，为处于困境中的日本经济提供了精神的动力与支持，同时也鼓励和引导了社会价值创造的主力军——年轻一代努力创造美好精彩的未来人生，从而带动整个日本经济社会的发展与进步。"青春偶像剧"的受众大都为十几岁到三十岁的年轻一族，他们对爱情有着美好纯真的期盼，对未来有着理想主义的激情，却尚未建立成熟的思维价值体系，且其中大部分为接受高等教育的大学生以及都市白领阶层。而日本偶像剧中浪漫热烈的爱情、精致而有质感的生活以及时不时表露在剧中的小资情调、价值追求都为年轻人提供了一种理想化生活状态的蓝本和参考，在年轻一代人生方向的选择上，起到了一定的潜移默化的引导作用，从而激励年轻人通过自己的努力实现人生价值，并为社会做出贡献。

1.3　21世纪至今

这一时期传入中国的日剧题材多样，深刻反映当代社会问题。代表日剧有《白色巨塔》《一公升的眼泪》《家族游戏》《最完美的离婚》等。《白色巨塔》讲述了外科部副教授财前五郎的悲剧人生，主人公财前五郎历经权势争斗、人情世故与金钱利益的纠葛后，虽成功当上教授，却在败诉与患癌交加中死去。《一公升的眼泪》讲述了患脊髓小脑萎缩症的高中生池内亚也以顽强的毅力和坚定的意志对抗病魔的励志故事。其中女主人公对生存的渴望让人震撼，引人深思。《家族游戏》讲述了家庭教师吉本荒野与沼田家一家四口的传奇故事，探讨了"家人间的羁绊""家庭本身是怎样的存在"以及"如何构建一个完满的家庭"等一系列看似普通却又复杂的伦理问题。《最完美的离婚》则演绎了两对年轻夫妇间错综复杂的家庭故事，通过结婚与离婚交叉汇合与过滤爱情的过程，探讨了婚姻观、家庭观等与现实生活的话题。

该时期的日剧题材丰富，涉及生活的方方面面并关注社会问题，深入社会肌理进行选材探究，促使观众产生更加深刻的感悟和思考。例如：创下超高收视率，被誉为神作的医疗剧《白色巨塔》涉及的是医学这一社会领域，为观众呈现了著名医

科大学里争权夺利、权钱交易、拉帮结派的黑暗一角，财前医疗官司的败诉也引起人们对现实生活中医生职业素养的重视和反思：以救死扶伤为宗旨的医生这一崇高职业不应被权势利益所束缚，也不应因地位声望所累，而应坚守对患者的责任，时刻怀揣对生命的尊敬、敬畏之心。

《家族游戏》则将视线放在了与每个人都密切相关的家庭上，同时也探讨了校园欺凌、教育、婚姻、救赎、成长等等内涵深刻的话题。这部剧不同于温情的心灵鸡汤，它把世界虚伪的外壳打破，展示给观众血淋淋的的残酷现实，强调了"面对恶，要强大起来、战胜它，才可以获得成长和胜利"的观念。亦即剧中"生活并不是休息之后就可以重新来过的，真正重新来过的人是从不休息的"所言。

21世纪初期日本经济虽有回温现象，但失业率并没有显著下降，且社会问题日益深刻严峻，引发了日本上下广泛的关注和讨论。在这种背景下，日本国民期盼早日解决一系列问题。与此同时，日剧紧跟时代潮流，关注社会热点问题和现象，对其进行探讨与思考，寻求解决途径与方法，体现出了浓厚的人文主义情怀。日剧真实地反映出的诸如就业问题、性别歧视、家庭问题等社会现状，并对其展开探讨，表明其正视问题的存在并敢于直面问题本身。而这种探讨和思考则必然会促进社会的发展与进步，从而起到意识反作用于物质并且促进物质发展的效果。

2 日剧特点

本节根据前文所述20世纪80年代、20世90年代以及21世纪至今三个时期传入我国的不同类型经典日剧的鉴赏分析，从多个视角角度来进一步探究日剧特点，并探讨其影视魅力，总结日剧特点中折射出的日本社会文化和国民性特征。

2.1 日剧节奏紧凑，短小精悍，叙事集中，取景和播放具有季节规律性特点

日剧短小精悍这一特点避免了观众的审美疲劳，紧凑的剧情、快速的情节发展能够牢牢地抓住观众，使观众能够集中进行感情移入，从而保证收视率。日剧以季度为档期，一年分为春夏秋冬四个季度剧，日剧十几集的集长满足了季播的形式，使其剧中展现的时空与现实世界保持高度一致，这也使得电视剧里的场景与现实世界步调一致，给观众现实性和真实性的感觉与体验。热播日剧SP是对已播完的剧集做的补充或者后续，多以独立短篇的形式出现，一般在两季剧之间播出，时间大概为2小时，能够很好地满足受众们对已完结日剧的继续追剧的心理愿望，同时进一步扩大作品的影响力，从而达到观众和制片方双赢的结果。日剧的这一特点也是日

本人高效率、快节奏的国民文化的体现。

2.2　日剧具有时段档期性特点

按照每天的播出时段，日剧分为晨间剧、午间剧和夜间剧，日本电视台会安排在上述不同时段播出内容各具特色的日剧，以满足不同人群的观剧需求和喜好。其中富士台播出的"月九剧"多以都市青年男女的浪漫爱情故事为主要内容。日本放送协会（NHK）的王牌"大河剧"在周日晚间七点播出，以历史题材为主要内容。NHK的晨间小说连续剧每天（每星期一到星期六）早晨连续播出一集，大都是述说在逆境中奋斗的女性故事。时段档期性的特点使得各电视台的各个时段形成了自己独特且稳定的档期特点，有利于不同年龄性别、不同兴趣喜好、不同社会阶层的收视群体来选择符合自己需求的日剧作品观赏，这种受众细分将日剧收视人群延伸到社会各个阶层，有助于扩大日剧的影响力和提高收视率。日剧的这一特点在日本人身上则体现为善于精细分类，并条理清晰地完成工作和享受生活。这同时也体现在日本人严格细致的垃圾分类等生活细节上。

2.3　日剧题材丰富，具有既完整全面又精细分类的完备的类型化体系

有励志剧《姿三四郎》《阿信》《一公升的眼泪》等，青春爱情剧《东京爱情故事》《悠长假期》《花样男子》等，校园剧《麻辣教师》《龙樱》《高校教师》等，家庭伦理剧《家族游戏》《最完美的离婚》《同一屋檐下》等，医疗剧《白色巨塔》《医龙》《仁医》等，侦探推理剧《神探伽利略》《上锁的房间》《欺诈游戏》等涉及社会方方面面内容题材的日剧作品。日剧题材的多样化能够满足不同心理需求的观众，也为日语学习者和爱好者提供了全面丰富的学习与娱乐休闲资源。日剧这一特点体现了日本文化中的包容性，日本社会允许并鼓励多种思想价值观共同发展繁荣，多类题材日剧的存在，体现了对不同文化的包容和接纳。

2.4　日剧关注和探讨各类社会现实问题，并深入分析其社会文化根源

日本剧作家常常毫不掩饰地描述一些黑暗的社会现象，其中包含社会敏感话题。如聚焦女性婚外情问题的《昼颜》，讲述女性在生活工作中遭遇性别歧视的《问题餐厅》，揭示校园暴力、师生恋、乱伦、谋杀、自杀，同性恋等一系列问题的《高校教师》，描写强奸问题的《白昼之夜》，等等。日剧"并不强调对现实的停滞和圆满，而是引领人们对生活、对人生的意义进行更深层次的探索和挖掘"[①]。通过客

[①] 王砚秋：《日剧研究浅析》，载《北方文学》，2011年第3期，第23—24页。

观描摹日本现状，揭露和批判当今社会黑暗面，引起人们对社会现实问题和人性丑恶一面的关注和反思，同时呼唤人与人之间的理解与宽容，歌颂人性的善良与美德，达到使社会更加和谐美好的最终目的。日剧主人公多是平凡的小人物，讲述的是平凡现实生活中的普通日常故事，小人物的成功和失意、追求理想过程中的艰辛以及最终理想实现的欢欣鼓舞等等。这使得日剧具有了真实性和可观性的优点，常常能使观众产生认可与共鸣，并获得慰藉与满足。日剧的这一特点体现了日本国民关注社会现实，并由此出发进行探讨的社会责任感。

2.5 日剧一般采用流水线式的制作方式，即编剧、拍摄、播出一体化的模式[①]

边拍边播的制作方式，使得高度产业化的日剧得以最大程度地追随不断发展变化的社会潮流，及时调整自己的姿态，便于推动甚至引领社会潮流发展走向。根据收视的需求和时尚潮流的变动而定剧情走向和结局，使得日剧更加具有人性化和灵活性的特征。并且在播出过程中，收视率太低、不受欢迎的日剧会被叫停，这一方面既节省了制作成本，减少资源浪费和滥用，又给新的更加优秀的电视剧作品提供播放平台，促进新生资源的流动利用，另一方面严格的电视剧收视底线要求也有利于保证日剧基本质量，促进创新和发展变革。日剧的这一特点反映了日本人性格上的现实性。以收视率为评判标准的电视剧必然要在一定程度上顺应社会大众心理需求，以此来提高收视率，获得现实利益。

2.6 日剧拥有精良的制作体系

与国产电视剧中演员报酬占电视剧制作总费用的比例较高所不同的是，日剧将更多的成本用于电视剧本身的具体制作，包括剧本、拍摄、取景、后期等等，正是有了正确领域大量资金投入的支持，才使得日剧制作精良，有着高质量的目标追求。

日剧重视剧本质量。日本影视界采用了有效务实的激励机制来促进优秀剧本制作，各电视台都会投物力财力资源来挖掘新人，从而促进了剧本的传承和更新，有利于剧本的善性循环发展。日本本身所拥有的优秀动漫资源的改编也为编剧们提供了素材，为剧本创作注入了新的活力。日剧片头和片尾的制作也与国产剧不同，它并不是简单地将剧情剪辑和堆砌而成，日剧会专门制作与电视剧本身剧情内容无关

---

① 李晓琳、李福生：《由日剧引发的电视剧"本土化"思考》，载《科学之友》，2010 年第 2 期，第 18—23 页。

但主题与风格基调能够反映电视剧特色的片头片尾，起到烘托电视剧氛围的作用。另外，日剧配乐相当精致，每部日剧片头都有为剧情量身制作的精彩主题曲，配乐与剧情的交织配合使得电视剧更加深入人心，主题曲也因此被大家传唱，起到相互促进的作用。日剧的台词大都充满着理性的人生哲学思考和浪漫主义情怀，发人深省的同时起到促进思想观念成熟和塑造价值观的引导作用。日剧在拍摄方式上多采用长焦镜头特写，美工上讲求场景制作与颜色搭配，这些特点传达给观众日本美学的独特观感：视觉美与精神美的统一，形式美与内容美的统一。日剧的精良制作体现出了日本人严谨、一丝不苟的国民文化特征。

3 从日剧看日本社会文化

电视剧作为一种社会文化产物，必然与其国家的社会文化有着密切联系，编剧以现实生活中的事件或者人物为原型，浓缩升华至反映现实、启迪思考的艺术品。本部分基于前文对各时期日剧的鉴赏以及日剧特点的总结，来探究日本社会文化特征。

3.1 日剧中的民族性

日剧中体现出强烈的民族性特征，反映出日本现代社会文化深受其民族传统文化的影响。民族性是一个国家或民族在历史发展过程中形成的独特的思想和风格，在日剧中有鲜明的体现。日本现代社会文化中包含很多日本民族的传统文化。"从实物层面来讲，日本民族文化的和服、樱花、花道、茶道等都在日剧中频繁出现；从精神层面来看，严谨、誓不放弃、自我约束、团队作战这些比较古老传统的精神也贯穿始终。"① 日本现代社会文化深受其民族传统文化影响，并在继承民族传统文化中发展前进。

3.2 日剧中的写实性

日剧具有强烈的写实性，反映出充斥着危机意识的日本社会风貌。日剧严肃而真实地描绘出现实世界的残酷与冷漠，以及身处其中的人们的迷茫与无助，启迪观众以美好与残酷共存、黑暗和光明交替的现实。日剧的这种强烈的写实性基于日本社会文化中强烈的社会危机意识和生存压力。日本自身的国情即面积狭小、资源短缺、人口众多等特征决定了日本人的带有危机意识的现实主义社会文化。日剧通过影视

---

① 吕暮瑾、徐东海：《2011 从日剧看日本文化》，载《商业文化》，2011 年第 7 期，第 45—48 页。

直观真实地呈现出的社会现实，就是日本现实主义文化的体现。

3.3　日剧中的哲学矛盾性

日剧体现了日本社会文化的哲学矛盾性。日剧不会单纯地描写对错或正邪，日剧中没有绝对的对错，没有唯一的答案，每个人都能从中得到属于自己的不一样的思考和领悟。同样的日剧作品，年龄、性别、阅历、认知能力不同的人观赏必定会有不同的感悟和反思，日剧不把人物性格限定为单一绝对化，而是塑造更加立体真实血肉饱满的人物形象，不要求受众对人对事的观点和评价一致，这同日本文化充满包容性与理性的理念相一致。

3.4　日剧鲜明的主题性

日剧主题深刻，励志元素贯穿全剧，反映了日本社会文化中对深度思考的重视和精神力量的推崇。日剧的剧情不浮泛，能够深入社会问题并反射出大众文化心理，通常表现为富有理性哲学色彩的台词。日剧中无论是身残志坚的残疾人、身患绝症的病人，还是普普通通的上班族，抑或是身价百万的富翁等等，无论身体状况的差距，或是拥有财富的悬殊，他们身上都带有奋发向上的进取精神和锲而不舍的执着精神，这些精神能够启示观众们生活的希望与美好，激励观众们努力拼搏、创造属于自己绚烂的未来人生。

综上，日剧从内容上来看多与社会现实密切联系，讲述平凡人物的不平凡人生；从形式来看，制作精良、包装精致的日剧具有日本独特的美学特征；在思想内涵上，作为日本文化的载体，它有效传达了日本社会文化现象，引导观众进一步思考感悟日本文化，具有高度的艺术价值。我们在观赏日剧时，应该在欣赏其形式美的同时，更多地关注其包含的日本文化精神内涵，并以日剧中的话题为契机，产生属于我们自己的独特深刻的思考和感悟，进一步提升自己的思想境界和价值认知能力。

参考文献

[1] 杨杰，徐晓. 日剧在中国传播的现状和启示 [J]. 当代电视，2016（4）：32-34.

[2] 陈留留. 偶像剧的时代"东方梦工场"日本青春偶像剧研究 [J]. 电影新作，2014（8）：11-14.

[3] 史歌. 日剧为何败于韩剧？[J]. 艺术评论，2006（8）：67-69.

[4] 董浩宇. 日剧浅说 [J]. 出版经济，2001（2）：11-12.

[5] 王晓赛，柳珂. 日剧漫谈 [J]. 科教导刊（上旬刊），2010（9）：31-32.

从日本地理特征看日本人的国民性 *

杨 慧

摘要：日本四面环海，海洋性气候突出，风景优美，景色宜人，日本国土呈狭长状分布，纬度跨度较大，造就了日本多种多样的自然风貌。地理环境对一个国家的影响十分重大，日本亦不例外，自然环境对国家的人民的生活方式、休闲娱乐方式、社交礼仪方式以及民族性格都有着重要影响。本文以日本的自然地理特征为研究对象，选取具有民族特色的自然景观，探讨自然与一个国家的民族性之间的关系，进一步了解日本自然环境对日本人国民性的影响。

关键词：日本；地理特征；国民性

引 言

提到日本，人们总能想到雄伟壮阔的富士山，满山遍野的樱花树，以及丰富多样的海洋美食。日本四面环海，地势狭长，位于海洋性季风气候区，温暖湿润，气候宜人，但南北跨度较大，也形成了独特的自然环境。日本历史悠久，《古事记》和《日本书纪》中记载，第一代天皇神武天皇于公元前660年建国即位，公元100年开始，史书有了以国家形式的记载。日本是一个岛国，西边靠近中国、朝鲜、俄罗斯，自古以来，在文字、服饰等文化方面受我国影响颇深。现在的日本在衣食住行方面虽保留着某些从古代中国吸收的传统文化特征，但日本本民族也拥有着独一无二的文化传统，文化的交融与碰撞造就了今日日本的风俗文化。除了文化交融，自然环境也对日本民族起到重要的影响。地理位置、气候、河流等都是造就一个国家必不可少的重要条件，在时间的作用下，日本逐渐形成了自己特有的自然景观，受自然环境的影响，日本的"大和民族"也有了自己独特的民族性格。

日本是一个美丽的岛国，有"千岛之国"的美誉，但相对狭小的又零散的国土，

---

* 【基金项目】2017年"北京市大学生科学研究与创业行动计划项目"资助。

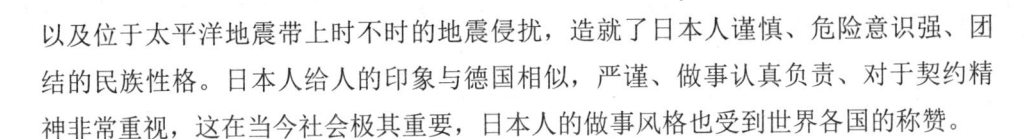

以及位于太平洋地震带上时不时的地震侵扰，造就了日本人谨慎、危险意识强、团结的民族性格。日本人给人的印象与德国相似，严谨、做事认真负责、对于契约精神非常重视，这在当今社会极其重要，日本人的做事风格也受到世界各国的称赞。

1 璀璨的明珠 —— 冲绳

一方水土养一方人。日本的独特的自然环境造就了今日的日本。日本由九州、四国、本州、北海道四个大岛及7200多个小岛屿组成。在不同的地理环境影响下，人民的生活方式不同，接人待物的社交礼仪就有了差别。

日本冲绳，地处日本西南，在日本本土和中国台湾之间，南北长约107千米，宽31千米，面积1208平方千米，人口约122万。冲绳岛上资源贫乏，土壤贫瘠，所幸冲绳地理位置独特，处于热带海洋性气候，温暖湿润，拥有日本少有的亚热带风光，棕榈树、沙滩、阳光让冲绳成为了世界闻名的旅游胜地。冲绳旅游业发达，但在以前却以农业为主，盛产亚热带的农作物、水果等。虽以农作物为主，冲绳人的日常生活却又难以自给自足。身为岛国，海洋渔业发达，这在一定程度上缓解了食物上的压力。优美的自然风光、适当的农业生活，加上热带风光熏染下的冲绳人民热情朴素，享受着自然环境带给他们的恬静悠闲。冲绳岛上海产品是食物的主要来源，海产种类丰富，营养成分高，满足了人类所需的物质生活需要。在风土民情方面，冲绳人民热情好客，一望无际的大海，波澜壮阔，给了冲绳人民一颗充满激情的心，亚热带的植物、气候，又给了他们温柔如风般的性格，大自然的恩赐造就了冲绳人特有的性格特征。同时冲绳也是一个饱受战争摧残的地方，从古到近现代，多次的战争让人们饱受折磨，所以冲绳人民爱好和平，同时也强烈排斥战争。冲绳就像一个热情泼辣、爱憎分明的姑娘，既温柔又坚强。

日本在饮食方面也独具地方特色，尤其是各类海鲜产品。日本因四面环海，故而渔业十分发达，生鱼片、烤鱼、煮汤，海洋产品已经深深地融入到了日本人的生活，犹如空气，不可或缺。日本人吃鱼世界有名，鲜美的生鱼片沾着些许芥末酱油，细细品味，实属人间美味。海洋产品是大自然的馈赠，为了获得食物，人们需要与大海做斗争，面对海上的狂风骤雨，在生死边缘获得的食物造就了日本人勇敢拼搏、不畏艰苦的性格。

2 灵魂的使者 —— 樱花

日本人对樱花的喜爱世界闻名。樱花的原产国是中国，远在秦汉时期樱花便已

经在中国宫苑内种植，后来日本来华朝拜者将樱花带回了日本，樱花从此在日本的国土上绚烂盛开，更被誉为日本的国花。日本奈良县吉野山以樱花而闻名，有日本第一之誉，春天来时，粉红色的樱花开满山野，被称为"吉野千本樱"。从山脚到山顶遍植樱树，春来樱花满山。以樱花盛开而闻名的吉野山，被分为四个部分，到每年的4月份，樱花按"山麓千棵""山腰千棵""山上千棵""山里千棵"的顺序依次盛开，场面壮观。樱花带给日本的意义重大非凡，它象征着热烈、纯洁、高尚。日本自古便有赏樱的传统习俗，樱花开放时，人们身着盛装，自在地围在樱花树下，吃着可口的美食，感受着微风吹来，夹杂着淡淡花香的春风，那一刻仿佛内心都被洗涤了。樱花有一种特质，花开虽然绚烂，却给人以一种忧伤的感觉，这是因为樱花开花期短，日本人用樱花短暂而灿烂的一生来形容武士道精神，花为樱木，人则武士。《武士道》一书中写道"所谓武士道精神，就是如同日本的象征——樱花一样的事物"。日本人非常崇敬樱花，樱花的花期很短暂，盛开的时候绚烂地绽放，日本人对于这种短暂的事物非常崇敬，武士道切腹自杀，在外国人看来十分荒诞，却被日本人看作对自己犯下的错误承担责任、请求他人原谅的最高行为。日本人认为世间没有完美的事物，因为残缺，所以更加弥足珍贵。樱花的凋零中潜藏着令人怜惜哀愁的情绪，这种情绪与佛教中的随缘、放下、生死轮回的思想相吻合，它与日本人朴素的哀的思想相结合，哀生命的无常短暂，悲世事的无可奈何，对樱花的喜爱体现了日本人独有的审美观念。

  不同的民族赋予了樱花不同的情愫，故而产生了不一样的思想观念。日本是一个狭长的岛国，多地震、火山、海啸等自然灾害，岛上又不适宜大面积种植粮食，出海捕鱼又要面临一定的风险，在日本人的心里，死亡或许并不是一件很让人难以接受的事情。因为长期生活在紧张的环境中，所以日本人也格外地热爱生活，每一天都是弥足珍贵的，更加珍惜生命的可贵。他们哀物却不自甘堕落，用美丽的事物来激励自己，鼓励自己，又因美丽的事物易逝，来安慰自己。同时人们向往美好的生命，让生命更加绚丽地绽放，所以他们用心地生活、工作、休闲娱乐，以此来感恩上天给予的生命。樱花的影响，樱花的魔力，不能用语言来描述，却是日本人民生生世世所追求、所向往的。美丽的樱花不仅在精神上影响着人们，在美食上同样成就非凡，樱花团子、樱花酒、樱花果冻、樱花蛋糕等一系列产品都已经深入到了人们的日常生活中。

3 民族的象征——富士山

富士山是日本第一山，山顶常年积雪，像一个巨大的甜甜圈，很多著名的摄影作品都是以富士山为主题，也让世界的人们看到了富士山的美丽壮阔。富士山位于日本东京西南西方约 80 千米的位置，是静冈县和山梨县境内的活火山，主峰海拔 3776 米，是日本国内的最高峰，山顶终年积雪，属于本州地区的富士箱根伊豆国立公园，也是日本一百座名山之一。富士山作为日本的象征之一，在全球享有盛誉。它也经常被称作"芙蓉峰"或"富岳"。自古以来，这座山的名字就经常在日本的传统诗歌《和歌》中出现。富士山不仅仅是日本的国家象征，同时也是日本民族的象征，被日本人称为"圣岳"。富士山像一个勇士一样屹立在日本的国土上，成为了日本的骄傲与精神的支柱。这座人们心中伟大的圣山同时也是一座活火山，这似乎验证了一句话，美丽的往往是危险的。富士山也许在将来的某一天会喷发，这种不确定性给人们带来心理上的恐慌，又给了人们坚强勇敢的勇气。不得不提的是在富士山下有着一个让人听起来便心生恐惧的地方——自杀森林。日本自杀森林指青木原树海，是日本富士山下的一个著名景区。青木原林海因两点而在日本闻名遐迩：一是从那可以看到的富士山景色美得令人窒息；二就是很多人会到那里自杀。日本拥有现代化高科技的社会，在满足人们越加丰富的需要的同时，科技也带给人们压力、痛苦。为此而死的可能还有一些高级知识分子。日本同样拥有贫苦的人群，三餐不饱，无家可归，也有付不起房租、工作失业的无助人群。同时也有着各种各样精神方面存在缺陷的问题人群，这是每个社会都存在的现实问题，但日本似乎能让这个问题更加地突出显著。本文认为这与民族性格不可分割。环境影响着人们，不同的环境下人们面临着不同的压力。只是每个人选择解压的方法不同，所以结果也不同。与其他国家不同，日本这个民族是崇尚死亡的，就如前面提到的樱花，日本人崇尚樱花的短暂，他们认为人也如此，死亡是自己生命的结束亦是生命升华。日本是一个自杀率很高的国家，据查到的数据显示，从 1999 年开始，日本每年因自杀身亡的人数超过 3 万人。尤其令人担忧的是，日本青少年的自杀率呈大幅上升趋势，19 岁以下青少年自杀率每年以 25% 左右的速度增长。也就是说，日本每天有近 100 人自杀身亡，该人数是交通事故死亡人数的 4 倍。在所有的发达工业国中，日本的自杀率是最高的。有学者调查称造成这一后果是因为日本经济的衰退，失业人数增加，日本又实行终身雇佣的管理方式，所以一旦失业，面临的境地就十分严重，不少人选

择结束自己的生命。通过这件事可以看出，最根本的原因除了经济，还有一方面就是日本人骨子里的性格原因。日本人对待工作认真，性格严谨，这是不可多得的优点，但日本人同时性格内向，不善表达，又有古时候武士道精神的影响，以及自杀行为的存在，长期的精神压力成为他们选择死亡的原因之一。

日本地势东高西低，河流短小流急，森林资源广布，茂密的森林，远观郁郁葱葱，孤单屹立的高山，雄伟不可高攀。虽然可用于种植的土地有限，但森林的覆盖率依旧很高，这与国家政策的严密控制密不可分，日本也经历过伐木造田，破坏自然生态环境，所幸即时发现问题并改正，这才有了今天美丽的日本。

4 放松的最佳选择——温泉

泡温泉的传统在日本盛行已久，很多的旅游项目中都会提到日本的温泉，温泉是上天的馈赠，因此日本人对于温泉十分尊崇。日本最有名的温泉位于北海道地区，登别坐落在北海道的西南部，拥有登别温泉、卡露露斯温泉、登别临海温泉等。登别温泉是北海道最大的温泉，有"北海道第一温泉名乡"的美称，登别的温泉之所以出名是因为这里有地狱谷，所有的登别温泉的水都来自于地狱谷，因为地狱谷流出来的水都是热的，比较适合用作温泉的水，而且从地狱谷蒸发出来的气是热气，在有热气包围着的地方泡温泉。登别可谓是水好山好，四周都有山和树，郁郁葱葱的，给萧瑟的冬天之景增添了几分生机和活力。在忙碌高节奏的工作之余，独自旅行也好，家人一同出游也罢，泡在温暖的泉水中，放松自己，不仅仅是身体，更能享受精神的放松。日本人很爱洗澡，有天天洗澡的习惯，日本人对水的热爱与温泉和大海密不可分。天然的温泉给了紧张的日本民族一个放松自我的机会，泡温泉的习惯不仅在北海道地区，就算没有天然温泉的地方，人们依旧会在自己的家里安装上一个小型的水池，供自己体验温泉带来的幸福与喜悦。日本的温泉种类多样，宛如仙境的洞爷湖，它位于北海道的西南部，属于支笏洞爷国立公园的一部分，是日本仅次于屈斜路湖和支笏湖的第三大火山口湖。洞爷湖享有"北海道明珠"的美誉，因处于火山活动频繁地区，所以即使洞爷湖在比较寒冷的地带常年也不会结冰，而且周边也不是干秃秃的没有花草树木。洞爷湖环境非常优美，空气清新，在这里就会有"不辞长做洞爷人"的感想了。泡着温暖的湖水，吃着特有的美食，欣赏着胜似仙境的美景，简直是人间一大乐事。温暖的泉水除了能够舒缓紧张的神经，同时富含矿物质的泉水也可以治疗疾病，对伤痛、慢性妇女病、肩痛、风湿、慢性筋骨痛有效。还有有名的川汤温泉，池水泛黄，硫磺味道与热气环绕，自古便被称可治百病，功效显著

而吸引众多游客纷纷而至。

结　　语

美丽的日本，有让人流连忘返的人间仙境，也有让人望而生畏的恐怖森林，有热情洋溢的热带风情，也有大雪纷飞白雪皑皑的银白世界。通过以上对日本的简单了解，一个民族国家的民族特性就隐藏在其生存的土地之中。人与自然相互交融，相互影响，造就了独一无二的存在。日本给人的感觉多种多样，有时觉得他冷淡，有时又觉得他热情，不同的自然景色造就了不同的风土人情，又给予了人们不同的生活方式。自然的条件影响着一个国家的方方面面，包括衣食住行及人的思想方面。日本经历了千百年的沉淀，变得含蓄内敛，变得勤劳谨慎，同时也向往自由。大海、高山、湖泊、森林，仿佛人们的力量就是从这些地方吸取，最终又归于自然。日本的自然风貌对于日本的影响难以估量，民族性格似乎就寄予在屹立不倒的富士山中，隐藏在烂漫绚丽的樱花里，时而含蓄，时而奔放，让人肃然起敬。

参考文献

[1] 坂口安吾.盛开的樱花林下[M].吉林：吉林出版集团有限公司，2010（8）.

[2] 新渡户稻造.武士道[M].浙江：浙江文艺出版社，2015（2）.

[3] 中国地图出版社.日本地图册[X].北京：中国地图出版社，2008.

[4] 元坤.第三只眼看日本[M].北京：中国广播电视出版社，2010.12.1.

[5]《国家地理系列》编委会.环球国家地理[M].吉林：吉林出版社，2007（10）.

[6] 北海道孤独星球系列[M].北京：中国地图出版社，2016.

双重枷锁下黑人女性的身份重建

——《宠儿》的后殖民女性主义解读

张易潇

摘要：托妮·莫里森作为首位获得诺贝尔文学奖的黑人女作家，在美国文坛有不可替代的地位。1993年其获诺贝尔文学奖后，立即引起国内外读者和文学评论界的广泛关注，激起了美国乃至全世界对于少数族裔文学的研究，引发了对于美国多民族文化的研究和思考。她的代表作《宠儿》于1988年发表，并立刻轰动了美国文学界，是美国黑人文学的里程碑式作品，成功跻身于现代文学经典之作。本文从后殖民女性主义批评的角度出发，对小说《宠儿》进行分析和研究，揭示遭受性别歧视及种族歧视双重压迫的黑人女性的悲惨命运，指出造成这种命运的历史及现实根源，探讨黑人女性的身份重构。

关键词：后殖民女性主义；宠儿；身份重构

在美国文学史的长河中，产出过很多伟大的作品。然而，由于长久以来黑人的社会地位问题，黑人文学在很长一段时间未得到重视。随着黑奴解放运动的兴起，黑人文学开始逐步走上历史舞台，其中，托妮·莫里森作为唯一获得诺贝尔文学奖的黑人女作家，取得了巨大成就。菲利斯对《宠儿》做出如下评价："这部小说对女性具有教育意义，这是一部关于成长的小说，对于美国黑人女性具有很高的教育意义。"（1979：123）托妮·莫里森作为黑人女性作家，对黑人女性战后社会地位和身份构建有切身体会。作为黑人女性的一员，她不仅深切关注黑人女性在男权主义和种族主义的双重压力下的生存现状，并且深入挖掘造成现状的原因，也对整个黑人女性群体的未来进行深刻的思考。她的大多数作品都是以边缘人物作为主人公，展现了长期以来备受白人和黑人男性社会压迫而失语的黑人女性的痛苦挣扎。到目

前为止，现实主义、黑人文学、女性主义以及新历史主义的研究者都从各自的角度对其进行关注和研究。世界各地的学者对《宠儿》的探讨涉及小说的主题、细腻的语言、人物塑造、象征手法和叙事手法等。本文拟从后殖民女性主义的角度，从种族和性别的角度分析《宠儿》所呈现的美国白人文化造成黑人女性心灵的扭曲及对自我主体意识的毁灭作用，揭示非裔黑人女性承受着种族和性别的双重压迫，以及在殖民与父权观念下为找回自我主体性的努力，探讨莫里森对黑人女性的身份建构思想，再现黑人女性从边缘化的"他者"逐渐转变为"自我"的动态过程。

1 后殖民女性主义

后殖民女性主义是由后殖民主义和女性主义结合形成的一种新的文本阐释策略。被殖民者与女性是西方社会"少数话语"的两种主要代表。该理论的形成缘于后殖民主义中"宗主国/边缘国"和女性主义中"男性/女性"二元对立权力模式中，边缘国和女性都被视为话语权低下的"他者"（the Other），后殖民女性主义是以这两种的边缘化身份为中心的理论模式。后殖民女性主义强调在殖民主义结束之后第三世界妇女受压迫的多重性。后殖民主义最有影响力的代表斯皮瓦克（Gayatri C.Spivak）指出："臣属妇女处在父权制传统文化和父权制帝国文化的夹缝中，失去了言说的权力。"[①] 世界范围内"殖民主义及帝国主义的政治与经济侵略是以男权意识形态为基础……性别歧视与殖民主义、帝国主义狼狈为奸"[②]，揭露了性别歧视和殖民主义把第三世界妇女建构为他者的事实，使少数族裔女性在社会中受到双重的压制，丧失话语权。法国女权运动创始人波伏娃对于"他者"下了如此定义："那些没有或丧失了自我意识、处在他人或环境的支配下、完全处于客体地位、失去了主观人格的被异化了的人。"[③] 揭露了女性社会权力地位。而后殖民主义中的"他者"不仅是处于男性从属地位的女性他者，还是处于白人从属地位的少数族裔他者。莫里森在小说《宠儿》中塑造了塞丝这样一个双重他者形象，试图向读者展现遭受性别和种族双重歧视的黑人女性的悲惨遭遇，塞丝是全体备受压迫的黑人女性的一个缩影。莫里森通过塑造文学典型，向世界呼吁对于少数族裔女性悲惨遭遇的关注。

---

① Spivak G C: *A Critique of Postcolonial Reason*, Harvard University Press, 1999.
② 林树明：《性别意识与族群政治的复杂纠葛：后殖民女性主义文学批评》，载《外国文学研究》，2002年第3期，第16页。
③ [法]西蒙娜·德·波伏娃：《第二性》，陶铁柱译，北京：中国书籍出版社2004年版，第4页。

2 《宠儿》中的性别压迫

林登·彼奇在《托妮·莫里森》一书中指出:"当代的美国社会呼吁对奴隶制,尤其是黑人女奴所承受的深重灾难加以充分记述……白人文化应当对奴隶制的野蛮性与种族性加以重视,这些性质远未随着19世纪的废奴运动而消失,而是直到20世纪晚期仍有所残留。"[1] 美国女作家苏珊·格里芬在《女人与自然:女人心底的怒号》中指出:"我们能够战胜那些贬低自然、物质、身体和女人的思想;但只有女人学会为自己和自然讲话才行。"[2]

小说主人公塞丝可以说是备受压迫的美国黑人女性代表:她被白人划入动物一类,肆意买卖与亲人分离,遭受白人凌辱却无法反抗,背上被划伤虐待形成巨型树状伤疤。当她怀着第四个孩子时,她为自己还有奶水喂三女儿而感到高兴和自豪。她忍受得了艰辛的劳作和奴隶主的鞭打,但她不能忍受奴隶主指使两个侄子吸走她的奶水。这种暴行侵犯了她做母亲的权利。当塞丝偶然听到奴隶主"把她的人的属性放在左边;她的动物的属性放在右边"[1](P213)时,塞丝对自己的奴隶身份二次思考。为了自己和孩子的自由,塞丝毅然决然出逃。她怀着身孕,克服了重重险难,在途中生下了四女儿丹芙,最终成功出逃。在婆婆家躲避的几天是她最快乐的日子,然而很快奴隶主就追来了。遭遇过奴隶制下生不如死的经历。这些肉体和精神的伤痛对塞丝造成不可逆转的精神伤疤,以至于做出最令人震惊的杀婴事件——为了让自己的女儿不用遭受凌辱和压迫,她竟然选择亲手结束女儿的生命。这本是令人无法理解的,但由于故事有了美国黑人女性的凄惨历史为背景,这个情节的内涵要更为深刻:美国黑人女性以毁灭生命、毁灭自我的行为来维护生命、维护尊严。这也是她们迷失身份之后对于压迫的反抗,表现了一定的自主意识。

作品中另一位女性代表是贝比·萨格斯,她是塞丝的养母,象征着上一代黑人女性的自我身份认定。她是黑人团体的主母式人物,呼唤黑人热爱自己的身体,自己的根源,自己的历史,这是她们面对自我意识丧失的自我重构策略。贝比认识到了身体的价值,为了感谢上帝恩赐给她的自由,她靠心灵谋生,成为一名"不入教的牧师",在"林中空地"布道时,她呼吁所有的黑人同胞热爱那被白人蔑视的肉体:"热爱它。强烈的热爱它。"[1](P104) 贝比意识到黑人的身体价值,这无疑是其

---

① Linden P. *Toni Morrison*, London: Mac Millan Press Ltd., 2000.
② 苏珊·格里芬:《妇女与自然:女人心底的怒号》,纽约:Harper & Row 1978年版,第381页。

自我意识觉醒的开始。与之相对比的是塞丝杀死自己女儿的行为，除了控诉白人对黑人的迫害之外，还展现了作为美国黑人女性代表的塞丝内心自我意识到自主意识的飞跃，象征着美国黑人女性自我意识观念转变的象征。与贝比·萨格斯的从美国黑人女性历史中获得的自我身份认同感不同，塞丝以极端方式向殖民主义和父权主义进行残忍反抗。

在男权社会里，男性处于主导地位，他们是一家之主，应该担当起捍卫家庭的作用。保护妻小，制定法律，捍卫文化。而在《宠儿》中，几乎所有黑人男性都处于缺席状态，没有起到作为男性的作用。对于非裔黑人女性来说，她们可悲的是不仅遭受奴隶制的摧残，还要忍受本族男性的压制。黑人男性并没有因为同样是白人的奴隶而与黑人女性站在统一战线上。反而是黑人女性在精神上的个体人格和群体融合起到了至关重要的作用。这种凝结力正是黑人群体获得真正意义上的解放和生存的必要因素。黑人女性与本族女性结成坚强的姐妹同盟，相互支撑，相互扶持，共同保护她们的儿女，一方面继承母辈的民族身份意识，一方面鼓励下一代黑人走出黑人圈子，学会怎样在黑人和白人的世界中生存。《宠儿》就是借助黑人女性在白人权威践踏性别尊严、种族身份的文化语境中所进行的百折不挠的身份及生存价值的追求，揭示作家倾心关注黑人女性群体生存意义的黑人女性主义思想。

3 《宠儿》中的殖民压迫

长期的奴隶制使得整个黑人民族都被剥夺了话语权，黑奴只能使用奴隶主给自己的名字，塞丝被迫背井离乡，对自己的母亲毫无记忆。种族压迫无时无刻不在折磨着黑人女性乃至整个黑人群体。贝比曾说"在这个国家里，没有哪座房子不是从地板到房梁都塞满了黑人死鬼的悲伤"。塞丝同样痛苦地生活在过去不堪回首的记忆里，不想提起过去、讲述过去；即使是作为新一代黑人女性的丹芙，也由于历史原因不断逃避。在种族主义压迫下，黑人女性不仅要承受身体的虐待，还要承受白人社会的精神摧残，她们没有身份没有从属感，没有自己的文化话语，即使在奴隶制消除百余年之后，这些印记仍然无法摆脱。

在塞丝由于杀死女儿后被内疚折磨，逐渐迷失了母亲的身份："宠儿向塞丝俯下身，一副母亲的表情，而塞丝则变成一个正在长牙的孩子，待在墙角的椅子上哪儿也不去，宠儿越来越大，塞丝越来越小。"[1]（P214）弗洛伊德在《摩西与一神教》曾这样解释"被压抑意识的重现"：某些需要可能会导致危险情景的发生，当自我无力应付这样的需要时，自我就通过压抑它来防止危险，但要求获得满足的本能仍

双重枷锁下黑人女性的身份重建——《宠儿》的后殖民女性主义解读

然保持着它的力量,这种力量将在一种新的情景中复发。①在塞丝杀死自己的女儿之后,过于痛苦的回忆让她试图压抑自己的过去,这也是黑奴解放以后大多数黑人的现状,试图压抑甚至忘却过去。莫里森用荒诞的鬼魂形式,象征着被压抑的意识却通过新的情景复发了,它化作亡女的幽灵徘徊在塞丝家里,使塞丝不得不面对自我,并最终得以摆脱过去事件的阴影,治愈心理创伤。看似荒诞,却可以看出作者的用意:深重的历史创伤已经在美国黑人女性的潜意识中留下深深的烙印,如果不能正确找到解放思想的出路,完成自我身份重构,一味沉浸在过去惨痛历史或者是对过去选择遗忘都不能帮助黑人找回种族身份。这样的追寻正展示了托妮·莫里森的伟大情怀,作为一名黑人女性,她一直对黑人的生存现状和民族未来深入思考:在这样罪恶而沉重的历史的背景下,解放以后黑人们要以什么样的身份在美国继续生存下去呢?

4 黑人女性的身份重构

美国黑人女性身处白人主流文化和黑人男性中心文化的夹缝之中,同时反抗性别歧视和种族歧视。长期没有身份地位导致的黑人女性话语权力流失,无法正确构建自我身份成为了主要问题。托妮·莫里森曾在《最蓝的眼睛》中说过:"世界上每个人都可以给她们下命令。白种女人说:'干活。'白人孩子说:'给我。'白种男人说:'过来。'黑种男人说:'躺下。'只有对自己的孩子和黑人女同胞她们不用听命令。她们忍受这一切,成为她们自我形象的一部分。"正是出于这种对于美国黑人女性这一几乎被白人世界和黑人男性世界同时遗忘的弱势群体的关注和热爱,托妮·莫里森一直以"黑人女作家"这一身份为荣,从女性作家独特的视角表现了作者追求女性,尤其黑人女性战胜天灾人祸,解放自己,解放自然的强烈愿望,为整个黑人民族找到了生存和希望之路。在《宠儿》中,托妮·莫里森让在种族和性别双重压迫下的女性承担民族寻找自我、塑造形象的重任,努力唤醒黑人群体的民族意识,帮助所有黑人认识自我,热爱自我,树立民族自尊心和自豪感,增强民族的凝聚力,赢得自己的解放;同时,应该摆脱历史的阴影,牢记历史但不为历史所累,以更广阔的胸怀面向各种族共存共生的世界。经过种种心灵和肉体的磨难,黑人终于从民族悲剧中崛起,打破了人与人、人与自然的隔离,找到了生存和希望之路,共同建立了和谐的精神家园。

---

① 弗洛伊德:《摩西与一神教》,李展开译,北京:生活·读书·新知三联书店1988年版。

结　语

在《宠儿》这部作品中，莫里森特别强调黑人女性在来自奴隶主和父权社会的双重压迫下为重拾自我身份而奋斗的过程。她在本部作品中描绘的饱受奴隶制、种族主义和性别歧视的黑人女性经历充分体现了她的后殖民女性主义思想。而黑人女性也在抗争双重压迫的斗争中逐步实现了自我身份意识的重建，找到了对待历史面对未来的正确方法。也因此成为对黑人女性具有教育意义的蓝本。

莫里森不仅专注于美国黑人的物质生活和社会地位，更关注的是人们的未来。在《宠儿》中描绘了黑人女性在奴隶制，种族主义和性别歧视下自我意识的觉醒。她希望黑人应该结合当前与过去重新思考过去痛苦的根源并对现在和未来抱有希望。记住历史但不是沉溺在仇恨中，而是寻求办法找回自己的民族身份，重建黑人的种族意识。她为黑人民族的未来指明了方向，并坚信，黑人可以成功找回自我身份，发展复兴整个民族。

参考文献

[1] MORRISON T. Beloved[M].Beijing: Foreign Language Teaching and Research Press, 2000.

[2] SMITH B. Toward a Black Feminist Criticism[A].The New Feminist Criticism: Essays on Women, Literature, and Theory. [M].New York: Random House,1985.

[3] TAYLOR-GUTHRIE D. Conversations with Toni Morrison[M].Mississippi: University Press of Mississippi,1994.

[4] CHRISTIAN B. Black Feminist Criticism: Perspectives on Black Women Writers[M].New York: Pergamon,1985.

[5] WILLIAMS P, CHRISMAN L. Colonial Discourse and Post-colonial Theory: A Reader[M]. New York: Columbia University Press,1994.

[6] 王守仁，吴新云.性别、种族、文化：托妮·莫里森的小说创作[M].北京：北京大学出版社，1999.

[7] 西蒙娜·德·波伏娃.第二性[M].陶铁柱，译.北京：中国书籍出版社，2004.

[8] 张岩冰.女权主义文论[M].济南：山东教育出版社，1998.

[9] 王婷，石云龙.重构黑人女性身份 再现自我化过程——《宠儿》的后殖民主义解读[J].北京航空航天大学学报（社会科学版），2011（11）：83-87.

[10] 嵇敏. 美国黑人女权主义批评概观 [J]. 外国文学研究，2000（4）：59-63.

[11] 高志英，冯溢. 探索黑人女性心灵世界的重构——评托妮·莫里森小说《宠儿》[J]. 辽宁师范大学学报（社会科学版），2009，32（6）：94-97.

[12] 杨劼. 流放与抗争的历史文本——从后殖民视域下看《宠儿》中的身体政治 [J]. 名作欣赏，2007（9）：94-98.

基于语料库 otherwise 标记性用法探析及习得启示

张 潇

摘要：通过梳理标记性既有研究，发现目前关注具体词汇的标记性与二语习得关系方面的文章较少。本文借助 BNC 语料库（英语国家语料库）、BCC 语料库（北语汉语语料库）和 CCL 语料库（北京大学汉语语料库），对 otherwise 的用法进行归纳总结，将其用法按不同类别分为有/无标记性，从而分析中国学生习得和使用 otherwise 时存在的难点，用母语迁移、输入假设等理论分析其原因，以对二语习得者及外语教学有所帮助。

关键词：标记性；语料库；otherwise；母语迁移；输入假设；二语习得

引 言

中国学生在将英语作为第二语言加以习得时，由于英汉两种语言具有大致相同的语序结构（都是主谓宾），以及全球化背景下中西方文化的加速融合，词汇及文化层面出现的难点较少。不过，一些英语词汇，其含义和用法除了有与汉语相同的地方，还有相异处。中国学生受母语思维迁移的影响，无论在学习还是在使用这些词汇时，都往往忽略这些相异之处。由于没有加深对这一点的认识，导致中国学生对此类词汇及相关语法的习得水平远未达到以英语为母语人士的程度。

在以往的英语学习过程中，中国学生大多依赖汉英词典上的释义来学习单词，但因没有哪两种语言是完全对应的，所以这种释义很多时候不全面且不地道，这样就会使得习得者使用单词时出现不规范的现象。然而，"语料库索引的特殊功能为语言学习者提供了观察语言使用规则的机会，大大丰富了学习环境。通过亲自对语料库检索结果进行观察分析，学习者对语言现象的印象得以加深，理解得以深化。

基于语料库的学习方式使学习者对教师和教科书的依赖程度大大减弱，在增强了学习自主性的同时，也发展了一定的研究能力，因而语料库索引式的学习方法是语言学习者获取目标与能力的一条捷径"[①]。

一些中国学生对 otherwise 一词的用法和认识有待加深，对它的应用还仅停留在表层阶段，但是这个词汇在目标语人群中是个使用频率相当高的词汇，对它的掌握缺失，会对语言习得的效果造成很大影响。知网中目前还未有对这一个词汇的研究，标记性领域中深入到词汇层面的研究也仅有一些对介词或者连词用法的探究文章，例如尤泽顺曾对连词 though 的标记性用法加以分析。

本文借助语料库，以 otherwise 一词为例，结合母语人士对 otherwise 的应用加以分析，并结合母语迁移、输入假设理论，探讨中国学生习得这个词汇存在困难的原因，进而从习得顺序上给出建议，加以改善。

1 文献综述

1.1 标记性概念

标记概念表现的是一种对立的不对称关系。对立中的一个成分有某种特性，而另一个没有这种特性。一个成分传达一种明确的、限定的概念，另一个对此不置可否。这种对立的前一个成分称作标记项，后一个称作无标记项。即有标记项肯定传达信息 X，无标记项却未必传达信息 X；可以认为传达，也可以认为不传达，或与此无关。[②] 简单地说，标记性指的是一种语言学特征，标记性的强弱意味着使用时的限制因素的多少。

语言的这种标记性揭示了二语学习过程中学习者认知发生的两个基本倾向：一是学习者较早认知非标记性语言材料；二是学习者较容易认知非标记性语言材料。[③] 由此可以看出为什么中国学生能够很快学习英语的句型，但在屈折变化上却经常犯错误。英语和汉语同属"主谓宾"语序，这是二者的共同点，"类型语言学家把那些具有普遍性并在大多数语言中均出现的结构和特征看成是无标记的，而把那些某种或少数某些语言所特有的视为有标记的。"[④] 所以语序可以看作是无标记的语言材

[①] Stevens V: *Concordances as Enhancements to Language Competence,* TESOL Matters, 1993, 2 (6): 11; Cobb T. Is There any Measurable Learning from Hands-on Concordancing [J]. System, 1997, 25 (3): 301-315.

[②] 张建理：《标记性和反义词》，载《上海外国语大学学报》，1993 年第 3 期，第 29—34 页。

[③] 林汝昌：《标记与第二语言习得顺序》，载《外语与翻译》，1994 年第 1 期，第 25—31 页。

[④] 赵雨东：《标记性理论视角下的被动语态》，载《太原城市职业技术学院学报》，2012 年第 3 期，第 181—182 页。

料，容易认知。而日语则属于"主宾谓"语序，中国学生学习起来在初级阶段有一定苦难，因为这种不同属于标记性的，较晚认知，认知起来也较困难。

1.2　标记性相关研究现状

和标记性相关的论文主要集中在以下领域：

（1）论述标记性和母语迁移。不同理论背景的研究者分别从不同视角出发，与认知学、语言学等学科交叉，研究母语迁移在二语习得过程中的具体发生过程与影响，从而促进二语习得与外语教学。许菊在其文章中指出，通过从语言学和认知学的角度回答迁移发生与否的问题，了解迁移在二语习得中的作用方式，让人们重新认识母语在二语习得中的作用，重视汉语——目的语的标记性差异研究，从而发现学习者在二语习得过程中的困难所在，找到可能发生迁移的区域，将其作为教学重点，促进外语教学的效果。

（2）论述标记性、利用标记性理论分析英语词汇或者短语习得。胡国安在其文章中提到，利用标记性理论，将习得的语言按照语言规则分为有标记性／标记性强，或无标记性／标记性弱，标记性的有无／强弱不同，在习得中的顺序和作用也不同，从而帮助设计事半功倍的外语教学步骤，提高习得效果。

（3）利用标记性理论看二语习得。此领域的研究主要是通过研究二语习得中的标记性现象，发现影响二语习得效果的原因，从而帮助改善习得效果和外语教学。王鲁南在文章中指出，标记性和语言共相和语言迁移有密切关系，而后两者又影响着二语习得，所以了解标记性问题有助于对二语习得的研究。

1.3　otherwise 标记性分析研究

Croft（1990）把标记性看成是类型学中的一个基本概念，提出了决定一种语言特征标记性程度的三个言语类型：一是从结构上看某个特征是有还是无；二是从行为上看一个成分是否是"全能的"；三是从频率上看一个成分使用多少。[①] 从结构上来看，相对不加 otherwise 的句子，含有 otherwise 句子最明显的标志便是该词前面的逗号，以及虚拟语气。含有 otherwise 句子较为复杂，若使用了虚拟语气，从语气和时态上也会在动词上面体现出来，而且有时还省略了后半句，而且 otherwise 有多种主要词性和含义，又增加了判断的难度，需要人为补充上句子才能充分理解，增加了学习和认知的难度，从这个角度来看，含有 otherwise 的句子是具有标记性的。因

[①] Croft W: *Typology and Universals*, Cambridge: Cambridge University Press, 1990.

此,含有 otherwise 的句子具有标记性,反之不具有标记性。不过需要注意的一点是,判定有无标记性的标准不是固定的,可以从多个角度来进行分类。

2 研究方法

借助 BNC 语料库(英语国家语料库)、BCC 语料库(北语汉语语料库)和 CCL 语料库(北京大学汉语语料库),筛选整理出在一定语境下,母语使用者对 otherwise 的应用。进而将预料概括整理,得出主要的应用形式。然后从含有 otherwise 句子的完整形式、省略形式以及使用虚拟语气形式三种情况进行分析,看 otherwise 句子的标记性特点,分析二语习得者习得 otherwise 的难点,对症下药,提出改进方案。

3 结果与讨论

3.1 otherwise 释义与例句分析结果

首先看一下字典上对 otherwise 的解释,根据《柯林斯 COBUILD 高阶英汉双解学习词典》,见表 1:

表 1 otherwise 用法详解

词性	意思
副词	否则;不然
	除此以外;在其他方面
	与之不同地;相反地
	以其他方式;用别的方法
形容词	另外的,不同的;其他方面的
连词	否则;不然
短语结构	及其他;或相反;或其反面

Otherwise 的用法主要可以概括为三种词性:形容词、副词和连词。主要有三个含义:表示相反、不同情况,或者表示添加(意为"其他")。以下讨论中也以这种分类为标准。

例句见表 2:

表 2 例句与标记性

例句	标记性
1. The state's future should not be decided within the Garden Ring, otherwise the "rules of play" will not be accepted by all the participants.	弱到强
2. some auto executives suggest that slackened demand for their cars in the U.S. and Canada is a blessing; otherwise they wouldn't be able to keep up with demand in the more profitable local market.	
3. But the Reagan administration thought otherwise, and so may the Bush administration.	
4. That's geologically correct, but a trifle unfair otherwise.	
5. When you suggest otherwise, you leave the realm of reporting and enter the orbit of speculation.	
6. can predict whether an otherwise healthy individual is likely to get cancer.	
7. The company said the restructuring isn't expected to have any impact, adverse otherwise, on its financial results.	
8. The operation is otherwise the same as the operation of the embodiment shown in FIG.	
9. Along with the efforts the government and the public are making to develop food industries, because otherwise the costs of moving agricultural crops will be very high.	
10. measure could hurt California by requiring it to put up more matching funds for emergency highway assistance than otherwise would be required.	
11. and has otherwise fulfilled the covenant incident to the loan to the best of his or her ability.	
12. resort to various bookkeeping devices to juggle as much as $1 billion in spending that would otherwise put the bill over budget.	
13. By pooling their resources, the two groups have effectively halved the design and development costs that would otherwise have been entailed, he said.	
14. seriously injured in the crash, Sarre said the high speed made the accident worse than it would have been otherwise.	
15. Obviously with an earthquake of this size, there are likely to be construction projects that wouldn't otherwise have been anticipated.	

从语料库节选出的 1000 余个预料中，抽取出上述 15 个典型例句，基本涵盖了 otherwise 在母语人士中的基本用法。Givon 将话语的标记性定义为"某一话语现象在

多大程度上令人感到'意外'，即它偏离了常规的交际准则。由于交际准则在话语中可能发生改变，因此，交际中的'意外'程度在任何时候显然都与交际准则存在相关性"①。

因此，出现频率的高低也许并不是判断语言形式标记性/无标记性程度的唯一方式，但它的确可以作为判断的方式之一。②

句1和句2中 otherwise 做副词和连词，是最简单、最常见的用法，表示"否则，不然"。这种用法，前面一般是逗号或者分号，后面加的是一个从句。其他几句相比，含义较简单，用法也简单，使用频率相对较高，所以是无标记性的用法。不过相对不用 otherwise 而选用 "or/if not so" 表达方式的句子，otherwise 的句子出现频率较低，所以是标记性用法。

句3是副词用法，表示"用其他方式"，属于三种含义中"不同的情况"类，可以替换为 in different way。

句4是副词用法，表示"其他"的概念；句5也是副词用法，表示"其他"的概念。但是这两种用法中，otherwise 其实都是取代了一个短语的意思，而且不是最基本的义项，理解起来稍微有难度，中国学生经常受到母语思维的影响，思维定势的代入"否则"的含义。和句1、2相比，属于有标记性用法。

句6是副词用法，修饰形容词，表示"相反情况"的概念。

句7是短语结构，or otherwise，表示"相反情况"的概念。相比单独使用而言，是标记性用法。

句8是一种典型用法，otherwise 与 the same 搭配出现，是"其他"的义项。相比单独使用表达同一含义，是标记性用法。

句9，副词用法，常与 and, because, for, but, or, since 等连词一起使用，表示"否则，不然的话"，和句1含义相同，但是用法上因为多了一个连词，稍微复杂一些，与句1和2相比，相对来说具有标记性，但是和其他几句相比，含义较容易理解，用法也不涉及虚拟语气等复杂语法，所以相对来说属于无标记性。这里也再次验证了判断有无标记性没有固定的标准，这是一个相对概念。

句10是副词含义，表示添加，"以其他方式"的义项。

句11和12是副词用法，"以其他方式"，这里重点关注的是 otherwise 出现的位置，

---

① Givon T: *On Understanding Grammar*, New York: Academic Press, 1979.
② 尤泽顺：《连词 Though 的标记性\无标记性用法：来自语料库的证据》，载《福建师范大学学报（哲学社会科学版）》，2010年第4期，第88—94页。

位于助动词之后、实义动词之前。和句 1，2 和 9 相比，这一种由于位置受限，相对属于标记性用法，句 1，2，9 属于无标记性用法。

句 13，14，15 在这 15 个句子中，是"否则"的义项。相对其他 12 个句子，因为涉及虚拟语气的使用，理解难度以及应用难度都大大提高，所以更具有标记性；同时，句 13 和 15 相比，句 15 不仅涉及了虚拟语气的用法，还涉及否定形式，所以其标记性在这 15 个句子之中是最高的，句 1 的标记性是最低的，可以归为无标记性。再看句 13 和 14，同属于涉及虚拟语气的肯定句形式，但是语序稍有不同，句 14 otherwise 位于句末，而且理解上的难度比句 13 稍高，句 13 和 14 这对句子中，句 13 属于无标记性，句 14 属于标记性句子。

值得注意的是，上述含义中笔者说的都是取得某一个"义项"，具体含义需要结合具体语境，翻译成不同的词或直接隐含在句义之中表达了。

有无标记性，也表示理解难度和学习难度是否增加，以及频率出现的多少。标记性越强，在习得顺序上应越靠后，而中国学生犯错误的频率也相应越高，对其的掌握与否也反映出其英语习得水平的高低。

3.2 otherwise 习得难点分析

以英语为母语的人士在使用 otherwise 时，从以上几个例句也可以看出，首先使用形式多样，位置灵活，涉及虚拟语气的高级用法，而且 otherwise 的使用往往很简洁，用一个词就表示出更多词才能表达的含义。

以英语为第二外语习得的中国学生在使用 otherwise 时，首先词义有所局限，往往只使用其表示"否则，不然"的含义；再者使用位置单调，往往只使用"逗号 / 分号 / 连词 + otherwise"的用法或者"Otherwise, ..."位于句首的用法。

在被动接受时，例如听力、阅读中，对于 otherwise 的判断准确率不高、用时较久，有时需要停下来，专门对一个句子进行分析，才能得出某个语境中 otherwise 的正确含义。

造成这种不同的原因有：

（1）"标记性理论对语言迁移影响的总趋势可描述为：当相应的 L2 结构有标记性时，学习者会迁移 L1 非标记性结构；当相应的 L2 结构无标记性时，学习者会拒绝迁移 L1 的标记性结构；当相应的结构都具有标记性时，L1 标记性特征可能迁移。"[①] 所以，这里 L1 相当于汉语，L2 相当于英语，英语中的 otherwise 结构有

[①] 王鲁男：《标记性与二语习得》，载《四川外语学院学报》，2007 年第 11 期，第 82—88 页。

标记性时，学习者会受母语汉语的思维迁移，导致用法不灵活、有局限；英语中的 otherwise 结构相对而言没有标记性时，学习者又会拒绝迁移母语的标记性结构，所以表现多为回避使用 otherwise。

（2）"中国英语学习者和国际二语学习者在常用简单词汇的掌握和使用上表现出惊人的一致性：他们都对常用二语词汇的掌握缺乏深度，对具体义项的使用语域特征不敏感，所出的二语属于一种混合语体，书面语口语化倾向严重，该使用书面语体的知识又运用不够，显示出二语学习者即使对常用词汇的掌握也远未接近本族语者的水平。"[1] 所以，中国学生习得第二语言英语时，大多只掌握了 otherwise 的最基本用法和含义，对于具体语境中的不同用法不敏感，既不会用也读不懂，虽然 otherwise 是一个小词，但远远达不到已被掌握的水平。

（3）中国学生受到母语思维负迁移的影响较大。在汉语中，词语和词义之间大多是一一对应的，在学习 otherwise 这个词汇时，最先掌握的也是它的"否则，不然"义项，但是在实际语境的使用中，otherwise 的其他含义出现频率也很高，这就会造成在阅读中遇到这个词，由于思维定式，还是考虑基本义项，导致无法理解或理解偏差；再者，otherwise 词义较多，也无法快速确定具体语义，难度再次加大。

"有些语言项在目的语中存在，在母语中却不存在，或者其相应的语义功能在母语中以其他形式表示。二语学习者必须把它们作为全新的项目进行学习。有些语言项在目的语中存在，在母语中却不存在，或者其相应的语义功能在母语中以其他形式表示。二语学习者必须把它们作为全新的项目进行学习。"[2]

由于受到母语或者学习者语言背景、学习语言的环境和经历等因素的影响，不同的学习者在二语习得过程中会表现出不同的倾向，无论学习者的母语是什么，在习得第二语言时都会受到母语负迁移的影响而产生偏误。[3]

所以由此可见，尽管 otherwise 的用法看似熟悉，却不能轻视；而且这个词的基本词义和用法在汉语中也有所对应，但它的其他义项和用法却在汉语中并不存在，这又加大了母语迁移的影响。最好把它拿出来单独作为一个"全新的"语法项目进行学习认识，以最大程度地避免母语负迁移。

---

[1] 张萍、周敏：《"Besides"：基于语料库的对比研究》，载《国外外语教学》，2007 年第 2 期，第 46—53 页。

[2] 屈巧：《二语习得中的母语负迁移现象》，载《南通大学学报（社会科学版）》，2013 年第 1 期：第 62—66 页。

[3] 马箭飞：《任务式大纲与汉语交际任务》，载《语言教学与研究》，2002 年第 4 期。

（4）习得过程中，目标语材料输入不够或者目标语材料不够地道，因而产生的刺激就不充分。在平时学习中，otherwise 基本不单独作为语法条目拿出来讲授，学生也都把它当作"小词"来学习，没有基于充分重视，学习动机不足，影响了习得效果。

根据 Krashen 的"输入假设"，学习者应该有机会接触大量的可理解性的输入材料。丰富的输入材料对于词汇习得同等重要。词汇习得是一个极为复杂的过程，即便机械记忆的词汇也需要在语境中反复再现才有可能被真正掌握。①

这时语料库的重要作用就充分体现了出来，利用语料库，二语习得者可以方便、随时随地地获得和真实语境最大程度接近的预料，它们或者来源于母语为目标语的人士，或者来自目标语国家的正式文献，为二语习得者提供了许多正确的、规范的或者习惯的用法。

结　语

对比来看，在使用 otherwise 一词时，表达类似的含义，汉语的表达方式更容易理解，而英语的表达方式有点"绕"，需要从反面的角度思考；而且英语类似的语义下这个词汇的含义更广，所以相对汉语来讲，英语的"否则"一词在使用时具有标记性，在学习中难度较大，需要其他的语法知识做好先期准备再进行学习。

中国学生学习 otherwise 用法时，受母语迁移的影响，难度较大。习得顺序上应该安排在稍后阶段，待学习完并熟练掌握省略句、从句和虚拟语气之后，并辅以充分的目标语材料输入；教材的编排应包含目标语国家真实语境中使用的句子，从而加强"输入"刺激，以提高习得效果，并能够熟练且地道地运用该词语。

---

① 刘敬华：《"输入""输出""交互"理论在词汇教学中的作用》，载《教学与管理》，2010年第 4 期，第 71—72 页。

How to develop students' communicative language competence

王明轩

Abstract: Recently, the communicative language competence are becoming more and more important in the English teaching class. The modern teaching principles regard teaching process as the one of teacher-student communication, interaction and development. Some scholars therefore suggest that communication is the essence of teaching. Classroom communication is of great practical significance for education. Based on some ways of how to develop students' communicative language competence, this paper suggests 5 ways to improve the students' communicative competence

Key words: communicative language competence; English oral practice; teacher-student communication

Introduction

Recently, the communicative language competence are becoming more and more important in the English teaching class. The modern teaching principles regard teaching process as the one of teacher-student communication, interaction and development. Some scholars therefore suggest that communication is the essence of teaching. Classroom communication is of great practical significance for education. Based on some ways of how to develop students' communicative language competence, this paper suggests 5 ways to improve the students' communicative competence 1) Teachers need to reconstruct and make their students better understanding the notion of modern educational communication; 2)Students need to follow the teachers with appropriate learning methods and learning techniques; 3) Students need to create a communicative environment not only in the English learning classroom, but also outside the classroom; 4) Students should balance their accuracy and fluency when they have English speaking class. ; 5)The students should build up their own confidence. In this way we can facilitate the overall development of students.

1 Literature Review

1.1 Communicative competence

Communicative competence is the aspect of our competence that enables us to convey and interpret messages and to negotiate meanings inter-personally within specific contexts (Dell Hymes, 1972, quoted from Brown, H. Douglas 2002: 227). In Canale and Swain's (1980, quoted from Brown, H. Douglas, 2002: 227-228) definition, four different components make up the construct of communicative competence. They are 1) grammatical competence 2) discourse competence 3) sociolinguistic competence 4) strategic competence. The modern teaching theories regard teaching process as the one of teacher-student communication, interaction and development. Some scholars even suggest that communicative is the essence of teaching. As we know that the most important person in the classroom is obviously the teacher, because of the power and authority of the position. Thus, the teacher should have some good ways to help students develop their communicative language competence.In this way, the students will follow the teacher's guidance in order to improve their competence ability.

In the recent years, more and more attention has been paid to the classroom communication. If the EFL teachers pay more attention to students' communicative competence in the classroom, the communication skills of the students will be greatly improved. And with the ultimate goal to be used to communicate, English can be acquired and learned more effectively in the interactive classroom.

1.2 Communicative Competence Abroad

Communicative language teaching rose to prominence in the 1970s and early 1980s as a result of many disparate developments in both Europe and the United States.

In Britain, applied linguists began to doubt the efficacy of situational language teaching, the dominant method in that country at the time. This was partly in response to Chomsky's insights into the nature of language. Chomsky had shown that the structural theories of language prevalent at the time could not explain the creativity and variety evident in real communication. In addition, British applied linguists such as Christopher Candlin and Henry Widdowson began to see that a focus on structure was also not helping language students. They saw a need for students to develop communicative skill and functional competence in addition to mastering language structures. (Richards & Rodgers, 2001)

In the United States, the linguist and anthropologist Dell Hymes developed the concept of communicative competence. This was a reaction to Chomsky's concept of the linguistic competence of an ideal native speaker. (Savignon, 2000) Communicative competence redefined what it meant to "know" a language; in addition to speakers having mastery over the structural elements of language, according to communicative competence they must also be able to use those structural elements appropriately in different social situations.(Savignon, 2000) This is neatly summed up by Hymes's statement, "There are rules of use without which the rules of grammar would be useless." (Mitchell, 1994) Hymes did not make a concrete formulation of communicative competence, but subsequent authors have tied the concept to language teaching, notably Michael Canale.

An influential development in the history of communicative language teaching was the work of the Council of Europe in creating new language syllabuses. Education was a high priority for the Council of Europe, and they set out to provide syllabuses that would meet the needs of European immigrants.

Among the studies used by the council when designing the course was one by the British linguist, D. A. Wilkins, that defined language using "notions" and "functions", rather than more traditional categories of grammar and vocabulary. Notional categories include concepts such as time, location, frequency, and quantity, and functional categories include communicative acts such as offers, complaints, denials, and requests. These syllabuses were widely used. (Richards & Rodgers, 2001)

One of the most famous attacks on communicative language teaching was offered by Michael Swan in the English Language Teaching Journal in 1985. Henry Widdowson responded in defense of CLT, also in the ELT Journal [1985 39(3):158-161]. More recently other writers (e.g. Bax) have critiqued CLT for paying insufficient attention to the context in which teaching and learning take place, though CLT has also been defended against this charge (e.g. Harmer, 2003).

Often, the communicative approach is deemed a success if the teacher understands the student. But, if the teacher is from the same region as the student, the teacher will understand errors resulting from an influence from their first language. Native speakers of the target language may still have difficulty understanding them. This observation may call for new thinking on and adaptation of the communicative approach. The adapted communicative approach should be a simulation where the teacher pretends to understand only what any regular speaker of the target language would and reacts accordingly (Hattum, 2006).

1.3 Communicative competence at Home

The foreign language teaching in our country has been cultivating the students' communicative ability as the main goal of teaching. But "the study of communicative strategy is a relatively empty space in China" (Dai Weidong, Ding Fang,1994; In 1996, Wang Lifei, 2000) introduced the foreign communicative theories.

Some empirical research about the ability of Chinese students' communicative strategies have also begun, there are as follows: Chen Siqing(1990), Gao Haihong(2000), Tan Xuemei, Zhang Chenping(2002) and so on carried on the research about the use of communicative strategies; Wang Lifei(2002), Kong Jingjing(2004, 2006), also did some research on the training of communicative strategies. Zhang Li, Wang Tongshun(2005) studied on the reliability and validity of communicative strategies.

Therefore, it is necessary to study the communicative strategies in our country.

2 Discussion

The communicative competence is not only about our daily English oral practice, but also about the ways of thinking when we talk to others. Therefore, if teachers want to develop students' communicative language competence, they have to think about some useful ways to help their students.

2.1 Principles for developing communicative competence

As we all know that spoken language is totally different from written language, if we want to develop students' communicative competence, we should first understand what are some of the characteristics of spoken language. First, spoken language is spontaneous. In most situations, people do not plan ahead of time what they are going to say. The fact that speech is spontaneous means that it it full of false starts, repetitions, incomplete sentences, and short phrases. Second, spoken language is time-constraint. The students must be able to produce unplanned utterances in real time, otherwise people will not have the patience to listen to them. So what are the principles for developing communicative competence? There are totally 7 items:1)Balancing accuracy-based with fluency-based practices. Teachers should allow time for grammar and vocabulary learning as well as provide sufficient opportunities for students to develop fluency. It is difficult to balance accuracy and fluency for teachers; if we pay more attention to the accuracy, I believe students cannot speak English fluently. If we pay more attention to the fluency, maybe there will be so many mistakes when the students communicate with others which makes listeners fail to understand the meaning of the sentence. 2)Contextualizing practice. Identify a situation in which a target structure is commonly used. Some fixed phrases are very useful in oral communication, so if the students can remember some fixed phrases, they might can talk easily. 3)Personalizing practice. Personalizing the content and context will help students learn better. Different students have different personalities, and if the teachers could personalize the content or contest for every students For example, if one of the students likes playing basketball, the teacher can set a background related to basketball, that might arise students' interests and improve their communicative competence better. 4) Building up confidence. A relaxed and supportive environment will help them build up their confidence. As for me , this is the most important item for developing students' communicative competence. We teachers should not only develop their learning ability, but also their inner confidence. By building up their confidence, students will believe that they have the ability to speak English out loudly and bravely without any anxiety. 5)Maximizing meaningful interactions. Teaching speaking is to develop students' ability to initiate a topic, to ask questions, to take turns in speaking, to change topics and to have some control over the communication. When the students are trying to initiate a topic, they can continue the conversation, so that the interaction come to realize. 6)Helping students develop speaking strategies. Speaking involves strategies, such as initiating a conversation, turn taking, asking for clarification, asking for repetition, getting others' attention, getting help from others, and ending a conversation, etc. As we all know learning strategy is very important in our daily English learning, especially for English-learning students. So if the teachers could helping students develop their speaking strategies, they can easily improve their own communicative competence. 7)Making the best use of classroom learning environment to provide sufficient language input and practice for the students. In China, students have the opportunity to hear and speak the language only in the classroom. So creating an English speaking environment to maximize learning opportunity is crucial for students. When we go out of the English classroom, we hardly speak English. Therefore, if the students could speak English as much as possible, they could better develop their communicative competence.

2.2 Five ways to improve the students' communicative competence

In order to improve communicative competence of students and establish democratic, equal, free and harmonious communication relations between teachers and students in the classroom, which facilitates the overall development of students, the teachers have a lot to do as well as our students.

(1) Teachers need to reconstruct and make their students better understanding the notion of modern educational communication. In the traditional Chinese culture, teachers enjoy the high authority and power of the position. Students should obey their teachers. This conflicts with the modern education notion. Thus, in order to establish good teacher-student relations and construct a free, equal and democratic communication pattern between teachers and students, the teachers should reconstruct and make their students better understanding the modern teacher-student communication notion. First, the teachers should be a qualified teacher will the following characters : director, manager, and facilitator. Second, the students should be respected and treated equally. And the teachers should also know their students well and concern them often. In this case, we could say that we should personalize the communicative competence. Finally, the teachers should encourage students' ability of creativity.

(2)Students need to follow the teachers with appropriate learning methods and learning techniques. If the teachers apply appropriate teaching methods and teaching techniques in the classroom, the students will be very active in learning and the students' learning interest will be aroused. Thus, the result of language learning is better. In recent years, the most popular EFL teaching methods are TBLT (Task-Based Language Teaching) and CLT (Communicative Language Teaching). Teaching techniques in the classroom can be questioning students, using positive ways to correct students' error and so on. As one researcher pointed out, "Perhaps the most important step that teachers can take in the classroom is to provide an educational atmosphere of success rather than failure." (Civikly, 1982, quoted from Raymond Z., 1997: 356)

(3) Students need to create a communicative environment not only in the English learning classroom, but also outside the classroom. In another way, that means students should make the best use of classroom learning environment to provide sufficient language input and practice for the students A communicative environment includes physical environment and psychological environment. Physical environment refers to the learning facilities and the classroom decoration. Internet, computer and other multimedia are very good facilities for students to learn, which offer teachers and students a lot of language resources and make the classroom communication more colorful. The movable desks and chairs in the classroom make it easier for classroom activities and communication. Psychological environment includes the feeling of security, being respected and being trusted, which affects the teacher-student communication in the classroom.

(4) Students should balance their accuracy and fluency when they have English speaking class. When the students are having English lessons, they should pay attention to their accuracy as well as their fluency. This is quite difficult for some of them, as this two items are hard to balance. However, students should learn to balance them. For example, if the students have a chance to talk to a foreigner, and they just pay attention to the accuracy. Can you imagine how impatient the foreigner will be when listen to their sentence. The students should think twice before giving any sentences, and that could only make bad effects. But what if the students have a chance to talk to a foreigner, and they just pay attention to the fluency? There will be so many mistakes in their sentences, even the foreigner totally cannot understand what they are talking about. Thus, learning to balance accuracy and fluency in the daily practice are fairly important. In my opinion, we

have many methods in dealing with this problem. The students could learn grammar very carefully in their everyday's English class, accumulate knowledge as much as possible. This will help them develop their accurate ability. Next, the students could talk in English in many different places. As much as they talk, their ability of fluency will be greatly increased.

(5)The students should build up their own confidence. So how could students build up their confidence? Here, the teachers will play an very import role.If the teacher sets a positive tone, respects the students, and treats them with dignity, equality and tolerance, then the positive attitude becomes part of the students (Cooper and Galvin, 1983, quoted from Raymond Z., 1997: 356). A positive attitude then leaves the room free of barriers to good communication and open to more learning. As for students, the can also foster their own confidence by themselves. For example, students can try to find some chances to talk to foreigners as much as possible. At the time they talk, students will practice themselves a lot so that their confidence are increasing.

Conclusions and Implications

The communicative competence is not only about our daily English oral practice, but also about the ways of thinking when we talk to others. Therefore, if teachers want to develop students' communicative language competence,they have to think about some useful ways to help their students.Communicative competence is that aspect of our competence which enables us to convey and interpret messages and to negotiate meanings interpersonally within specific contexts.

To learn a second language, learners should not only be able to produce the target language correctly, but also be able to use it appropriately. Second language competence can be perceived along two dimensions: accuracy and appropriateness.

In the Canale and Swain's model (1980), Communicative competence includes three components: linguistic competence, sociolinguistic competence and strategic competence. As long as the EFL teachers realize the importance of teacher-student communication in the classroom, and try to improve their classroom communicative competence, EFL teaching will gain greater achievement and the students will be easier to reach overall development.

The teacher-student communication is affected by many factors. The factor outside the educational system is the traditional culture, which has great influence on people's notion. The internal factors come from educational system, teachers and students themselves. The singularity of communication content and the one-way communication pattern are the main problems in the traditional classroom teaching. Today, with the learners as the center of the classroom teaching, teacher-student communication in the classroom should become a process of subject information teaching and emotional interacting, which occurs in a democratic, equal, free and harmonious circumstance.

Reference

[1] JIANG Y W. Cultivation of Intercultural Communicative Competence — Comparative Study of Chinese-Western Cultures[J]. ACADEMICS, No.8 Aug. 2015.

[2] MENG Z Z. How to Improve Communicative Competence of EFL Teacher in the Classroom[J]. Technology Information, 2011: 472-474.

[3] CAO H X. Two Models for the Cultivation of Postgraduates Communicative Competence in the Classroom[J]. Journal of Shaanxi Normal University, 1999.

[4] 胡文仲. 跨文化交际能力在外语教学中如何定位 [J]. 外语界，2013（6）：2-8.

[5] 孟志红. 如何提高大学生英语语言的交际能力 [J]. 西南民族大学学报，2008（4）：295-296.

[6] 杨静. 提高大学生跨文化交际能力的实证研究 [J]. 教育研究，2013（19）：174-179.

[7] 刘乃美. 交际策略研究对我国外语教学的启示 [J]. 外语界，2005（03）：55-60.

[8] 欧阳敏. 浅谈英文电影在提高大学生跨文化交际能力中的作用 [J]. 电影文学，2009（06）：162-163.

[9] 杨战礼. 谈高职高专学生英语口语交际能力的提高 [J]. 学科教育，2009（23）：115-116.

[10] 赵堪培. 交际的语言和非语言艺术 [J]. 外语教学，2005（5）：36-40.

图式理论在英语阅读理解中的作用及教学启示

王丽静

摘要：本文通过分析图式理论的基本概念以及阅读理解模式，指出人们对于阅读的理解取决于脑海中三种图式：语言图式、内容图式和修辞图式。此外还分析了图式理论在英语阅读教学中的作用，并从五个方面提出了对于教学的启示：应注重图式知识的建立、图式知识的激活、图式知识的丰富、图式知识的运用以及图式知识的维持。

关键词：阅读理解；图式理论；作用；启示

引　言

我国传统的英语阅读教学模式是语法翻译法，即教师从篇章的生词开始教授学生，然后依次是短语、句子和篇章，他们认为阅读的关键就是把遇到的问题简单地用语言来解决，教师的任务就是帮助学生扫除语言上的障碍。但是，这种观念是片面的，带来的弊端也是显而易见的。基于对这种观念的质疑，外国早在七八十年代就把图式理论应用到了教学上，图式理论强调阅读者的背景知识。教师在阅读教学中，通过提高不同的背景知识，来提高学生的阅读能力。本文试图从图式理论出发，探讨了其在英语阅读理解中的作用，得出图式理论对英语教学的启示。

1　阅读理解

张必隐认为阅读是从书面材料中获取信息并影响读者非智力因素的过程。（张必隐，1992）不过笔者比较欣赏古丽夏提·艾尼瓦尔对阅读的定义，她认为阅读是从书面语言中获取信息的一种复杂的智力活动，是从书面语言中获得意义的心理过程。（古丽夏提·艾尼瓦尔，2009）其实，阅读理解也是一个互动的过程，是读者

和作家心灵对话的过程。在此过程中，阅读材料是作家想传达给读者的媒介，通过文本材料，作者向外界传递信息，同时，读者借助材料提取信息，再进行信息加工。美国语言学家还将阅读理解比作一座建造在读者已知知识和未知知识之间的桥梁，该比喻十分形象地描述了理解在阅读中的作用。（李增，2008）这句话也充分说明了已知知识（即图式）和未知知识之间的桥梁——理解——的作用。阅读是学习者接触语言输入的重要途径之一，对语言学习起着至关重要的作用。而且，在大学英语教学中，英语的阅读理解能力是一项最为基本同时又是最重要的技能。阅读作为一种心理过程，包括两个层级：第一层级即低级层级，这类读者只理解语篇的单词、短语、句子；第二层级即高级层级，这类读者会去对作者的意图以及背景知识进行预测和验证。传统的阅读理解教学只关注阅读材料本身，认为理解一篇文章，最主要的是弄懂单词或句子的意思，从而忽略了读者的主动积极性。因此，学生在初中、高中，甚至大学，一遇到生词，首先想到的还是查字典，这样不仅影响了阅读速度，也体现不出阅读训练的必要性。

阅读心理学家普遍认为阅读是读者获取信息的一个复杂的过程，该过程中，学生处于积极主动的状态。截至目前，人们普遍认同的阅读的模式共分为三种：

模式一：自下而上模式。该模式是美国心理学家高夫（Gough）提出的。自下而上模式是人们阅读时的最初形式，强调信息是沿着线形顺序传递的，依次为单词、短语、句子、段落、篇章。但是该模式只注重词汇教学，忽视了阅读过程中的各种信息之间以及上下文的作用，更加忽略了读者的作用。这种教学模式会极大地打击学生的积极性。

模式二：自上而下模式。该模式是美国心理学家古德曼（Goodman）针对自下而上模式的缺点提出的，强调了读者的积极主动作用，读者在阅读时，充分利用自己已有的知识结构，对语言的意义和作者的意图进行选择和对下文的预测，随后再进行验证。在此过程中，读者的背景知识非常重要。Grellet 认为阅读理解的步骤可以概括如下：

191

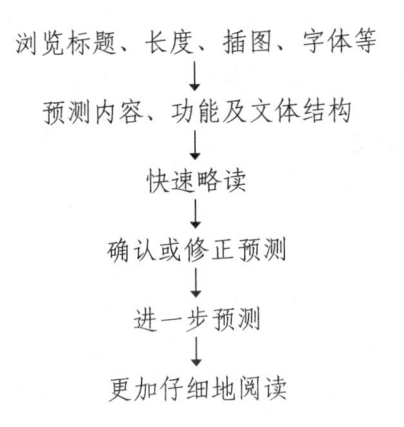

```
浏览标题、长度、插图、字体等
        ↓
预测内容、功能及文体结构
        ↓
     快速略读
        ↓
   确认或修正预测
        ↓
     进一步预测
        ↓
   更加仔细地阅读
```

（Grellet 2000）

但是该模式过分强调了学生已有的知识，忽视了学生的基础知识，这种模式可能会导致学生的英语语言基础知识掌握得不牢固。

模式三：图式理论模式，该模式也称交互作用模式或综合模式。该模式是鲁姆哈特（Rumelhart）提出的。图式理论模式实质上是一种自下而上和自上而下两种模式的综合加工模式。该模式认为阅读最好的过程就是读者同时运用这两个模式，从而得到最正确的理解。

2 图式理论

图式是指凭以往的经验认知新事物并赋予其意义的潜在结构，图式理论是认知心理学家们用以解释理解心理过程的一种理论。（高丽新 2005）该理论最早由康德（Kant）在 1781 年首先提出，他认为图式就是纯粹先验想象力的产物或者说是学习者以往习得的知识的结构。（雷晓东 2010）但是很多人认为图式理论的发展应归属于英国心理学家巴特利特（Bartlett）。对于图式，康立新认为图式就是用来组织、描述和解释我们经验的概念网络和命题网络。（康立新 2001）认知心理学家认为，人们在认知过程中通过对同一类客体或活动的基本结构的信息进行抽象概括，在大脑中形成的框图便是图式。（彭开明 2006）在心理语言学中，图式理论认为，图式是认知的基石，人们处理外界的任何信息都要调动大脑中的图式。鲁姆哈特（Rumelhart）认为，图式中的每个组成部分都构成一个空档，当图式的空档被学习者所接受的具体信息填充的时候，图式便被具体实现了。（Rumelhart 1981）其实人的头脑中存在着各种各样的图式，例如，开车的图式、洗衣服的图式、泡茶的图式、去影院的图式等等。这些图式像蜂巢一样，有一个个的隔间，它是人类储存知

识和经验的场所。

3 图式理论的分类

图式理论认为,就阅读语篇而言,读者的阅读能力由三种图式来决定:第一种语言图式,指读者已经掌握的有关语音、词汇和语法方面的知识。语言知识在外语阅读中非常重要,它是一切理解的基础。一位读者,如果不认识语篇里的单词,不会分析句子的成分,那么其他的理解就更加谈不上了。正如陈运香所说:"扎实的语法知识是阅读的前提。"(陈运香 1998)第二种内容图式,指读者对阅读的内容范围和主题的了解程度。内容图式包含着深刻的文化背景。如果不熟悉阅读材料的相关文化背景,即宗教、风俗、历史、地理、文化等内容,那么读者也无法理解文章的内容。第三种修辞图式,指阅读材料的题材和篇章结构方面的知识。例如在阅读记叙文时,如果知道注意文章的六要素,可能会更快地把握文章大意。除此之外,读者还需要了解不同题材,例如小说、人物传记、科技文、艺术小品、诗歌、通知、便条、图表、戏剧、诗歌等题材的结构和特点,这将有助于学生按不同的图式(即标准或模式)去理解文章的内容。

4 图式理论在英语阅读理解中的作用

何广锵认为,读者大脑中的三种图式与文章的语言图式、内容图式和修辞图式的相互作用程度决定了读者对文章的理解程度。(何广锵 1996)在这三种阅读图式中,语言图式是其他两个图式的基础,掌握不了基础知识,何谈内容、题材、特点之说。语篇的内容图式和修辞图式决定了读者对于语篇的理解程度。此外,这三个图式的作用是一体的,缺一不可。因为再聪明的人也不可能知晓所有领域的知识,唯一的办法就是最大程度地了解语篇的语言、内容和修辞结构。阅读的过程是信息获取的过程,在读者脑海中的知识图式的预期下,篇章中的内容和读者原有的知识图式相交合,此时读者头脑中的图式被逐个激活,形成新的、更具体的图式,进而完成了此次的理解过程。例如,中国学生读到"Achilles' heel",字面意思很简单:阿基里斯的脚踝。然而他们却很难明白这句话究竟表达的是何意?因为他们头脑中没有希腊神话及其相关知识的图式。懂英文并且知晓希腊神话的人应该知道,这句话的意思是:致命的弱点。教学提倡的是理解,只有理解的知识才不会忘记,而且才会运用于现实。死记硬背的知识不会长期存在脑海中。读者头脑中的图式越丰富,理解

起来越容易。

5 图式理论在大学英语阅读教学中的启示

图式理论的核心是人在理解新事物时，总是将新事物与已有的知识联系起来。显然人原有的知识越多，理解新事物越有益处。（林晓英 2000）例如，提起口红，如果一个女生根本不懂化妆，那么提及口红的色号，该女生会更加的迷茫，因为该女生脑海里就没有化妆的图式，何谈口红色系的图式。图式理论的产生，也确实为阅读教学提供了新的理论基础和阅读方法，特别针对大学英语课堂来说，更是提供了重要的启示。

5.1 注重图式的建立

鲁梅哈特曾指出，读者不能正确理解语篇的原因之一是读者不具备与语篇内容相关的图式。所以教师在阅读教学中要注重学生图式的建立，这样可以帮助学生意识到语篇的阅读理解在很大程度上取决于学生脑海中的图式。阅读理解既然包含三个方面的图式，那么教师平时要同时培养学生语言、内容、修辞的图式。例如，在语言层面，教师可以通过听写、检测等方式帮助学生整理复习学过的单词、语法等基础知识；在内容方面，教师可以加强阅读材料所包含的文化背景信息的教授，从而扩大学生的视野，促进他们对于新图式的建立，此外，这样也可以激发他们学习的兴趣；就修辞方面，教师可以系统地教授不同语篇，不同题材的特点和风格，以此帮助学生对这类图式的建立和形成。

5.2 注重图式的激活

图式理论强调的不仅仅是建立图式，还要充分激发读者已有的图式。教师要启发学生把新看到的知识和大脑中已知相关的图式联系起来，从而对语篇进行不断的预测和验证。例如，教师可以从题目入手，先让学生预测文章大意；可以给学生关键词和主题句的方法，让学生预测文章大意；再如，可以课前导入相关图片、背景、歌曲来激活学生脑海中相关的图式，从而使学生更快地进入课堂主题，也可以调动学生的积极性。

5.3 注重图式的丰富

在知识大爆炸的时代，一个人不可能知晓所有的知识。课堂上，常常发现学生

知道语篇中每个单词、每句话的意思，但是就是无法理解全文所表达的含义。究其原因，是因为学生脑海中没有与该语篇相关的图式。人类脑海中已然存在很多图式，但是不可能穷尽所有图式，所以图式的增加，即不断丰富图式非常有必要。在教学中，教师应该拓宽学生的视野，不断丰富学生头脑中图式。从而学生在理解文章时，可以不断将新内容和已知内容相联系，这样理解起来才会比较容易。通常，在英语阅读理解中，除了生词不认识之外，最大的阻碍莫过于文化背景知识。中西方文化和民族文化的差异往往给学生带来理解上的困难，自然理解整篇文章就并非易事。例如，东方人收到礼物，往往不会立刻打开，会等客人走了以后才拆开礼物；相反，西方人收到礼物会立刻拆开，然后赞赏送礼者的眼光，并表达自己的喜爱之情。如果读者不清楚这些文化特点，理解英语语篇还是有一定难度的。因此，在课堂上，教师还要注重文化背景知识的传授，以此丰富学生的图式。

5.4 注重图式的运用

学以致用，即建立了图式，如果不会使用也是毫无意义的。阅读过程本身就是一个不断预测、不断使用、不断验证的过程。在阅读过程中，学生应该学会有目的地运用大脑中已有的图式，这样才能更好地往下进行，从而把握文章大意。在教学中，教师不仅要帮助学生建立图式、激发图式，也要帮助学生运用图式，要充分发挥图式的预测推理功能。例如，在学完之后，教师可以通过听写、角色扮演、辩论、讨论、复述等形式来让学生学会运用已学的图式知识。

5.5 注重图式的维持

有时候学过的知识，或者脑海里形成的图式知识，学生可能会忘记。如果当时图式形成得不深刻，也没有及时地运用，即使教师再激发，学生也想不起来，因此图式知识的维持也非常重要。例如，对于重要的知识，教师可以每隔一个月进行强调一次，或者通过听写、测验等手段让忘记的学生再次建立图式，以达到图式维持的目的。

5.6 小　　结

图式理论在阅读理解中的重要性不言而喻，想要更好地理解语篇，图式的建立、激发、维持、运用、丰富缺一不可。掌握一个图式的过程可以用下图表示：

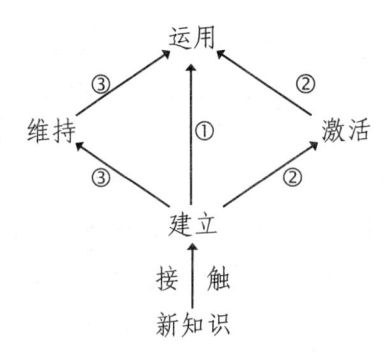

```
        运用
     ③ ↗ ↖ ②
   维持  ①  激活
     ③ ↘ ↙ ②
        建立
         │
       接 触
       新知识
```

对于图式的熟练掌握，可以通过三种渠道实现。渠道一：第一步需要通过与新知识的接触，建立一个图式；第二步建立图式之后立刻运用该图式。渠道二：第一步需要通过与新知识的接触，建立一个图式；第二步建立图式之后，因长时间不用，可能记得不是太清楚，此时需要激活第一步形成的图式；第三步，激活之后需要立刻使用该图式，否则也会忘记该图式所涉及的知识。渠道三：第一步需要通过与新知识的接触，建立一个图式；第二步建立图式之后，如果是非常重要的知识，但是又不用马上使用，为了以防忘记，需要维持该图式的知识；第三步，维持之后，也需要不断运用才不至于忘记，这也是为何教师需要帮助学生反复复习所学知识的原因所在。

结　　语

读者的图式在理解语篇的过程中起着不容小觑的作用。教师可以建立适当的语言图式、内容图式和修辞图式，利用多样的阅读导入活动，激活学生相关的图式，并在合适的场合丰富学生的图式，最终帮助学生学会运用和维持图式知识，从而培养和提高学生的阅读兴趣和阅读能力。

参考文献

[1] 陈运香. 语法与阅读 [J]. 国外外语教学，1998（3）：30.

[2] 高丽新. 论图式理论对语篇阅读理解的作用 [J]. 东北大学学报，2005（4）：302.

[3] 古丽夏提·艾尼瓦尔. 图式理论对阅读教学的启示 [J]. 语言与翻译，2009（4）：71.

[4] Grellet F. Developing Reading Skills[M].Beijing: People's Education Press, 2000.

[5] 何广铿. 英语教学研究 [M]. 广东：广东高等教育出版社，1996.

[6] 康立新. 国内图式理论研究总是 [J]. 河南社会科学，2001，19（4）：180.

[7] 雷晓东 . 概念流利与图式理论 [J]. 山西大学学报，2010（11）：150-152.

[8] 李增 . 图式理论在高中英语阅读教学中的实证研究 [D]. 东北师范大学，2008：5.

[9] 林晓英 . 图式理论在阅读理解中的作用 [M]. 北京：外语教育与研究出版社，2000.

[10] 彭开明，杜成，徐建英 . 认知图式理论在翻译建构中意义及其具体运用 [J]. 南昌大学学报，2006（5）：121-124.

[11]Rumelhart D.E. Schemata: the building blocks oh Cognition[A].J.Guthrie(Eds), Comprehension and Teaching: Research Reviews[C]. Newank, Delware: International Reading Association, 1981: 3-24.

[12] 张必隐 . 阅读心理学 [M]. 北京：北京师范大学出版社，1992.

Foreign Language Anxiety and Pedagogical Implications for Lowering Students' Anxiety

宋　璇

Abstract: Foreign language anxiety is considered as one of the most crucial affective factor that affects the outcomes of language learning. The paper examines previous studies of foreign language anxiety and the possible sources and negative effects of foreign language anxiety. Several implications for lowering students' anxiety are discussed.

Key words: foreign language anxiety; sources; pedagogical implications

1　Foreign Language Anxiety

Traditional foreign language teaching is teacher-centered and pays much of the attention to teaching methods mainly from teachers' perspective. With the shift of focus in foreign language teaching from teachers to language learners in the 1970s, the individual differences between language learners have received a great deal of attention by researchers. Language learners vary greatly on a number of factors such as age, personality, language aptitude, motivation, learning styles, learning strategies and affective variables.

Anxiety is considered as one of the most crucial affective factor that affects the outcomes of language learning, which has been a hot topic in the research of language learning by teachers and educators. Horwitz et al. (1986) defined foreign language anxiety as "a distinct complex of self-perceptions, beliefs, feelings, and behaviors related to classroom language learning arising from the uniqueness of the language learning process". From Horwitz's definition of foreign language anxiety, it can be drawn that foreign language anxiety is actually that a student feels threatened and fearful when he/she uses an inexpert foreign language to communicate and it becomes particularly obvious relating to listening and speaking (Guo& Wang 2004).

In order to measure the breadth and depth of foreign language anxiety, Horwitz et al. (1986) designed the Foreign Language Classroom Anxiety Scale (FLCAS), a 33-item questionnaire involving typical difficulties associated with listening, speaking, reading, writing, language memory, and language processing speed. This scale has been widely used in the measurement of foreign language anxiety and proven that foreign language anxiety can be measured effectively and credibly, and it plays an important role in foreign language learning (Wang& Wan, 2001). There are other methods to measure foreign language anxiety, such as interviews where several questions are raised to test the subject's reactions; self-report of the subject in which he/she records his/her own feelings and reactions; and also physiological tests where the subject's heart rate, blood pressure, or palmar sweating are taken down. All the measuring methods can be used separately or combined together.

1.1 Classifications of anxiety

Anxiety is divided into trait anxiety, state anxiety and situation-specific anxiety (Spielberger 1983). Trait anxiety refers to a fixed personality tendency with which a person is more likely to become anxious under any circumstances. State anxiety means the anxiety felt at a particular moment or in a particular situation, which is a temporarily unstable state. Situation-specific anxiety can be seen as a kind of state anxiety in a certain situation or specific event, such as public speaking, exams, math problems, or foreign language classes. Alpert and Haber (1960) divided anxiety into two categories, that is, facilitating anxiety and debilitating anxiety. The former is also called helpful anxiety, and it encourages learners to challenge themselves with new tasks and motivate them to work harder to overcome anxiety. While the latter makes learners escape learning tasks and thus avoid anxiety, which leads to poor performances in language learning. This division is consistent with the degree of anxiety. Students with low levels of anxiety naturally have the courage to face difficult tasks, while those with high levels of anxiety tend to escape difficult tasks.

1.2 Sources and effects of anxiety

Horwitz et al. (1986) identified three sources of foreign language anxiety as follows:

1) Communication apprehension. When a student can not express himself in a foreign language and can not understand the foreign language spoken by others, there appears a fear of communication, that is, communication avoidance. Students who are afraid of communication will try to avoid using foreign language to communicate. They will not speak actively in class or participate in learning activities. Communication apprehension is very common in foreign language classroom teaching, which seriously affects students' mastery of a foreign language. 2) Fear of negative social evaluation. It comes from the lack of self-confidence. Students are worried about not being recognized by teachers and students and afraid of hearing negative evaluation of their own. They will feel very depressed. These students avoid participating in language learning activities, just sitting passively on their seats. 3) Test anxiety. Test anxiety generates when students taking exams on what have learnt. It is defined as concerns about the consequences of unsatisfactory performance in the exams (Wang 2014). Young also explored the sources of foreign language anxiety and he summarized six possible reasons for foreign language anxiety from three aspects—the learner, the teacher, and learning process. They are 1) personal and interpersonal anxiety, 2) learner beliefs about language learning, 3) instructor beliefs about language teaching, 4) instructor-learner interactions, 5) classroom procedures, and 6) language testing (Young 1991). For instance, low self-evaluation and sense of competition are two important causes of language anxiety. When the learner compares himself with others or the ideal self, sense of competition is likely to cause anxiety. Students with low self-evaluation are always worried about how teachers and classmates evaluate themselves and are afraid of negative evaluation. Too much error correction will make students feel nervous. It is necessary to correct students' errors but the key is when to correct and how to correct.

  Anxiety can obstruct the learning process if we don't handle it properly. It is associated with negative feelings such as uneasiness, frustration, self-doubt, apprehension and tension. Anxiety shows itself as sweaty palms, rapid pulse and heartbeat externally (Price 1991). It further goes to abnormal voice or speech with no intonation and rhythm, and remaining silent when asked to answer a question. Anxiety makes learners feel nervous, drain learners' energy and attention, and thus affects learners' cognitive ability, which results in memory decline and the reduction of language storage and output. Language learners with low learning efficiency and weak motivation are more likely to feel anxious. They are difficult to concentrate and easy to forget. They also avoid learning activities, such as skipping classes and not finishing homework. Anxiety makes it hard for learners to accept language input, therefore the process of language acquisition will be hindered.

2 Studies on Foreign Language Anxiety in China

Chinese scholars in the field of English pedagogy have conducted many studies on foreign language anxiety. The related literature can be roughly divided into comprehensive literature, ontological research, correlational research and empirical studies. Shi & Xu (2013) made a contrastive analysis of 198 research papers home and abroad with a time span of 40 years and drew a conclusion that existing research focuses mainly on four aspects: the nature of anxiety, the design of scales, the effect of anxiety on language performance, and the relevant factors concerning anxiety. But there are still five deficiencies needing to be improved. Li & Li (2016) analyzed foreign language anxiety papers published in 18 foreign language journals in China from 2006 to 2015 and examined the overall situation of foreign language anxiety research in China and discussed limitations and future directions. Feng (2004) researched the correlations among anxiety in listening, speaking and reading and the correlation of these three skills with their English achievements. Shi and Liu (2006) studied non-English major sophomore students' reading anxiety and their research indicated that the main reason for students' reading anxiety is caused by cultural differences between the West and China. Shi & Fan (2013) conducted an empirical study on foreign language listening anxiety of non-English majors under the condition of compound dictation of CET-4 by means of questionnaires, surveys and interviews. Qiu & Liao (2007) conducted an empirical research on reading anxiety and found that reading anxiety correlates negatively with English proficiency. The tendency of language anxiety research is developing with the following characteristics. The amount of the papers presents a dynamic rise in number; empirical research far outweighs theoretical research in the methodologies; and there are intersections in the research contents.

3 Pedagogical Implications for Lowering Students' Anxiety

Since we are fully aware of the sources of foreign language anxiety and have realized that language anxiety has several negative effects on foreign language learning. It is necessary for us to work out some effective solutions to reduce language anxiety so as to enhance students' language learning achievements.

3.1 Creating a pleasant atmosphere for language learning

Teachers play a vital role in alleviating the tension and anxiety in students' foreign language learning process. Teachers should give students not only academic guidance but also psychological care (Wang 2003). Teachers need to truly understand the needs of students and to communicate with the students. Moreover, teachers should be friendly, relaxed and patient, and it is better to be with a good sense of humor. The role of the teacher is more like a mentor, a helper, a facilitator, not as the authority (Zhang 2004). The learning activities should be student-centered and encourage students brainstorming together in groups. Besides, in open discussion the teacher should move around the class in order to observe students interacting and get opportunities to talk to the students directly or in small groups, which can enhance the learner-instructor interactions and solve problems in language learning. Be tolerant of students' mistakes made in the process of communication and encourage moderate adventures. Too much error correction will increase the degree of anxiety and turn out to be the opposite of their wish. The relationship between teachers and students should be positive and built on mutual trust and respect, where students don't feel nervous and anxious.

3.2 Helping students increase their self–confidence

An increase in self-confidence and self-esteem will lead to increased learner effort in language learning and a greater willingness to take risks or to continue attempting to make one's views understood (Shao & Zhang 2008). Adjust the intensive teaching content, if necessary, so that the task of communication fit most of the language learners. A task with a clear and meaningful purpose and moderate difficulty is the guarantee for successful communication. Encourage and praise students for their efforts to make any small progress. Respecting their efforts and progress helps to enhance their confidence in communication and language learning. And teachers should also encourage their students acknowledge their anxiety and to discuss it openly to let students realize that foreign language anxiety is not an individual phenomenon but a common problem. In doing so, students can reduce their language anxiety. In addition, teachers can also set up some achievable small goals for students to develop students' sense of self-confidence and accomplishment.

3.3 Developing students' oral communication skills and competence

Learning in groups is an effective way to motivate students to participate in oral English activities. Build small groups (3-6 students each group) according to their different language proficiency, sex and styles if possible, so they can help and support each other. The oral tasks are designed as a team work so every student in the group has his own role and make his own contribution. For example, the oral task is situational dialogues or role playing. We need each student to get involved and fully arouse their enthusiasm. They can be very creative and design the roles and script themselves, so that everyone has the opportunity to practice their oral English. By doing so, their oral communication skills will be gradually improved. They also learn to combine verbal and non-verbal skills to overcome breakdowns in communication (Liu & Shen 2004).

3.4 Assigning students interesting and meaningful tasks

Low motivation is also an important cause of students' foreign language anxiety. Students are always willing to spend a lot of time in thinking and learning what they are interested in, and to show more persistence in it. Therefore, the quality of the tasks is the key to the success of learning activities. Topics must be genuinely interesting, meet the need of further discussion and offer various ways for exploration and finding out solutions. Learning activities such as topics of a hot issue are all likely to be motivating and result in meaningful interaction. Students need to do some background information research of a certain topic, and they can organize the activity on this topic like interviewing students' point views on this topic and writing a report of it afterwards.

3.5 Making tests valuable

The last important factor in reducing and eliminating students' foreign language anxiety is examinations. Students may feel more anxious about some types of questions than others in the exam. If students are given the same type of practices in daily learning activities, they will feel less anxious in the exams. In addition to the types of questions, the test should have moderate difficulty (Gu & Li 2010). If questions are too easy, students will think that they have learned well enough and make no further efforts. Although at the beginning, students may feel inspired to stimulate their motivation, over a period of time they will gradually lose interest in learning. But if the exam is too hard, it will make students feel anxious, and they will lose their motivation and confidence in language learning. Besides exams, teachers should make the forms of evaluation more diversified. Students' daily performance should be taken in account. If a student takes an active part in learning activities, and always interacts with teachers, then he can gain some extra points.

Conclusion

Although students in China have been learning English for many years in and out of class, unfortunately many Chinese students still fail in English exams or are not able to communicate with foreigners fluently. It is obvious that there is still a gap between teaching objectives and students' real language competence. Therefore it is necessary for English teachers and educators to review their teaching methods and improve their teaching capacity.

Foreign language anxiety is an important affecting factor, which has a great effect on English learning. Studying foreign language anxiety helps teachers and educators understand effects of foreign language anxiety on language learning, improve their teaching skills and build a harmonious relationship with students. What's more, studying effective foreign language teaching methods can not only help create a low-anxiety learning environment, but also help students have a good knowledge of cultural differences so that they can be well-equipped when encountering quite a different culture.

References

[1] ALPERT R, HABER R. Anxiety in academic achievement situations[J]. Journal of Abnormal and Social Psychology, 1960, 61(2): 207-215.

[2] HORWITZ E K, HORWITZ M, COPE J. Foreign language classroom anxiety[J]. Modern Language Journal, 1986, 70: 125-132.

[3] PRICE M L. The subjective experience of foreign language anxiety: Interviews with highly anxious students[A]// HORWITZ E K, YOUNG D J. Language anxiety: From theory and research to classroom implications[C]. Englewood Cliffs, NJ: Prentice-Hall, 1991: 101-108.

[4] SPIELBERGER C D. Manual for the state-trait anxiety inventory (Form Y)[M]. Palo Alto: Consulting Psychological Press, 1983.

[5] WANG M H. An Empirical Study on Foreign Language Anxiety of Non-English Major Students: Take the Sophomores in Inner Mongolia University of Technology as an Example[J]. Studies in Literature and Language, 2014, 9(3): 128-135.

[6] YOUNG D J. Creating a low-anxiety classroom environment: What does language anxiety research suggest?[J]. The Modern Language Journal, 1991, 75: 426-439.

[7] 冯妙玲. 听、说、读交际焦虑对英语成绩的影响 [J]. 外语电化教学，2004（05）：16-20.

[8] 谷金枝，李政铣. 外语学习焦虑的成因及对策 [J]. 教育学术月刊，2010（07）：98-100，103.

[9] 郭红霞，王锐俊. 外语学习焦虑及其缓解策略 [J]. 教育研究与实验，2004（03）：60-63.

[10] 李炯英，李青. 我国外语焦虑研究：回顾与反思——基于外语类期刊近十年（2006—2015）论文的统计分析 [J]. 外语界，2016（04）：58-65.

[11] 刘梅华，沈明波. 外语课堂中的焦虑研究 [J]. 清华大学学报（哲学社会科学版），2004（S1）：104-109.

[12] 王琦. 外语学习课堂焦虑与课堂气氛的相关研究及其教学意义 [J]. 西北师大学报（社会科学版），2003（06）：27-31.

[13] 王银泉，万玉书. 外语学习焦虑及其对外语学习的影响：国内外相关研究概述 [J]. 外语教学与研究，2001（2）：122-126.

[14] 邱明明，寮菲. 中国大学生英语阅读焦虑感研究 [J]. 西安外国语大学学报，2007（04）：55-59.

[15] 邵新光，张法科. 网络多媒体环境下的大学生英语学习焦虑研究 [J]. 外语电化研究，3008（3）：28-32.

[16] 石运章，刘振前. 外语阅读焦虑与英语成绩及性别的关系 [J]. 解放军外国语学院学报，2006（2）：59-64.

[17] 施渝，樊葳葳. 大学生四级考试复合式听写状态下的听力焦虑研究 [J]. 解放军外国语学院学报，2013（06）：55-60，125-126.

[18] 施渝，徐锦芬. 国内外外语焦虑研究四十年——基于29种SSCI期刊与12种CSSCI期刊40年(1972—2011)论文的统计与分析 [J]. 外语与外语教学，2013（01）：60-65.

[19] 张志佑. 外语学习焦虑理论与外语教学 [J]. 西南交通大学学报（社会科学版），2004（04）：77-81.

How to Become a Qualified EFL Teacher

刘 娟

Abstract: As English is the most widely used language, learning English has been an unstoppable trend in today's world. China, a country with the largest population in the world, learning English is of course a must and a massive project. However, how to effectively and efficiently teach English has always been a hot topic. This paper aims to discuss the traits and qualities of a qualified high school EFL teacher in China, and to give some suggestions so as to improve the teaching level to some small extent.

Key words: EFL teacher; qualities; suggestions

Introduction

As the "Belt and Road" Forum was held in Beijing this month, hundreds of interpreters and translators were badly needed and they were busy working to contribute a smooth and successful meeting for the world, therefore showing the importance of language learning. Since English enjoys the most popular fame in the world, learning English as a second language or foreign language has become a trend and a must. In China, students are encouraged to pass the CET4 and CET6 examinations, and companies also require some English certifications like GRE or IELTS to prove the applicants' English level. Applicants who are proficient in English, no matter in spoken English or written English, will stand out among others and be preferred by the company. Some people even attend English training school after work in order to cope with the fierce competition. All these are obvious examples of how English matters in today's world. However, this leads to the core question: what kind of EFL teachers can cultivate the excellent language learners? As we know, teachers are the main source of language input to the students (Fereidoon Vahdany, Narjes Banou Sabouri, Soghieh Ghafarnian 2015). They exert huge influence on the learners. Thus today we will talk about how to become a qualified EFL teacher in high school? Why choosing high school EFL teachers is related to the fact that high school students have to pass the College Entrance examination and are in delicate situation, which requires EFL teachers to deal with various kinds of problems, either mentally or pedagogically .

As a famous Chinese saying goes: "三百六十行，行行出状元"。(Experts are in every field). This saying is also applicable to EFL teaching. In English language teaching and learning, some teachers are regarded as more successful than others. The reasons vary: according to Brown (2001), qualified teaching depends on the teachers' language proficiency, language-teaching skills, interpersonal communication ability and personality. Zhi Huang (2010) employs a case study of a university English teacher—Miss H from Nanjing University of Chinese Medicine, and found that she has the personal qualities of being responsible, patient, enthusiastic, kind and knowledgeable in her role as a teacher. She has the strong ability to utilize her teaching methods to teach in accordance with what her students need and to train them to learn in a communicative and independent way, both in and out of classroom. However, how to become a qualified teacher to impart students with knowledge and equip them with motivation to inspire them to self-study language is still a puzzle in China. This paper will have a superficial analysis of the current English studying atmosphere, share some representative opinions on qualified EFL teachers, and propose suggestions to improve this situation.

1 Literature review

Because of the cruelty of China's College Entrance Examination, most high school EFL learners sit passively in class receiving knowledge from the teacher rather than communicating effectively in the language (Chen Xiongyong, Moses Samuel, Cheng Hua, 2012). They tried hard to grasp the grammatical rules and examination routines to enter their ideal university, thus they ignore the importance of information and communicative functions of language learning, making it difficult for them to speak English in public, let alone talking with foreigners. Of course, this situation has much to do with the current teaching system and education system, which influence EFL learners even when after they entered the university and do not have to endure the same torture again. However, the high school students are so task-loaded that they usually have little time to relax and are normally in high tense condition. This requires EFL teachers to take all sorts of factors into consideration, and be aware of the harmful outcome of "insufficiency of proper instructional strategies applied" so as to achieve a better result (Ng & Tang 1997).

As to what makes a qualified EFL teacher, the answers may vary, such as teaching style, experience, humorous way of teaching. Elizabeth, May & Chee (2008) take that clear and in-depth delivery of the lesson and the ability to enhance students' understanding will affect teacher success. Reza PISHGHADAM, Ehsan GOLPARVAR, Gholam Hasan KHAJAVI, Elahe IRANRAD (2011) hold that narrative intelligence can contribute to EFL teachers' pedagogical success as well as to their recruitment and employment after investigating the relationship between EFL teachers' narrative intelligence and their pedagogical success through a study. Here the narrative intelligence consists of some interrelated subcomponents, namely emplotment, characterization, narration, generation and thematization (Randall 1999). If an EFL teacher is equipped with these five abilities, then he or she will surely convey the teaching goals, arrangements and tasks with exactness and ease. The two researches hold that the efficient explanation, i.e. to get the students involved and understood is one of the qualities.

Anderson (2004) defined effective teacher as one who achieves the intended goals, either set by themselves or by others, which means that a qualified EFL teacher should possess the required knowledge and skills to attain the intended goals. One the other hand, a teacher's belief system usually influences their knowledge, attitudes, expectations, values and methods about teaching and learning, which teachers build up over time from their experience (Richards 1998). In what sense, if an EFL teacher believes that every student can learn English well as long as their potential are found and admired, he or she then can equally treat the students and win their respect.

Some scholars hold that reflective teaching perception is a necessity in EFL teaching. Meng Chunguo (2011) believes that reconsidering the nature and significance of reflective teaching and the discrepancy between teachers, perceptions and practices helps teachers engage in reflective teaching, improve teaching practices, and promote their professional development. Xu Qing (2009) claims that reflective teaching asks EFL teachers to stop, to slow down in order to notice, analyze, and inquire on what they are doing. It tells them to relate theory and practice, to evaluate both old and new teaching experiences, and to make interpretations on the situations encountered, thus they can achieve the intended goal set before giving the class or avoid making the same mistake repeatedly. EFL teachers ought to rethink their teaching strategies: what strategies are important? Did I often use these strategies? Did I just use the same strategies in the class? Did I miss some key points in class and why? As Confucius put it: learning without thinking will be puzzled; thinking without learning will be dangerous (学而不思则罔，思而不学则殆), from which we can easily draw the necessity to reflect what we have done. Besides, what we believe to be important may not be used in class, just as one research Zhao Na and Wang Junju (2010) made shows: some teachers value certain motivational strategy, however, they use less frequently as other strategies, which calls for timely reflection on teaching.

Apart from the above mentioned factors, Selami Ok from Pamukkale University holds that EFL teachers should also be devoted to cultivate learners' autonomy both in-class and out-of-class so as to keep them motivated and make them take charge of their own learning processes.

After analyzing the current situation, it is easy to notice that a qualified teacher usually has something in common, either in their professionalism, personality, or in self-retrospection or keeping the students motivated. Based on this, this paper will give some supplementary suggestions on how to become a qualified high school EFL teacher from the point of an EFL learner.

2 How to become a qualified EFL teacher?

2.1 The proficiency of language

As the ancient Chinese saying goes: one might have learned the doctrine earlier than the other, or might be a master in his own special field (闻道有先后，术业有专攻). An EFL teacher must have profound knowledge of the language, that is, English in this paper. This is the fundamental requirements, and this may include understand the main differences between English and Chinese, the cultural background and other uniqueness of the language. Besides, a good command of psychology and pedagogy will be preferred.

Since high school students are still teenagers who suffer from the examination as well as the rebellious personality of this period. All these call for both instructional and psychological care for them. EFL teachers must have a clear mind on how to deal with different kinds of students (either in learning ability or in obeying the class rules), and how to improve the learners' motivation and keep them high-spirited or even help solve their conflicts with the family.

Only knowing the knowledge of English is far from enough. As a teacher, he or she will encounter multiple and even difficult questions asked by the students — some about politics, some about geography, some about the social affairs. Once, one of my English learners (a Korean studying in China) made inquiries on my opinion on the influence of the China's Cultural Revolution, and another one asked me what the Silk Road was and how it began. After receiving explicit explanation, they were surprised to find that I could also solve their history puzzles and respected more ever since. If this kind of knowledge is carefully and correctly answered, the teacher will no doubt win students' respect and admiration, which are important in teaching. What is more significant, owning this kind of knowledge can keep the teaching atmosphere high, for the multi-disciplinary knowledge will give students freshness and equip teacher with a sense of humor and resourcefulness. Just imagine that the teacher just follow the same routine, and students can even predict what the teacher will do after finishing one part, how boring that would be. The former may ease their stressed mood to some extend and alleviate their reluctance in studying. Of course, if you are not sure about some extracurricular questions, just tell them directly that you don't know, then find out the information online and explain to them in the next class.

2.2　Develop harmonious relationship with students

We all know that a teacher influences the students just as their parents do, which can be illustrated by the Chinese saying: A day's teaching will be regarded as a life-long parent (一日为师终生为父). However, if the students do not cooperate with the teacher or even fid trouble with him or her, how could the class proceed and how could the learners acquire knowledge? Therefore, on one hand, EFL teachers ought to set up some rules, for example, only English in class, no chattering and any other behaviors that interrupt the class, to regulate and manage the class, that's to say, to get the sense of respect and awe, which is of great significance. With these, the students may be likely to concentrate on the class and respond to teacher's questions. In other words, they will finish the tasks timely and actively.

On the other hand, EFL teachers should express their esteem to students' personality and treat every student fairly and equally. High school students are in delicate situation—they are usually the only-child of the family and most of them are spoiled, so they care much about others' view on them. Students are supposed to be viewed as whole personalities, whose needs of different level, such as emotional needs, social needs, intellectual needs and aesthetic needs, deserve teachers' attention(许文英 2011). Teachers with nice relationship to student often create opportunities to have person-to-person conversations with individual students, listening to their problems with sympathy, assisting them to alleviate the stresses which are from homework or their peers. Different activities can also be held to facilitate the relationship. As EFL teaching is more than imparting the boring grammatical rules, pronunciation and massive vocabulary. It lays equal emphasis on cultural aspect, for language is the carrier of culture.(袁冬娥 1999) Invite students to join the English Corner, design an English play or dub a famous movie, encourage them to work as volunteers in some international affairs, all these kinds of activities can boost their enthusiasm, thus making learning English a joyful process. However, since high school students are faced with the College Entrance Examination, EFL teachers ought to balance the activity time and the studying time so as to make sure the students won't lose themselves in out-of-class activities.

2.3 The skillful use of technology

As technology is booming and prevailing all over the world, it will be time-saving and more efficient by using the new technology, for example, the multimedia device, the internet and other useful as well as convenient equipment.

The internet, for instance, is a tremendous help. In the first place, EFL teachers can make full use of the internet to improve personal ability, either in theory, or in practice. Besides, they can find the most suitable and the latest teaching materials for the class. For the internet transcends the time and space barriers, information from all the over the world can be found by just a click. After careful examination, he or she can apply some of them into teaching with modification or improvement. Furthermore, numerous essays, photos, videos and audios flood in the internet, the teachers can choose what are useful and employ them in PPT presentation, which will certainly catch students' attention and curiosity and make the learning atmosphere high and active. In another aspect, if the teacher wants to research into a certain field, the internet will no doubt be a great helper.

In the second place, the teacher's skillful use of technology can motivate students. As we all know, traditional way of teaching is boring and outdated. Research shows that materials combining words, audio, photos and videos could inspire students to use more senses to decode, thus contributing to multi-mode learning (顾曰国 2007) and can facilitate efficient learning. If EFL teachers can take advantage of this kind, he or she can certainly grasp the learners' attention.

Nevertheless, what makes the internet more and more popular is teaching software and website. The former allows students to ask puzzles, hand in the homework and leave messages to teachers, and then the terminal control platform will timely save the information (蔡龙权,吴维屏 2014) so that the EFL teachers can have a comprehensive knowledge of students' learning outcome. Under such circumstance, he or she communicates with students according to their specific questions and situation, which is a vivid example of the ancient Confucius saying: teaching students according to their aptitude (因 材 施 教). In even idealized situation, students can surpass the restrictions of school and consult teachers from other students, which require EFL teachers to apply this kind of technology into class. However, this kind of work is time-consuming and thus the EFL teachers may have to sacrifice more to ascertain the expected outcome.

Conclusion

A qualified teacher may have various qualities; however, they do share some similarities. This paper made a brief research of the different definitions and characteristics for a qualified EFL teacher, and found that they are usually patient, enthusiastic and passionate with teaching; professional and reflective. Based on these, the author brings out some new insights into the already recognized views, namely, a qualified EFL teacher ought to be proficient of knowledge in numerous fields, create harmonious atmosphere in class and be skillful in using modern technology, especially the internet. It is no doubt a qualified EFL teacher is also endowed with other qualities; however, due to time-limit and the insufficient knowledge of this field, the author's ideas still need further improvement and are subjected to criticism. What the author intends is to attract attention to this field so that more and more talented EFL learners are cultivated and educated. As the great cultural representatives of our countries, they are supposed to introduce excellent foreign culture into China, and promote Chinese culture to the world.

References

[1] ANDERSON L W. Increasing teacher effectiveness. [M]. 2nd ed. Paris: UNESCO, IIEP, 2004.

[2] BROWN D. Teaching by principles: an interactive approach to language pedagogy[M]. New York: Addison Wesley, 2001.

[3] CHEN X Y, SAMUEL M, CHENG H. Evaluation on EFL Teacher Roles from the Perspective of Mediation: Case Studies of China's Secondary School Classroom Practices[J]. International Review of Social Sciences and Humanities, 2012: 117-118.

[4] ELIZABETH C L, MAY C M, CHEE P K. Building a model to define the concept of teacher success in Hong Kong[J]. Teaching and Teacher Education, 2008 (24): 623-634.

[5] VAHDANY F, SABOURI N B, GHAFARNIAN S. The Relationship among EFL Teachers, Students' Attitudes & Their Teaching-learning Achievements in English[J]. Theory and Practice in Language Studies, 2015 (12): 2625.

[6] Randall W L. Narrative intelligenc e and the novelty of our lives[J]. Journal of Aging Studies, 1999, 13.

[7] PISHGHADAM R, GOLPARVAR E, KHAJAVI G H, et al. Narrative intelligence and pedagogical success in English[J]. BELT Journal, Porto Alegre, 2011, 2(2): 178-189.

[8] RICHARDS J C. Beyond training: perspectives on language teacher education[M]. Cambridge: Cambridge University Press,1998.

[9] XU Q. Reflective Teaching—an Effective Path for EFL Teacher's Professional Development[J]. Canadian Social Science, 2009: 36.

[10] ZHI H. What Makes a Successful EFL Teacher in China? A Case Study of an English Language Teacher at Nanjing University of Chinese Medicine[J]. English Language Teaching, 2010: 20.

[11] 蔡龙权，吴维屏．关于把信息技术作为现代外语教师能力构成的思考 [J]. 外语电化教学，2014（1）：45-46.

[12] 顾曰国．多媒体、多模态学习剖析［J］．外语电化教学，2007（4）：3-12.

[13] 孟春国．高校外语教师反思教学观念与行为研究[J]．外语界，2011（4）：44-54.

[14] 许文英．高中英语教师对学生学习动机的影响研究[D].河北师范大学硕士论文，2011.

[15] 袁冬娥．情感因素与外语教学[J].陕西师范大学学报（哲学社会科学版），1999（5）：45-47.

[16] 赵娜，王俊菊．中学英语教师课堂动机策略研究[J].外语教学理论与实践，2010（1）:47.

新闻语篇中名物化的功能分析*

李 婷

摘要: 名物化是英语中常见的语言现象,且在新闻语篇中发挥着重要的作用。本文以《纽约时报》和《华盛顿日报》为语料来源,分析新闻语篇中名物化所具有的功能,同时对每个功能的理据进行解释。通过具体例子的分析,我们发现在新闻语篇中,名物化具有表达简洁客观、语篇衔接、隐去施动者、模糊时间概念等功能。

关键词: 名物化;语篇功能;新闻语篇

引 言

在英语中,名物化是既普遍又复杂的语言现象。目前对名物化的分类和界定没有统一的看法。Quirk(1985)认为"名物化是小句向名词短语的转化"。韩礼德(1994)认为名物化是指能够在小句中起名词或名词词组作用的任何一个或一组成分。它既可以是动词、形容词转换来的名词或名词词组,也可以是限定或非限定性小句。杨信彰(2006)从结构角度分析,"名物化是把动词或形容词通过一定的方式如加缀、转化等转化为名词的语法过程"。王立非和刘英杰(2011)对名物化的界定是,词汇层面的动词或形容词等和句法层面的短语或小句结构向名词转换以及词汇和句法层面间的转级。本研究涉及词汇层面和句法层面,所以运用的是王立非和刘英杰对名物化的界定。

新闻语篇是信息传播的重要途径,内容广泛,语言相对客观简练,同时其语言的选择和使用会对受众产生消极或积极的影响。名物化在新闻语篇中较常使用,除了具有高度概括、、衔接连贯等功能外,名物化的使用还能表达深层含义,将作者隐性的

---

* 【基金项目】本研究是 2015 年北京市社会科学基金项目"基于语料库的英、汉语名物化现象的认知对比研究"(项目编号 15WYB055)。

观点传达给读者。本研究会对名物化在新闻语篇中名物化的具体功能进行分析。

1 文献综述

20世纪80年代，国内学者开始研究英语名物化。研究的理论视角不断变化，开始在转换生成语法语法理论展开，逐渐转向多元视角。从功能语言学、认知语言学、批评语言学、二语习得等多角度进行研究。研究方式主要是对名物化理论的分析、评述、与汉语名物化的异同对比、名物化在各种语篇中的使用、二语教学、翻译等当中的应用。批评话语分析的发展对名物化的研究提供了新的视角，把名物化当作是一种分析手段，运用于新闻语篇，分析其中名物化表达隐藏的意识形态。王娟（2012）研究了语法隐喻下名物化的小句和篇章意义。肖建安和王志军（2001），研究名物化结构在科技语体、法律语体、新闻语体、广告语体、文学语体语篇中的运用及功能，认为名物化是书面语体的基本特征和语体正式程度的标志。孙志祥（2009）研究翻译过程中名物化具有掩饰施事者角色问题、操控社会和文化焦点以及知识和观点常识化等意识形态消极的意义潜势，并提出名物化的翻译处理方式。王琳和孙志祥（2011）对《纽约时报》涉华报道中的名物化使用进行了分析，新闻中名物化的频繁使用对中国在国际舞台上形象的塑造起到了负面的作用。文中数据统计分析清晰有条理，但是举例不足，理据不够充实。徐英（2015）研究新闻编译中对名物化的改动情况，证实译文对原文意识形态的翻译转换基本通过语言层面的编译改动来实现，即既是否改动取决于名物化表达的意识形态是否与作者的立场一致。新闻是文化和信息传播重要的途径，名物化在英语新闻语篇中有大量的使用，但是目前国内对名物化在新闻语篇中使用情况的研究不够全面，存在理据不清、，例子分析不具体等问题。基于此，本文结合理论、语篇整体意义及句子结构来分析具体的例子，找出新闻语篇中名物化使用所具有的功能。

2 功能语言学和认知语言学对名物化的研究

认知语言学和系统功能语言学对名物化的研究较为成熟和深入。韩礼德认为，英语名物化是制造语法隐喻最主要的资源。语法隐喻中最主要的概念是"一致式"，指的是非隐喻的形式，与隐喻形式相对应。一致式的表达是一种"字面"上的表达，就是名词表达名称，动词表达动作，连词表达逻辑关系的形式，而隐喻表达就是语言结构不直接反映现实，是语法层中语言之间的转化。名物化中，应该由动词和形容词来体现过程或特征，用名词或名词词组来体现，这就是隐喻式的表达。

认知语言学认为名物化与人的认知有很大的关系，名物化现象是人类认知以及生理和心理发展的结果，其产生有深层的理据。学者认为要突显表示过程、环境、性质以及关系的意义时，把主、宾语的位置用实体的表达形式来表达这些意义。从这一方面来说，名物化至少部分是语言象似性和表达突显的目的及语言表达多样化冲突的结果。而另一方面，语言象似性的表达往往带来的是语言表达的复杂性，而这与人在生理上和精神上的自然惰性发生冲突，语言的表达主要通过词汇和句法结构的结合来表达，因此通过名物化手段和句法结构的调整，人们就能简化语言象似表达带来的烦琐，所以名物化是象似原则和经济原则的冲突和相互竞争的结果。

3 新闻语篇中名物化使用的功能

新闻是传播消息的重要媒介，但我们知道，新闻不能完整的反映现实世界，只能反映一个版本的现实，所以不同媒体对同一事件的报道会让读者产生不同的观点。新闻作者在语篇中有意的选择所用的词、句、语气、时态等来表达他想要传达给读者看到的现实。作者选择在表达中使用名物化，也是表达意义的一种选择。通过分析我们发现，名物化在新闻语篇中具有以下几种功能。

3.1 增加词汇密度，加大信息容量

名物化将过程或是特征转换为名词词组中的修饰语，将小句或短语打包成为名词或者将几个句子打包成为小句或短语，这都降低了虚词和小句的使用频率。新闻语篇一般较短，在有限的篇幅中完整报道事件，名物化的表达让小句表达更多信息。

例句 1：

"And while the company has faced occasional opposition — most notably an attack by media against its customer support — it has largely been left alone." (from *New York Times*)

这个例子中包含三个名物化，"opposite"所含的公司被媒体和部分消费者反对的过程被名物化为一个词"opposition"。媒体对公司的打击过程名物化为"attack"，部分消费者对公司服务的支持的过程被名物化为名词"support"，使得一个小句中包含了两个动作过程。小句被打包成为名词，缩短了句子长度但表达了丰富的信息。

3.2 增强客观性

特征名物化的过程中，会成为客观存在的事物。同时句子中的限定成分会丢失，比如语气、情态等，使得表达更为客观。

例句 2：

A mother complained that father's meekness had encourage their son's bad temper. (from *Washington Post*)

在这篇与家庭教育相关的报道中，一位母亲抱怨父亲对孩子的态度太过温和，骄纵了儿子的坏脾气。这里将特征名物化为"meekness"，让父亲的温和成为了客观存在的事实。如果不用名物化形式，变为"father is meek"，父亲的温和态度则是母亲对他的主观判断。所以这个句子用名物化来表达，是想让听话人不怀疑地接受说话人所说的是一个事实，而不是说话人的主观判断，增强了表达的客观性。

3.3 衔接功能

主位—述位衔接是名物化衔接功能的基础。名物化衔接功能的主要方式是将第一个句子中的某个成分变为第二个句子中的主位或述位构成衔接。具体实现形式有，第一个句子中表达过程意义的动词，名物化后成为第二个句子中的主位或述位，或者第一个句子中表达过程意义的动词和与这个过程相关的其他成分，名物化后成为第二个句子的主位。

例句 3：

"Apple Services shut down in Startling About-Face." (from *New York Times*)

"The shutdown against Apple shows that the company may finally be vulnerable to the heightened scrutiny that other American tech companies have faced in recent years.

That shutdown may eventually trickle down to other Apple services." (from *New York Times*)

这个例子中的三个句子来源于同一篇新闻报道，名词"shutdown"包含了苹果公司的服务被叫停事件的过程。这个过程名物化后成为后面两个句子的主位，这样即避免重复内容，又很好地将三个句子的意义衔接在一起。这种衔接方式不仅限于两个相连的句子或段落，相隔几段的内容也可衔接。新闻报道事件，要求在有限的篇幅中，讲清楚整个事件的过程，所以使用名物化的衔接功能，可以让整个新闻语篇意义更连贯，更简洁有逻辑。

3.4 隐去施动者

名物化的过程会使句中充当主语的动作参与者隐去，新闻语篇中会根据不同的语境来使用名物化隐去施动者。在 VanDijk（2008）的研究中，他总结出在八种语境

下使用名物化：①通常使用名物化来描述一个行为更为常见；②说话人不知道施动者；③施动者的情况和这个语境无关；④文中已经明示或者暗示过施动者；⑤从常识可以推测出施动者；⑥事件焦点不再施动者身上，而是想突出行为或者受害者；⑦篇幅空间有限；⑧掩盖施动者或者降低施动者的责任。我们用几个例句来解释这项功能。

例句 4：

"An employee of a delivery company was recently arrested on suspicion of selling clients' personal data." (from *New York Times*)

这个例子中的名物化是"suspicion"，这样的表达隐去了怀疑的动作者。这个句子表达的重点是这个公司的工作者被怀疑卖客户个人信息而被逮捕，谁怀疑他在这个语境下并没有太大的关系。所以作者用名物化隐去怀疑的施动者，将关注点放在事件本身，同时避免句子冗长。

例句 5：

"And governments can't create policies for people they don't know exist. "The multiple violations of their rights just keeps going because nobody has the information or the budget to do anything about it. " (from *New York Times*)

这篇报道的内容是全世界每年都有很多儿童成为流浪儿，数量无法估计，即使住在孤儿院的孩子，生活也无法得到保障。例句表达的就是这个问题的严重性，但是目前无法解决。例句中名物化是"violations"，这样的方式省去了伤害孩子的具体的人。作者选择名物化的表达，有两个作用：首先，作者不能明确施动者是谁，名物化可以避免出现具体的施动者；其次，不明确施动者，读者就会猜测，该对这个问题负责的人可能是孤儿院、慈善机构、政府等，扩大了负责的人群，引起读者的思考、关注和同情。

例句 6：

"The decision to withdraw from the climate agreement provoked widespread fury." (from *New York Times*)

报道讲的是 Mr. Trump 决定退出《巴黎协定》，这里的名物化"decision"的使用隐去了 Mr. Trump。但是这种用法在这里没有特别的含义，因为通过大量的例子分析，研究者们总结出"The decision"是一种很常见的名物化使用形式，所以这个句

子中的名物化是因为更符合英语的表达习惯。

3.5 模糊化时间

时态与动词紧密联系，当动词被名物化后，动词的时间标志也就没有了。名物化将过程和特征等转换为状态或事物，所以动态的过程和事物特征变成静态状态或者是已存在的事实。但是名物化后的动名词突出动作的内在过程，看不到动作的终点，相反，名物化后的动词派生名词突出的是一个有时间终点的动作概念。

例句 7：

"Two years later, Jia retooled a nail gun and used it to killed the man he blamed for the razing of his home." (from *Washington Post*)

这个报道讲的是村民 A 杀害了摧毁他房子的 B。报道中别的内容描述了 B 残忍的行为，突出村民 A 是被迫犯罪，且这个事件引起了大家的讨论，大部分的评论是对村民 A 的同情。在这个句子中名物化是"the razing"。名物化使得"raze"的过去时态隐去，模糊了这个事件发生的时间概念。动名词突出动作的内在过程，看不到动作的终点。所以这样的表达让"摧毁"这个过程没有结束，强调了这个"摧毁"对村民 A 的伤害也没有结束，与报道的主要观点相符合。

3.6 预　　设

名物化的过程中，会丢失一部分成分，但是准确地来说，某些语境下，这些信息并没有丢失，而是成为预设内容。在两种情况下，作者使用名物化来实现预设，第一是作者认为读者了解这个预设内容，或者可以根据语境推断，第二是让读者自然地接受这部分内容而不会产生疑问。预设的特征是当预设内容为真实时，那么整个句子的内容就是真实的，同时，当含有预设内容的句子被否定时，预设的内容不变。

例句 8：

"For years, there has been a limit to the success of American technology companies in here." (from *New York Times*)

这个句子中的名物化是"success"，预设内容是这个公司的成功。报道讲的是美国一家有名的大公司在该地区的发展受到限制。名物化的用法让读者对这家公司的成功毫不怀疑，认为这是一个事实。如果我们对这个句子进行否定，那么否定的内容是这个公司在该地区的发展没有受到限制，而预设内容"成功"并不会改变，

这还是一家成功的公司。作者这样用的原因是，这个公司是美国家喻户晓的大公司，它的成功是人人都知道的事实，不会被否定。

结　论

本文对名物化在新闻语篇中的功能进行较为深入详细的研究。以《纽约时报》和《华盛顿日报》的 70 篇社会新闻报道为语料，对其中的名物化进行分析。同时通过对文献的梳理，对每一个功能的理据进行解释。我们的研究发现，名物化在新闻语篇中使用可以让表达客观简洁，这符合新闻报道的写作要求。主位—述位是名物化衔接功能的实现形式，名物化让语篇衔接更为连贯和有逻辑。名物化在不同的语境下隐去施动者，表达不同的意义。名物化还具有模糊时间、预设等功能。

希望本研究可以让读者更好地理解名物化在新闻语篇中的功能，让中国的英语新闻作者可以恰当地运用名物化，让英语报纸的读者可以理解名物化从而更好地理解新闻内容。文研究的不足之处在于语料数量和语篇类型有限，理论与解释的结合有待加强。希望有更多的研究者关注新闻语篇中的名物化现象。

参考文献

[1] HALLIDAY M A K. Introduction to Function Grammar[M]. London: Arnold,1994.

[2] LANGACKER R W. Noun and verb[M]. Stanford University Press, 1987.

[3] TEUN A, Van Dijk. Critical Discourse Analysis and Nominalization: Problem or Pseudo-problem? [J]. Discourse & society, 2008, 19: 821-828.

[4] 王立非 . 商务话语名物化研究 [M]. 北京：对外经济贸易大学出版社，2016：9-12.

[5] 孙志祥 . 名物化意识形态的批评分析及其翻译 [J]. 外语与外语教学，2009，08：50-61.

[6] 王琳，孙志祥 .《纽约时报》涉华报道的意识形态倾向分析 [J]. 长沙理工大学学报（社会科学版），2011，03：112-116.

[7] 徐英 . 新闻编译中的名物化改动与意识形态转移 [J]. 中国翻译，2015，03：90-94.

[8] 朱永生 . 名词化、动词化与语法隐喻 [J]. 外语教学与研究，2006，02：83-89.

[9] 杨波 . 概念语法隐喻的认知视角 [J]. 外国语，2013，05：27-35.

[10] 王晋军 . 名物化在语篇类型中的体现 [J]. 外语学刊，2003，02：74-78.

[11] 林璐 . 认知语法和构式语法视野下的动词名化 V-ing 构式研究 [J]. 解放军外国语学院

学报，2014，06：24-29.

[12]肖建安，王志安.名物化结构的功能及变体特征[J].外语与外语教学，2001，06：9-11.

[13]戴卫平，于红.英语名物化及基本特征[J].四川理工学院学报（社会科学版），2009，02：102-104.

[14]王娟.语法隐喻下名物化的小句和语篇意义之考察[J].学术论坛，2012，12：183-187.